红色校史融入思想政治理论课教学研究丛书

U0652517

红色文化涵育社会主义核心价值观论文集

主编 夏永林 刘建伟 吴秀霞

西安电子科技大学出版社

内 容 简 介

　　本书围绕高校培养什么样的人、如何培养人以及为谁培养人这个根本问题，立足于立德树人，探讨了红色文化涵育社会主义核心价值观的载体、路径、方法等，为新时代高校管理者和思想政治理论教育工作者推动红色历史文化资源向社会主义核心价值观教育资源的创造性转化，提高社会主义核心价值观教育的针对性和实效性提供了理论和实践参考。

图书在版编目(CIP)数据

红色文化涵育社会主义核心价值观论文集/夏永林，刘建伟，吴秀霞主编 . —西安：西安电子科技大学出版社，2019.5

ISBN 978 - 7 - 5606 - 5313 - 6

Ⅰ. ① 红…　Ⅱ. ① 夏…②刘…③吴…　Ⅲ. ① 社会主义核心价值观—中国—文集

Ⅳ. ① D616-53

中国版本图书馆 CIP 数据核字 (2019) 第 087078 号

策划编辑　高樱
责任编辑　阎彬　高樱
出版发行　西安电子科技大学出版社(西安市太白南路 2 号)
电　　话　(029)88242885　88201467　　　邮　　编　710071
网　　址　www.xduph.com　　　　　　电子邮箱　xdupfxb001@163.com
经　　销　新华书店
印刷单位　陕西天意印务有限责任公司
版　　次　2019 年 6 月第 1 版　2019 年 6 月第 1 次印刷
开　　本　787 毫米×1092 毫米　1/16　印张 11.25
字　　数　262 千字
印　　数　1～1000 册
定　　价　29.00 元
ISBN 978 - 7 - 5606 - 5313 - 6/D
XDUP 5615001 - 1

＊＊＊如有印装问题可调换＊＊＊

总　序

　　从事高校教学科研工作三十多年来，始终都有一个非常深刻的体会，与艰难的科研探索创新以及复杂的内部治理相比，其实做"人"的工作才是最难的。而要做好"人"的工作，最难的也往往不是各种具体的量化指标的提升，而恰恰是那些无法直接精确考量的、作用于无形之处的工作，或者换句话说，就是要如何不被排斥地在学生的思想深处高效地做好引导、塑造工作，"为学生一生成长奠定科学的思想基础"。在人才培养的过程中，这是最难立竿见影但却影响深远的重要工作，也是决定教育是否真正发挥好促进人的全面发展的影响和激励作用的关键因素。

　　由此可知，对于高校而言，要办好中国特色社会主义高校、创建一流大学、培养一流人才，做好思想政治教育这一思想深处、无形之处的工作，应该是最不容忽视且必须高度重视的重点和难点工作之一。特别是在我国高等教育发展的当前，虽然对于"为谁培养人""培养什么样的人"这些根本问题已经有了非常明确的共识，但是不可否认，在思想深处，这些无形之处的工作成效并不乐观；而如果这些工作做不好，我们的学生信仰迷茫、理想信念模糊、价值观扭曲、艰苦奋斗精神缺乏等，那么即使他们都具有强大的创新精神和实践能力，也绝不能称之为成功的教育；即使他们不被一概而论地称之为"精致的利己主义者"，但是至少在"怎样培养人"、如何培养"社会主义事业的合格建设者和可靠接班人"方面就无法取得理想的成效，而"为谁培养人"也得不到真正落实，更遑论立足中国大地、办出中国特色、坚持立德树人的根本任务了。

　　同样的，要坚持把立德树人作为中心环节、加强思想政治教育，也绝不能脱离大学发展与人才培养的具体环境、环节等有形的具体工作，而成为独立于教育教学、科学研究体系之外的独立单元，成为教师育人育才的额外负担，成为"空对空"的理论"说教"。无论是学校也好，还是教师也罢，无论是两课教师也好，还是其他专业课教师也罢，都必须高度重视、正确认识、深刻理解思想政治教育与人才培养、与坚持社会主义办学方向、与全面贯彻党的教育方针的关系，都必须深刻理解作为一名合格老师的真正内涵和要求，真正将思想政治教育有机地贯穿教育教学的全过程，全面融入人才培养全过程，让思想政治教育通过搭载各种各样生动具体的知识和事理从而润物无声地转化为学生的思想水平、政治觉悟、道德品质、理想信念；也让教育教学活动真正成为除了知识传承创新之外，像德国哲学家雅斯贝尔斯所说的那样："教育本身意味着一棵树摇动另一棵树，一朵云推动另一朵云，一个灵魂唤醒另一个灵魂"。

事实上，如何将思想政治教育贯穿融入教育教学和人才培养全过程，这也是学校在党的十八大以来着力推动全员育人、全过程育人中始终紧扣且重点探索的命题之一。自2013年以来，学校先后成立了马克思主义学院，调整了人文学院，加强了人文社会学科建设，狠抓思想政治理论课这一大学生社会主义核心价值观教育的主阵地和主渠道建设，大力推动开展"西电红色校史文化与社会主义核心价值观育人模式研究"，这些是加强学校思想政治工作的重要内容，更是立足党和国家事业发展的要求、立足扎实办好中国特色社会主义高校的使命职责、立足立德树人的根本任务、立足促进学生全面发展的根本目标，也是大力推动思想政治教育改革创新，不断提升学校人才培养能力的重要探索。特别是针对当前思想政治教育普遍存在的"空""远"以及全面融入不够等问题，如何选择好融入载体、切入点与结合点，让"有形"的教育教学活动都能够成为落实"无形"的载体、手段和平台，让唯物主义的理想信念、社会主义核心价值观等，切实通过唯物主义的手段、载体和方式，改变其从理论到理论而与现实生活脱节的状态，让理想信念、政治理论变得更加言之有物，更能够打动人、吸引人、影响人等，开展了一系列重要的探索。尤其是"西电红色校史文化与社会主义核心价值观育人模式研究"项目的开展，既为学校推动学术研究与教学改革相结合、课堂教学和实践教学相结合、教学改革和人才培养相结合、经验做法和模式探索相结合提供了因地自新的宝贵经验，也为推动思想政治工作与教育教学相融合提供了知行合一的创新实践。

大家都知道，西电自1931年成立以来便与中国革命和中国共产党的通信事业紧密相连。所以，学校85年的办学历程，本身就是一部波澜壮阔的传承红色精神、肩负国家使命、办人民满意大学的奋斗史，也同时是一部全体西电人自觉将个人理想追求融入党和国家以及民族事业发展，艰苦奋斗、自强不息、求真务实、爱国为民的奋斗史。这些宝贵的红色文化资源，对于西电的学生而言，如果能够将其进行良好的转化，无疑将是最好的教育资源。因为面对这些身边的熟悉的事物，不仅更加容易消除学生们对于历史的隔阂感，而且也更容易产生代入感，使他们能够设身处地将自身摆进党和国家发展的历史洪流中，更加生动具体地感受、体悟和理解自身的使命、责任与担当。正是基于以上考虑，在2013年学校率先启动综合改革之初，即明确提出将学校历史和发展现实相结合，革命传统和时代精神相结合，党和国家的殷切希望与大学生的成长需求相结合，推动社会主义核心价值观落实到教育教学和管理服务各环节，探索建立五位一体育人模式等要求。随后，马克思主义学院和人文学院老师提出开展"西电红色校史文化与社会主义核心价值观育人模式研究"，我也当即决定将此项目作为校长基金设立之后的第一个项目予以大力支持。

令人欣喜的是，从2014年11月项目启动以来，在马克思主义学院和人文学院的共同努力下，项目研究成效已经初步显现。除了教改成果获奖并被广泛报道外，学生们对于此项改革也给予了普遍认可。更加令人振奋的是，在2016年12月8日全国高校思想政治工作会议胜利召开，全国上下深入学习、全面贯彻落实会议精神的当前，因为这一项目的开展，西电已经开始并积累了宝贵的经验。

在目前出版的这套书中，有老师关于红色文化涵育社会主义核心价值观的学理性研究，有将红色校史文化融入具体课程的案例性研究，有学生参与社会实践进行的调查性研究，有离退休的老一辈学者、中年轻骨干教师、本科生和研究生共同对西电红色校史的挖掘，对西电校史融入西电精神、时代精神和民族精神的思考，还有对西电校史融入学校社会主义核心价值观教育的论述。虽然较之形成规律性认识还有距离，但是作为思想政治教育一次自觉主动的生动实践，其早已超越了理论课程改革的范畴，具有了更高更加深刻的意义。真诚希望以此为新的起点，在今后的工作中，进一步全面贯彻落实全国高校思政会议精神，不断解放思想、开拓创新，继续创造出更多具有创造力和影响力的成果，为当前大学生思想政治教育实效性困境和难题的解决做出示范，为切实提升学校人才培养能力、开创中国特色社会主义高校建设新局面做出新的更大贡献。

从理论到实践，从思想到行动，从一代人到另一代人，立德树人从来都是一项宏大的社会工程，教育事业从来都是一项崇高的灵魂工程，没有一蹴而就，也并非一朝一夕。尊重生命的规律，尊重教育的规律，尊重社会发展的规律，尊重人的成长的规律，用心走好了这条最难的路，也就走好了从心灵到心灵、从思想到思想最近的路。

在这条神圣的路上，我愿时刻与大家同行、共勉！

中国科协副主席

中国科学院院士

西安电子科技大学校长 郑晓静

目　录

管理综述篇

秉承宗旨　不辱使命　勇创一流

郑晓静*

"全心全意为人民服务"这九个大字，是1949年的11月27日毛泽东主席为我校前身中央军委工程学校的亲笔题词。虽然题词之时学校已创办18年，题词距今也已有65年，但是在学校83年的办学历程中，"全心全意为人民服务"始终是贯穿其中的一条精神主线，从未间断。

一、"全心全意为人民服务"是学校83年办学历程的最好总结

革命战争年代，半部电台起家，边战斗、边学习、边发展，推动无线电通信事业与通信人才培养，从无到有、从小到大、从训练班到专业化，无私奉献革命事业，这是"全心全意为人民服务"；和平建设时期，响应国家号召迁址西安、转入地方，开辟IT学科的先河，研制出第一部气象雷达等一流成果，进入全国首批20所重点大学行列，全力投入新中国建设，这也是"全心全意为人民服务"；改革开放以来，稳步发展本科教育，加快发展研究生教育，完善学科体系，增强科研实力，致力国家信息化、国防现代化建设以及区域经济社会发展与行业振兴，这也是"全心全意为人民服务"。

在不同的发展阶段，学校"全心全意为人民服务"的形式和具体内容有所不同，但是其中所体现的精神内核却是共同的。正是这种共同的精神内核，滋养了学校"大师、大爱、大为、大气"的办学理念，孕育了"艰苦奋斗、自强不息、求真务实、爱国为民"的西电精神，积淀形成了西电人骨子里"肩负国家使命"的责任意识和担当精神，指引并带领西电取得了今天的发展成就。因此，2013年3月，学校四届八次教代会明确将"全心全意为人民服务"确定为学校办学宗旨，应该讲，这是恰如其分的。它贯穿于学校人才培养、科学研究、社会服务、文化传承与创新的方方面面，既是对学校服务国家、服务人民办学实践的最好肯定，也是最好总结。

二、"全心全意为人民服务"是学校全面深化综合改革、加快创建一流大学的根本宗旨

刚才已经说过，"全心全意为人民服务"的精神内核是一成不变的，但是随着时代、社会的发展，随着学校办学实践内容的不断丰富，它总是不断被赋予新的内涵。而这种内涵的丰富，是与"人民"的具体范畴、"服务"的具体内容两个问题息息相关的。因此，在今天，在新的形势下，我们要从办学宗旨的高度去深刻认识、充分理解学校当前的改革发展，真正把我们的认识和工作统一到"全心全意为人民服务"这一根本宗旨之下，我想，可以通过

*　郑晓静，西安电子科技大学原校长、现党委书记，教授、中国科学院院士。

回答两个问题来理解。

1. 为人民服务什么？

这里有两个层面：第一，面对"无限人民"要服务什么？也就是面对民族与国家，西电应该服务什么？答案很明显，具体到我们当前的工作中，就是坚持立德树人的根本任务，主动服务国家战略需求，积极探索科技前沿，全力支撑行业振兴，创新引领区域经济社会发展，传承创新中华民族优秀传统文化，切实为中华民族伟大复兴、实现"两个一百年"的宏伟目标提供有力的人才支持和智力支撑。第二，面对"有限人民"要服务什么？这是指我们的师生员工。面对大家，应该服务什么？答案也非常明确，我们当前工作的一个核心，就是要从精神文化到物质保障层面，都提供有利于广大师生员工成长成才的良好的学习、生活和工作环境。

2. 拿什么为人民服务？

这里主要是指质量。面对"人民"的服务需求，我们虽然已经积极主动地服务，但是还很不够，还存在教育质量不高、创新水平不强、支撑服务不到位等问题。因此，就必须改革，通过改革解决问题、提升质量、增强能力、获得发展。所以，自2013年以来，学校遵循"全心全意为人民服务"的办学宗旨，坚持"现实问题倒逼、发展需求牵引、立德树人统领、人事改革突破"的基本思路，推动了一系列的改革创新。

（1）主动面向国家、国防、社会和人民群众对高等教育的新要求，创新发展战略：确立了"立足西部、育人育才、强军拓民、服务引领、团结实干"的发展思路，提出了"全面拓展提升战略"，启动实施了"四大计划""四大保障"与"国际化牵引行动"，构建了以创新人才培养模式等9个领域改革为主要任务的全面改革部署。

（2）主动服务国家提高教育质量、办好人民满意教育的迫切需求，切实提高人才培养质量。召开了两次全校性本科教学工作会议，开展了近百场教学思想大讨论，牢固确立了"两个共识"，着力推动向教育本质和办学本位的"两个回归"，明确了"培养爱国进取、创新思辨、厚基础、宽口径、精术业、通工程，具有国际视野的高素质专门人才和拔尖创新人才"的人才培养目标，着力构建基于学生自我发展的本科教育体系和基于学生创新创业的研究生教育体系。

（3）主动服务国家在重大历史机遇期提前战略布局的迫切需求，加大学科优化调整。调整成立了7个学院，正着手筹建网络空间安全学院，就是希望能在国家急需的领域有所作为。

（4）主动服务国家构建更加强大的科技力量的迫切需要，着力推进协同创新。牵头组建了"信息感知技术协同创新中心"；以全国第二、行业第一的成绩，正式通过国家"2011计划"认定。上一周，面对国家大力发展半导体产业的需要，又牵头协同组建了陕西集成电路与微纳器件协同中心。

（5）主动服务区域创新发展的迫切需求，大力实施"立足西部"举措。2013年与陕西省社科院共同成立"丝绸之路经济带发展研究院"，同时在昆山设立研究生分院。2014年，依托陕西电子工业研究院的陕西北斗民用示范工程项目启动。

（6）主动服务广大师生成长成才的迫切需求，致力人民幸福生活。一是全面落实"育人育才"、双育共兴的发展思路。学生方面：进行课程体系、教学方式、培养模式改革，管理方式、工作作风转变，例如通过"相约校长"、学生列席校长办公会，给予他们参与学校发展的平台和空间；通过建立完善学生自我管理教育、教师言传身教育人、职工管理服务育人、行业企业实习实践育人的全方位育人体系，着力引导学生践行社会主义核心价值观，特别是 2014 年 11 月启动了"西电红色历史传承与当代育人模式研究"重大课题，旨在将社会主义核心价值观教育、中华优秀文化教育和学校的红色传统、信息化优势有机融合，讲好"中国故事""西电故事"，积极探索出一套具有西电特色的思想政治教育模式。总的来说，目的只有一个，就是激励引导学生走上以社会主义核心价值观为统领的自我发展和创新创业之路，使我们的学生都能成为行业的骨干和引领者。教师方面：通过实施"华山学者计划"、青年人才"四个一工程"，推进人事制度改革，包括构建多元化的人才引聘渠道、实施岗位分类分级聘任、健全各类人才管理机制等，大力培育并成就我们的教师，使他们成为在业内享有声誉的大师和知名学者。

二是浓郁文化氛围，关注民生改善。通过完成有线电视高清改造、教职工医疗保险、南校区幼儿园、地铁拆迁安置，安装学生公寓空调、开通学生班车、开展南校区住宅维修和环境建设，提高待遇，解决地热水问题等一系列实实在在的民生问题，让学校真正成为各类人才创新创造、成长成才的幸福家园。

所有这些改革举措的提出和实施，都源于"全心全意为人民服务"办学宗旨的指引，源于提高教育质量、服务国家需求、创建一流大学的使命。同时，也是学校积极主动、全心全意为人民服务的充分体现。

三、几点要求

1. 面向未来，始终永葆"人民"情怀

对于学校而言，就是要更加自觉地树立和实践马克思主义的人民观，坚持社会主义办学方向，紧紧围绕培养中国特色社会主义事业合格建设者和可靠接班人这个根本任务，把社会主义核心价值体系建设融入办学全过程，形成以西电红色教育为特色的社会主义核心价值观引领体系，办好人民满意的高等教育，为社会主义现代化建设服务、为人民服务。对于教师而言，就是既要坚持以生为本，潜心育人，全身心投身教育事业，促进学生的全面发展；更要瞄准国家需求，潜心科研，胸怀报国为民的理想追求，聚焦国家战略需求，不断勇攀科学技术高峰、产出一流成果。对于学生而言，就是要将个人成长融入国家、民族发展的进程中，将个人梦想融入西电梦、中国梦，要有"天下兴亡、匹夫有责"的担当精神和使命意识，牢固树立社会主义核心价值观。对于党员干部而言，就是要紧紧地坚持群众路线，深入基层、深入师生，从思想上、情感上、作风上贴近师生，虚心向师生学习，真心对师生负责，热心为师生服务。

2. 面向未来，不断增强"服务"本领

作为学校，就是要不断提高人才培养质量与自主创新能力，要能够更加高质量地落实立德树人的根本任务，更加有力支撑经济建设和社会发展的实践，更加优质地服务创新型国家建设，更加显著地辐射、影响、引领社会文化的传承和发展，推动人类文明的进步。作为教师，就是要从追求卓越学术做起，不断提升参与国家重大工程项目的能力和竞争力，教育教学能力与水平，修身养德，真正做到学为人师、行为世范。作为学生，就是要珍

惜宝贵时光，从独立生活、独立思考做起，不断提升自身创新能力和实践能力，增强自我管理、自我教育、自我发展的能力。作为干部，要切实加强学习，不断改进和创新工作，以师生为本，不断提升管理能力与水平，特别是对发展形势的综合分析研判能力。

3. **面向未来，切实做到"全心全意"投入**

这是最基本的要求。发展机遇稍纵即逝，不能半心半意，更不能三心二意，必须全神贯注、聚精会神、全力以赴。要始终保持昂扬向上的精神状态，坚定信念，把发展的热情转化为持续的激情；要始终保持高度敏感的警醒状态，主动出击，把稍纵即逝的机遇转化为成功的增长点；要始终保持扎实苦干的工作态度，攻坚克难，把挑战的压力转化为动力；要始终保持团结实干的工作作风，以实干的精神感召人，以共同的目标团结人，真正在实干中推动发展，勇创一流。

（本文发表于 2014 年）

秉承办学宗旨，办好人民满意的教育

陈治亚*

65 年前，毛主席为庆祝中央军委工程学校开学典礼，饱含无限期望和嘱托，挥毫泼墨写下了"全心全意为人民服务"这九个俊逸洒脱、遒劲有力的大字，鼓励全校师生为保卫祖国、建设祖国努力学习和工作，全心全意为人民服务。1956 年党章明确要求每位党员要全心全意为人民服务，"全心全意为人民服务"逐渐成为党的根本宗旨和行为准则。"全心全意为人民服务"题词是西电人一笔巨大的精神财富、一个无形的文化遗产，更是一座珍贵的资源宝藏。

65 年来，"全心全意为人民服务"激励了一代又一代西电人艰苦创业，拼搏进取，创造了一个又一个的辉煌：1959 年成为中央批准的 20 所全国重点大学之一，1960 年更名后以"西军电"蜚声海内外。近十余年来，学校以贡献求支持，努力服务国防现代化建设、民族电子工业振兴和区域经济发展，逐步成为"优势学科创新平台"项目和"211 工程"建设高校，国家"2011 计划"认定高校，取得了一批标志性科研成果，为国家培养了一大批杰出人才，有力践行了"全心全意为人民服务"的题词精神。

65 年后的今天，我们在这里重温毛主席"全心全意为人民服务"题词，举办专题研讨会，就是为了更好地继承和发扬题词精神，凝神聚力，鼓舞士气，推进学校各项事业科学发展，努力办好人民满意的教育。结合自己的思考，我谈几点看法，与大家共勉。

一是不断丰富题词精神的思想内涵，打造红色传统教育的载体。"全心全意为人民服务"的题词既朴实无华，又立意高远，凝聚着党和国家领导人伟大革命实践活动的经验体会和人生感怀，表达了共产党人对崇高事业热烈而执著的追求，激励着广大党员奋发图强，为实现中华民族伟大复兴而不懈奋斗。珍贵的题词，给人以思想的熏陶、真理的启迪和无穷的力量，具有永恒的魅力。首先我们要加大宣传力度，广而告之，我们不但不能躺在历史辉煌上睡大觉，我们还一定要让更多人知道，我们是老一辈党和国家领导人亲切关怀过的学校，历史不容抹杀，也不能忘记；其次，要挖掘红色传统文化，讲好西电故事，传承好西电精神，让全心全意为人民服务成为全体师生的理想追求，让每个西电人都有自豪感，都深受教育，深受激励，让它成为我校深入学习、培育和践行社会主义核心价值观，推动校园文化建设的重要载体，继续发挥经久不息的永恒魅力。

二是要继续巩固群众路线教育实践活动成果，不断加强作风建设。群众路线是党的生命线和根本工作路线，其核心是全心全意为人民服务。去年以来，我们深入开展了群众路线教育实践活动，营造了反对"四风"、服务师生的良好氛围。活动取得了阶段性成果，但

---

* 陈治亚，西安电子科技大学原党委书记，现中南大学党委副书记、教授。

贯彻群众路线没有休止符，作风建设永远在路上。我们要牢牢把握"全心全意为人民服务"的宗旨，继续做好教育实践活动后续工作，将开展活动同深入学习贯彻十八届三中、四中全会及习近平总书记系列重要讲话精神紧密结合起来，不断加强作风建设，以作风建设的新成效破解综合改革和内涵发展中遇到的难题；要不断加强制度建设，形成践行群众路线的长效机制；要不断加强各级领导班子自身建设，提高领导班子的和力、合力和向心力，讲党性、重品行、作表率；要继续发扬密切联系群众的优良作风，深入群众调查研究，广泛接受群众监督，维护好广大师生的根本利益，真正做到发展为了师生、发展依靠师生、发展成果由师生共享，全心全意为人民服务。

三是要坚持立德树人的根本任务，努力办好人民满意的教育。党的十八大报告明确把"创新人才培养水平明显提高"作为全面建成小康社会的重要目标。习近平总书记指出：致天下之治者在人才，人才是衡量一个国家综合国力的重要指标。今天的广大学子就是未来实现"两个一百年"奋斗目标和中华民族伟大复兴的主力军。我们要全心全意为人民服务，就是要努力办好人民满意的教育。当前学校正在加快综合改革发展步伐，我们要不断完善学校治理结构，提升学校治理能力，构建起以学校章程为龙头的制度体系，加快推进依法治校进程；要落实好立德树人的根本任务，加快人才培养体制机制改革，把学生健康成长作为各项工作的根本出发点和落脚点，不断提高人才培养质量；要强化师德建设，努力形成良好的校风、教风和学风；要加快科研体制机制改革，不断提高科技创新能力，在一流的学科建设和科学研究中造就高水平创新型人才；要瞄准国家战略需求和国防建设需要，加快协同创新步伐，努力服务好区域经济社会发展；要推进文化传承创新，加强大学文化建设，努力把学校建设成为思想、道德和文化建设的高地。

在深化高等教育综合改革的新时期，毛主席"全心全意为人民服务"的题词仍然闪耀着伟大的光辉，具有重大的历史和现实意义，依然是激励我们开拓进取、奋勇前行的精神力量。让我们以题词精神为指引，坚定信念，攻坚克难，不断推进学校综合改革，全心全意办好人民满意的教育，共同创造西电更加美好的未来！

（本文发表于 2014 年）

决心跟党走，终身为人民

董建中*

一、"题词"的历史背景

"全心全意为人民服务"这金光闪闪的 9 个大字，是毛主席在 1949 年 11 月 27 日为我校前身——中央军委工程学校"庆祝开学典礼大会"题写的。今天正是这一题词的 65 周年的纪念日。

65 年前的今天，正处在中国革命历史和我校发展历史上的三大转变时期。其一，1949 年新中国的成立，在中国历史上是开天辟地的大事变，是中国共产党社会地位的大转变，即由"非法党"转变为全国执政党。其二，党的工作重心由农村转到城市的大转变，过去长期是走农村包围城市，最后夺取城市的道路，新中国成立后，党的工作重心由农村转到城市，实行城市领导农村。其三，我校前身中央军委工校，由过去的一个中等专科学校，逐步向正规高等院校的转变，并由农村办学改为到城市办学的大转变。在这历史转变关头，毛主席高瞻远瞩，及时发出了"全心全意为人民服务"的伟大号召，这一号召，同毛主席在党的七届二中全会上发出的"两个务必"，即"务必保持谦虚、谨慎、不骄、不躁的作风，务必使同志们继续地保持艰苦奋斗的作风"，具有同样的重要作用和意义。在从河北省平山县西柏坡村向北平（京）进发的路上，他说：我们就要进城了，我们不学李自成。李自成率领的农民军，进城以后就腐败了，俗称：李自成革命十八年，进城以后，十八天就失败了，我们不当李自成。

二、"题词"的意义

什么叫做"全心全意为人民服务"？毛主席在一次党员会上说：所谓"全心全意"，"就不是三心二意，也不是半心半意"。全心全意为人民服务是共产党的建党宗旨，是共产党人的人生观、价值观。是共产党领导中国革命和建设的最根本、最宝贵的经验，也是我校办学 80 多年来的最根本、最宝贵的经验，是我校所依托和挖掘的最根本、最重要的红色资源，是教育青年一代内容最丰富的红色资源和重要法宝。在血与火的战争年代，毛主席曾总结了中国革命的三大法宝："统一战线、武装斗争和党的领导"。这三大法宝，都是全心全意为人民服务的表现形式，如果用一句话来概括这三大法宝，那就是"全心全意为人民服务"。

---

* 董建中，西安电子科技大学马克思主义学院教授。

三、我校开学典礼和展示"题词"的盛况

1949 年 11 月 27 日，中央军委工校在学校所在地——张家口东山坡红星大院的广场上，举行了隆重的开学典礼。大会主席台上的横幅上写着"庆祝开学典礼大会"八个大字，两边的标语是："人民领袖毛主席万岁""中华人民共和国万岁"，上面挂着马克思、恩格斯、列宁、斯大林的画像。会场的气氛庄严、隆重。参加大会的有：代表中央军委前来参加开学典礼的军委作战部部长李涛和通信部部长王诤、中央马列学院的有关领导和理论家杨献珍、艾思奇、王学文等教授，有察哈尔省省长张苏和张家口市的领导同志，以及全校师生员工，共 4000 余人。会上宣读和展示了：毛主席的题词："全心全意为人民服务"；朱德总司令的题词："学习科学技术，巩固人民国防"；聂荣臻总参谋长的题词："树立埋头苦干、实事求是的优良作风"。全场爆以热烈的、经久不息的掌声，包括我在内的一些学员被感动得热泪盈眶。我们这些来自大城市的大、中专学生，长期生活在国民党统治区，受国民党反动宣传的影响，不了解中国共产党，当听到和看到党的最高领导人毛主席的题词，感到特别新颖和亲切，密切了个人与中国共产党的关系，似乎也悟到了为什么共产党能取得胜利和国民党为什么失败的根本原因："得人心者得天下，失人心者失天下！"

会上，李涛部长说："我们学校，是在军委领导下的学校，军委的主席是毛泽东。""我们要响应毛主席的伟大号召，全心全意为人民服务，做一个名符其实的毛泽东的学生。"曹祥仁校长在讲话中强调："全校人员一定要认真学习、深刻领会、坚决贯彻毛主席的题词，做一个全心全意为人民服务的革命者。"会后，结合当时全校正在进行的政治学习，对毛主席的题词进行了热烈讨论，许多人写了学习心得，有些人还写了入党申请书。

四、我是什么时候入党的？当时的入党动机是怎样的？

1949 年 5 月，在北平（京）华北人民革命大学加入了新民主主义青年团。1950 年 4 月在张家口军委工校，被批准加入了中国共产党。当时对中国共产党的认识有一个从感性到理性的认识过程，从敬仰、钦佩到决心加入党的过程。当时为什么要入党？其一，顺应时代的发展。北平解放不久，社会风气大变样，过去旧社会长期治不了的污泥浊水——大烟馆、妓女院、赌博场、黑社会等一扫而光。在物质上虽然仍很困难，但解决了老百姓的吃饭问题（从东北运来的高粱米、大豆等），这是个了不起的大问题。解放军的三大纪律、八项注意的实际行动，消除了国民党反动宣传的影响。其二，工作需要。军委工校是个保密性很强的单位，对学员和工作人员的政治条件和文化程度要求较高，为了今后工作，就应该入党。其三，受老干部模范行动的感悟。我很尊敬他们，他们也帮助我，并同意介绍我入党。其四，革命理论的开导。通过学习"社会发展史""共产党员修养"等课程，懂得社会主义、共产主义的实现是社会发展的规律。无产阶级的政党——中国共产党是代表社会先进生产力，打破旧的生产关系的领导核心，作为一个要求进步的青年，应该争取加入中国共产党。综合上述理论和现实，就从组织上也从思想上加入了中国共产党。

五、毛主席是全心全意为人民服务的光辉典范

毛主席是中国人民的伟大领袖，是我党、我军和新中国的主要缔造者。他把自己毕生的精力，都贡献给了中国革命和建设事业。他有 6 位亲人为革命壮烈牺牲；有 10 多位亲属

做过监牢，他的家乡韶山有 140 多人为革命贡献出了生命。

　　毛主席与人民群众同甘共苦。在战争年代，他把群众的安全放在第一位。1947 年当敌军进攻延安时，他坚持让群众先撤离。在三年经济困难时期，他坚持同群众一样，粮食定量供应。他爱吃红烧肉，在困难时期，他几个月不吃肉。由于营养不足，又劳累过度，他两次浮肿，他的脚肿得穿不上鞋子，只好另做一双宽大的鞋子。他反对徇私舞弊。他对秘书说："凡是要求安排什么工作的，一律谢绝，我这里不介绍、不推荐、不说话、不写信。"他说："我毛泽东是中国共产党的主席，不是韶山毛家的主席，家乡亲友要勤耕守法，好自为之。"

　　在今天纪念毛主席"全心全意为人民服务"题词 65 周年的时候，我们既要学习和贯彻毛主席的伟大号召，又要学习他那堪称为人典范和楷模的实际行动。

（本文发表于 2014 年）

人民教育主体论与办人民满意大学的探索

漆　思*

当前中国教育体制的深化改革，要立足中国特色社会主义人民教育的理论与实践，深入探讨为什么办教育、办什么样的教育、怎样办教育的重大问题。重温毛主席65年前为西电题词"全心全意为人民服务"宗旨，需要我们在体现教育人民性的视野中，坚持和推进中国特色社会主义人民教育理论与实践探索，努力办好人民满意的大学。

第一，人民教育主体论是教育人民性的理论宗旨。习近平总书记在十二届全国人大一次会议闭幕会上的重要讲话中深刻指出："中国梦归根到底是人民的梦，必须紧紧依靠人民来实现，必须不断为人民造福。"中国教育梦的宗旨，正体现为教育的人民性。人民性是中国教育的主体保证和价值尺度，缺失了人民性的教育，必然导致教育宗旨意识的淡薄。一度在全国教育领域出现的商业主义、功利主义和实用主义等不良风气，在一定程度上偏离了教育的人民性宗旨，在办学理念、教育公平、人才培养等方面问题突出，使得教育成了民众所关注的社会焦点问题。党的教育宗旨一贯坚持教育的人民性价值立场，即人民教育人民办，办好教育为人民。当前，面对教育领域出现的突出问题，需要我们从教育宗旨上正本清源：贯彻教育的人民性宗旨，坚守人民教育道路，办好人民满意教育。人民教育理论实质就是人民教育主体论，即把人民作为教育的权利和责任主体，不断满足人民的教育需求，实现人的全面发展。人民才是创造历史的伟大动力，人民性不但是教育发展的主体保证，更是教育价值的终极关怀。坚守人民教育道路，正是中国特色社会主义的本质要求。从人民教育主体论的立场来审视，教育的商业主义、功利主义、实用主义等误区，偏离了人民教育道路，把教育作为谋取经济利益的手段，导致了教育宗旨的异化。因此，从人民教育主体论来审视，教育人民性的本质体现，就要尊重人民教育权利，满足人民教育需求，办好人民满意教育。

第二，促进人的全面发展是教育人民性的价值目标。《共产党宣言》强调"每个人的自由发展是一切人自由发展的条件"，共产主义社会就是"自由人的联合体"，是实现每个人自由而全面发展的社会。科学发展观提出的"以人为本"，实质是以人的发展为本，人的发展才是最终的硬道理。党的十八大报告指出：教育的目的是培养德智体美劳全面发展的社会主义建设者和接班人，要求在促进人的全面发展上取得新成效。这就应当把人的全面发展作为中国教育的根本目标。然而教育实践中，往往忽视人的素质培养和全面发展，重知识轻德性，重指标轻素质，导致人的综合素质和全面发展难以落实。关于创新人才难以培养的"钱学森之问"，显然不能简单用教育体制滞后来说明，深层次的问题是人的全面发展

---

*　漆思，西安电子科技大学人文学院教授。

的教育理念缺失。因此，需要全面实施素质教育，全面深化教育领域综合改革，着力提高教育质量，培养人的创新精神。从马克思主义人民教育价值观来看，教育的核心目标是"使人作为人而成为人"，即实现人的全面发展和自由个性。因此，人民教育主体论在价值论上就体现为人民教育价值观，要求尊重每个人的自由个性和发展要求，促进每个人的全面发展。

第三，坚持人民教育道路是教育人民性的战略导向。当代中国教育的战略导向，就是要坚持中国特色社会主义人民教育道路，将人民教育道路纳入中国特色社会主义道路、理论体系和制度的整体框架之中。新形势下中国教育发展面临的突出矛盾和战略转型，客观上要求探索中国特色社会主义的人民教育道路。当前，教育领域存在的突出矛盾：一是在教育现代化的进程中，存在着如何把握好教育的传统性与现代性的关系问题，避免割裂教育的历史文化传承，通过中华优秀传统文化的滋养使现代教育获得新的生命；二是在教育国际化的进程中，存在着如何把握好教育的民族性与全球性的关系问题，不能过分推崇西方教育模式而盲目谋求与西方接轨，要坚定不移和充满自信地探索中国特色社会主义人民教育道路。坚持人民教育道路，就需要推进中国教育的战略转型：从偏重高度集中管理转向注重自主探索与特色发展，从偏重数量规模扩张转向注重质量提升与内涵发展，从偏重升学教育转向注重终身学习与创新教育，从偏重实用价值转向注重德性教育和人格塑造，从而真正推动应试教育模式向素质教育模式的切实转变。袁贵仁将中国教育梦概括为"有教无类，因材施教，终身学习，人人成才"，正体现了当代中国教育理念的深刻革新。教育模式的选择，从根本上决定着教育宗旨的体现和教育目标的落实。因此，探索中国特色社会主义人民教育道路，就成为当代中国教育改革发展的根本任务所在。

总之，从人民教育主体论的立场来回答当代中国教育的三大问题：从教育宗旨上讲为什么办教育？就是办人民满意的教育，体现人民主体性的教育；从教育目标上讲办什么样的教育？就是办促进人的全面发展的教育，培养自由个性的教育；从教育模式上讲怎样办教育？就是坚持人民教育战略，推进中国教育模式的全面转型和创新发展。这就需要我们从人民教育主体论的理论视野，来深入把握教育的本质属性，明确教育的价值目标，探寻教育的发展规律，把握教育的发展趋势，构建中国特色社会主义人民教育理论体系，从而为探索中国特色社会主义人民教育道路奠定坚实的理论基础。

（本文发表于 2014 年）

西电红色办学资源嵌入思政课的
价值与路径研究

夏永林 *

将红色资源嵌入思想政治理论课教学，加强对当代大学生进行革命传统教育、提高思想政治理论课教学实效性，已经在很多地方及其高校教学改革与实践中运用并取得一定的效果。我校创建于 1931 年，"半部电台起家""长征路上办学"的艰苦创业史和"革命的千里眼与顺风耳""永不消逝的电波"的丰功伟绩背后，蕴含着丰富的红色办学资源，如何将其转化为优质的教育资源并运用于思想政治理论课教学中、探索当代育人模式创新的价值与途径，成为我校思想政治理论课教育教学改革的新视角。

一、西电红色办学资源的界定及其教育意蕴

1. 西电红色办学资源的界定

并非所有的历史都称得上红色资源并将其运用在对大学生进行思想政治教育中。所谓西电红色办学资源，是指作为我党我军亲手创办的第一所工程院校，在 80 余年的办学历史中，伴随着共和国的创建和发展，涌现出像王净等老一辈创建者、像李白等优秀学员，经历的艰苦办学创业史、取得卓越的革命功绩、得到领导人的亲切关怀等所形成的典型的人物、事件、场景、文物等硬件和办学思想、人才培养理念、西电精神及红色文化等软件。这些宝贵的资源可由亲身经历者的口述、从历史档案中去发掘整理、可从民间进行捐赠与征集，经过相关专家进行甄别后，方可作为思政课教学改革采纳的原始资料。

2. 西电红色办学资源的教育意蕴

西电红色办学资源作为我校在中国共产党党的领导下艰苦创业和无私奉献的历史遗存，其内容蕴含深刻的思想性、厚重的文化性和鲜活的现实性具有十分丰富的教育意蕴。将其转化为思想政治课的教学资源，有以下的应用价值。

（1）为思想政治理论课教学提供本源的教学资源。在梳理整理西电红色办学资源的基础上，通过理论上的提炼和教学过程中的再加工，一方面将形成的西电精神、校训、办学理念等形而上的精神财富贯穿在学校办学、学生教育、人才培养之中。另一方面要善于用现代的方式手段来编故事，给雕像、石头、场景赋予新的内容及灵魂，使其最大限度地促进思想政治理论课教学效果的提高。

（2）为思想政治理论课教学提供正确的价值导向。通过学习西电红色办学历史中的革

＊　夏永林，西安电子科技大学马克思主义学院教授。

命前辈高风亮节的品质和坚定地共产主义信仰、缅怀革命先烈抛洒热血献青春的革命情怀、以及数以万计的师生在各自岗位上兢兢业业、踏踏实实工作，为祖国的教育事业和通信事业的发展做出的贡献西电人精神，在思想政治理论课教学中传递正能量。

（3）为思想政治理论课教学奠定红色的文化根据。红色文化是在革命战争年代，由中国共产党人、先进分子和人民群众共同创造并极具中国特色的先进文化，蕴含着丰富的革命精神和厚重的历史文化内涵。西电红色办学资源也体现了中国红色文化的基本特征，在思想政治理论课中引入和应用红色文化，可以充实社会主义核心价值观教育的内涵。

（4）增强思想政治理论课教学的说服力与感染力。当代大学生年轻但略显稚嫩、追求个性但过于张扬、尤其是对思想政治理论课的认同受到多重因素的影响，必须对之动之以理、晓之以情。通过本学校、本学科的前辈及其事迹，更能够使其产生亲近感进而更愿意接受。同时辅之于多种形式，可以增强思想政治理论课对于当代大学生的说服力与影响力。

二、西电红色办学资源嵌入思想政治理论课的有效途径

1. 系统设计教学内容，使红色办学资源进课堂

将西电红色办学资源与思政课相融合，构建课堂教学、社会实践和校园文化三元对接的教学模式，并建立科学、有效的评价体系和考核标准与之相配套。在课堂教学设计中，将红色办学资源结合各门课程的特点进行内容对接。如把《中国近现代史纲要》中的历史事件与我校红色办学史、通讯学科发展史联系起来讲授；《思想道德修养与法律基础》中的理想、信念、道德讲授可结合走进王净、永不消失电波的李白烈士等人物的"三观"及理想、信念教育相结合；"毛泽东思想与中国特色社会主义理论体系概论"课程则重点在西电精神与社会实践红色主题活动有机结合。同时编撰《西电校史进课堂案例集》，通过理论联系实际，让西电红色资源蕴含的宝贵精神和优良传统潜移默化地渗透到大学生的思想和头脑中，从而加深学生对理论的认识。这种教学设计，既有利于改进思政课建设，提升教学效果，也有利于加强大学生的革命传统教育，进一步坚定大学生的理想信念。

2. 充分利用网络与多媒体，使红色办学资源进网络

依托我校在现代先进信息技术建设上的特色与优势，建设西电红色教育资源网站和以"西电精神和西电故事"为主题的微视频与微课程，以实现西电红色办学资源向思想政治理论课优质教学资源的转化。在学校思想政治理论课教育教学网站建设中，可采用多媒体技术建立西电红色资源专题教学资源库，将具有我校红色办学资源属性的图片、视频、文本资料、教学课件等电子资源放置网站供教学教育使用；借助网络优势，建立红色教育网页，将资源库中的图片、视频、课件和文字资料等发布到网页上，供学生浏览下载，进行自我学习和教育；可在网站上开展虚拟实践教学场景建设。还可通过商业运作模式，开发红色游戏网站，或利用全维模拟技术，开发网上全维虚拟红色景点游览系统等，使大学生在游戏娱乐中"近距离"接受红色资源教育。同时可有效利用 QQ、微信等平台，有效传播西电红色办学的正能量。

3. 深入开展实践教学，使红色办学资源贴进学生生活

利用红色资源开展实践教学活动的方式多种多样。一是通过对红色办学资源的情景模

拟、亲身体验和直接感悟是实现教育资源转化的直接途径。在西电办学中的红都瑞金、圣地延安、塞上明珠张家口、古城西安等，都留下了先辈和开拓者的深深印记。沿着他们当年的足迹，模拟当时的生活、战斗、工作场景，会唤起人们对革命先烈和无产阶级革命家的深切怀念。可以组织师生开展"弘扬西电精神，重走西电办学路"活动。二是开展西电红色办学资源与社会主义核心价值观教育为主题的社会实践活动，走进社会，体验中国梦。

4. 加强校园文化建设，浓郁西电红色办学资源进校园的氛围

校园文化建设是利用红色文化资源的最佳途径。在我校的校园文化建设中引入西电红色办学资源及内容，营造红色文化氛围，使红色资源在校园文化建设中处于优势地位。一是在校园举办以红色文化为主题的文化讲座、演讲会、知识竞赛、有奖征文、文艺会演、主题班会等校园文化活动，以强化红色文化的教育效果；二是利用学校的报纸、杂志、广播、电视、网络等媒体，通过开设红色网站或相关专栏、专题等形式，构建红色文化教育阵地，以营造红色文化的宣传氛围。三是通过校园文化活动与思政课堂的结合，让红色资源转化为文化魅力，如开展红色文化演讲活动，组织参观西电红色老照片展览，举行红色实践报告会、定期播放红色经典电影，举办红色主题摄影展、组建红色作品读书沙龙等。传唱经典，增强艺术表现力。可以红色文化为主题，开展文学、艺术、影视创作活动和演艺活动。不断推出内容丰富、形式多样的红色文化精神产品，在满足大学生文化生活需要的同时实现教育的目的和效果。也可以传唱红歌为主要途径来弘扬红色经典。红色歌曲有着丰富而深邃的内涵，以其平实的词句、优美的旋律和简练的艺术语言，向大家讲述着革命故事，传播着革命真理，弘扬着革命精神，也寄托着革命信念。四是开展红色经典文学颂读、红色经典图文展示、红色经典影片赏析、红色经典演讲等系列红色主题教育活动。通过唱响红色经典、艺术表现红色文化的方式，拓展学生了解红色文化的机会和渠道，形成传承红色文化、弘扬红色精神的红色教育氛围，激发青年学生的蓬勃朝气和昂扬斗志，抵御各种腐朽颓废思想的影响，从而牢固其思想信念。

中国革命史中的西电红色历史

常　新[*]

　　中国近代史是一场波澜壮阔的反帝、反封建和追求民族独立的历史，许多仁人志士为此抛头颅，洒热血，经过近百年的艰苦奋斗，推翻了三座大山，实现了民族的独立和人民的解放。在这一历史进程中中国共产党代表了先进生产力的发展方向，是中华民族和中国人民的先锋队组织，在追求民族独立和人民解放过程中发挥了中流砥柱的作用。1931年诞生于红都瑞金的无线电培训班作为西电前身，在土地革命、抗日战争和解放战争期间一直与中国革命的发展同呼吸，共命运，为夺取革命战争的胜利和专业技术人才的培养做出了卓著的贡献，为革命的胜利建立了不朽的功勋。

　　自1921年7月建党至1927年7月第一国共合作破裂，中国共产党领导的革命经历了实力不断壮大到遭到惨痛的失败，期间除了路线方针的失误外，还有一点不可忽视，那就是通信手段很落后，中央和地方组织、地方组织之间的情报和信息不能在第一时间内有效传递，错失许多良机，给革命事业带来了无法弥补的损失。1927年中共领导的，在中国军队建设史具有奠基意义的南昌起义、秋收起义和广州起义的失败，同样有信息和情报传递效率低下的因素。

　　在革命事业的发展过程中，我党领导人已经认识到现代通信手段的重要性，也千方百计地派遣相关人员学习无线电发报技术，如1930年，受党的派遣，曾三同志和伍云甫同志在上海跟张沈川同志学习无线电发报技术，在国统区和苏区逐渐建立了无线电培训机构，培养无线发报人员。在这段历史中和西电直接相关的当属1930年除夕红军在江西龙冈取得第一次"反围剿"大捷中缴获的张辉瓒部的一部电台后成立的无线电培训班，培训班由冯文彬同志当政委，1931年王净和刘寅同志加入培训班，在以后的革命历程中，由培训班走出的学员在革命战争中充当了"千里眼和顺风耳"，成为夺取革命的胜利不可或缺的革命力量。

　　作为我党和我军建立的第一所工程技术学校，培训班逐渐壮大和完善，在革命战争年代不断积累经验，为新中国开办具有现代特色的通信大学奠定了坚实的基础。培训班建立初期，条件极为艰苦，培训班所需器材极为短缺，甚至连发报所需的铅笔小到手无法捏的时候仍套上竹管使用，就是在这种环境下，培训班还组建了一个通信材料厂，修理和制造当时急需的一些通信器零件和配件。培训班所开设的课程都是结合当时战争亟需的英语、电学、收发报、数学等，伴随革命形势的发展，课程开设逐渐丰富和规范。另外紧张的课堂学习之余，尽管处于战争环境，培训班还给学员安排了一定的集体活动项目，为驻地百

---

*　常新，西安电子科技大学人文学院教授。

姓排忧解难，建立了良好的军民鱼水情，奠定了革命学校良好的校风、校纪和学风，这一优良传统对西电的影响深远，至今仍发挥作用。

毛主席分别于1949年和1960年两次为我校题词"全心全意为人民服务""艰苦朴素"，后者是中国社会主义建设时期题词，但这种精神和理念形成于革命战争年代，它浓缩了西电核心价值观，在革命战争年代凝聚了力量，鼓舞了士气。在革命战争年代，由于国民党的封锁，物资匮乏，官兵同甘共苦，在苏区时培训队就自力更生，培养了学员吃苦耐劳的精神，树立了"艰苦朴素"的生活作风，历练了战士，使他们坚定了革命的信心和勇气，为抗战胜利和夺取全国解放而勇往直前。"全心全意为人民服务"是我党的宗旨，是革命战争年代能够得到广大人民支持的有力保障，也是社会主义建设时期我党开展工作的主要指导思想。

西电诞生于革命战争年代，为中国革命的胜利建立了不朽的功勋，无论是战争年代，还是和平时期，党和国家领导人对西电的发展一直给予关怀。学校前身无线电培训学校就是在毛泽东和朱德同志的亲自主持下建立，毛主席的两次题词，彭德怀元帅、叶剑英元帅、贺龙元帅为学校的发展所给予的关怀激励了学校的全体师生，使他们以更加饱满的热情投入革命的洪流，为革命的胜利贡献了自己的力量。

今天我们已经站在一个新的历史起点，中华民族已经迎来了复兴黎明前的第一缕曙光，作为我党亲手缔造的第一所工程学校，西电面临着前所未有的机遇和挑战，在西电精神的感召下，在全体师生的共同努力下，西电会和共和国共同成长，也会为民族伟大复兴贡献自己更多的力量。

弘扬西电精神，践行社会主义核心价值观

吴秀霞*

党的十八大提出了培育和践行社会主义核心价值观的根本任务，强调要倡导富强、民主、文明、和谐，倡导自由、平等、公正、法治，倡导爱国、敬业、诚信、友善。这"三个倡导"24 个字，凝练概括了国家的价值目标、社会的价值取向和公民的价值准则，是社会主义核心价值观的基本内容。社会主义核心价值观真正要发挥作用，必须融入实际、融入生活，让人们在实践中感知它、领悟它、接受它，达到潜移默化、润物无声的效果。

为了更好地践行社会主义核心价值观，传承、弘扬学校的优良传统，我们在广泛听取师生员工意见和专家研讨的基础上形成了关于西电精神的具体表述，即："艰苦奋斗、自强不息、求真务实、爱国为民。"这是对学校优良办学传统和大学精神的系统表述，是对西电83 年历史传统和办学特色的高度凝炼。传承弘扬西电精神，对于激发全校师生员工的使命感和责任感，促进学校的内涵式发展具有重要的意义。

从核心价值观和西电精神的表述可以看出，二者具有很强的一致性、互补性，表现在：

其一，艰苦奋斗、自强不息是践行社会主义核心价值观的力量源泉。艰苦奋斗、自强不息是国家富强、民族振兴、人民幸福的重要精神支撑，也是贯穿于西电办学史的精神力量。纵观西电红色校史，从"半部电台起家""长征路上办学"，后辗转多处，历经多次院校学科调整，为国家建设和社会进步做出了重要贡献，这都是艰苦奋斗、自强不息精神的真实写照。可以说，西电的办学史就是一部自力更生、坚忍不拔、披荆斩棘的奋斗史、创业史。艰苦奋斗、自强不息精神具有超越时代的生命力，是践行社会主义核心价值观的不竭动力。

其二，求真务实是践行社会主义核心价值观的本质要求。求真务实是一种世界观和人生观，也是一种对待生活和工作的态度。"求真"，就是"求是"，也就是实事求是，认识、把握事物的本质，遵循事物的规律；"务实"，则是按照规律办事，脚踏实地，亲身实践。西电自瑞金办学起，始终坚持科学研究的求真精神，民主治校的务实作风，在遵循教育规律、人才成长规律基础上办人民满意大学。今天，在践行社会主义核心价值观的过程中，也必须坚持求真务实的品质和作风。

其三，爱国为民是践行核心价值观的立足点。爱国为民是西电办学的光荣传统，西电的发展与民族的前途、国家的命运密切相连，在中国革命、建设和改革的不同时期、不同节点都发挥了重要作用。西电首任校长王铮将军一生信念坚定，正直坦荡，将个人的成长进步与民族的命运紧密联系在一起，与中国革命同行，与共和国同行，创造了通信史上的

---

* 吴秀霞，西安电子科技大学党委统战部部长。

诸多传奇，谱写了技术服务人民和国家的辉煌篇章，是爱国为民的典范。爱国为民是弘扬和践行社会主义核心价值观的基本出发点，如果抛却了这一点谈社会主义核心价值观，无异于丢掉了灵魂。

"核心价值观的培育贵在知行统一，而知是前提、是基础，内心认同才能自觉践行，春风化雨才能润物无声。培育和践行核心价值观，一定要在增强认知认同上下功夫。"社会主义核心价值观与西电精神具有同构性、互补性和契合性。当前，深入开展社会主义核心价值观教育，必须将之与弘扬西电精神、凝聚西电力量结合起来，通过师生便于接受、容易接受的方式唱响主旋律、传播正能量。

大力弘扬西电精神，丰富西电精神的内涵。文化是一所大学的根基和血脉，在提高人才培养质量、提升学校软实力等方面发挥着不可替代的作用。精神文化是大学文化的核心和灵魂，集中体现了大学的核心价值追求。当前，要在师生中广泛宣传，多形式开展光荣历史、优良传统和办学特色的教育活动，把它内化为每个西电人学习、工作、生活的基本观念和行为准则，使其成为西电人的价值追求和精神家园。

传承弘扬西电精神，关键在于行动。在全面深化教育综合改革、加快创建行业特色一流大学的过程中，要求我们对践行西电精神和核心价值观真正做到了然于胸、见诸行动、付诸实践。具体说来，就是要体现在日常教学、科研、管理、服务的各个环节，呵护我们学习、成长、成才之路，切实外化为每一个西电人的一言一行。只有这样，西电精神才能彰显其实践价值和强大生命力，凝聚人心、汇聚力量，激励师生、鼓舞斗志，促进学校又好又快发展。

坚持办学宗旨，服务师生员工

季庆阳 *

全心全意为人民服务既是党的宗旨，又是我们西电的办学宗旨。毛泽东同志将"全心全意为人民服务"以题词的方式送给西电，既体现了党和国家对西电光荣的革命办学历程的褒扬，更体现了对西电办学的期望和要求，有这样的题词指引我们应该为之自豪，同时也更应该认识到肩负的责任和使命。作为学校的党员干部尤其是领导干部更应该以身作则，率先垂范，坚持宗旨，以优良的作风服务师生。那么，如何来坚持全心全意为人民服务的宗旨，改进作风，提高服务质量和水平呢？我个人认为主要有三点。

一、切实树立正确的群众观念和宗旨意识

理论上成熟是政治上坚定的基础。"求木之长者，必固其根本；欲流之远者，必浚其泉源。"没有一个正确的群众观念就不可能坚持全心全意为人民服务的宗旨意识。思想上没有深刻的认识，行动上必然到不了位。群众观点是马克思主义唯物史观的一个基本观点，也是马克思主义政治观的一个重要观点。马克思主义群众观认为，人民群众是历史的创造者，也是社会变革的决定性力量。只有真正树立起了马克思主义的群众观，才可能分辨清楚谁是主人、应该由谁来做主，代表谁的利益、应该为谁服务，权力来自于谁、应该对谁负责，才可能真正树立起科学的发展观、正确的政绩观、权力观、地位观和价值观。也才能为自觉践行宗旨意识奠定坚实的思想基础。

二、自觉践行群众路线

自觉践行群众路线是全心全意为人民服务的根本途径。第一，要尊重群众，孟子讲过"敬人者，人恒敬之。""君之视臣如手足，则臣视君如腹心；君之视臣如犬马，则臣视君如国人；君之视臣如土芥，则臣视君如寇仇。"作为党员领导干部不能尊重群众，也必然得不到群众的尊重和拥护。大学的根本使命在于立德树人。切实树立办学以师生为本，树人从尊重人开始的理念，尊重师生的主体地位，尊重每个师生员工的人格，本着平等、公正的原则对待每个人，尊重每个人的知识、劳动与创造，变"为民做主"为"由民做主"，让每个师生员工真正感到自己的主人翁地位。第二，要相信群众，真心让群众参与、让群众监督、让群众评判。真正落实师生员工的知情权、参与权、选择权和监督权。第三，要依靠群众，虚心听取师生员工的意见和建议，先当学生，再当老师；充分发扬民主，善于集中民智，尊重基层和群众的首创精神，积极为师生员工主观能动性的调动和创造力的发挥，搭建平

---

* 季庆阳，西安电子科技大学机关党委书记。

台，提供条件，营造氛围。第四，要服务群众，切实把实现好、维护好、发展好师生员工的根本利益作为我们一切工作的出发点和落脚点。关心师生疾苦，倾听师生呼声。坚持群众利益无小事。凡是涉及群众利益的事情，都要充分听取师生员工意见，诚心诚意为大家办实事、解难事、做好事，使师生员工不断从学校发展中得到更多的实惠。切实增强人本意识和民生观念，把师生员工需求作为第一信号，把师生员工满意作为第一标准，切实解决好师生员工最关心、最直接、最现实的利益问题和反映最强烈的突出问题，不断改善民生，提高师生员工的幸福指数。

三、切实提高群众工作的能力

做好群众工作，宣传好、团结好、引导好群众，才能实现群众的根本利益和推进学校的发展。因此做好群众工作也是全心全意为人民服务的应有之义。我们不仅要有全心全意为人民服务的热情，还要有为师生员工服好务的能力和方法，正如毛泽东所说的："我们不但要提出任务，而且要解决问题，我们的任务是过河，但是没有桥或是没有船就不能过，不解决桥或船的问题，过河就是一句空话，不解决方法的问题，任务也只是瞎说一顿。"今天我们经常出现这样的情况：我们一些部门和党员领导干部制定政策的动机是好的，但由于方法不民主、过程不公开、程序不规范，导致群众不理解，不支持，甚至酿成群体事件。好事变成了坏事，为民变成了伤民，究其原因就是不会做群众工作，不注重改进工作作风和方法而导致的。改进工作作风和方法。第一，要管好自己，做好表率。孔子说得好："其身正，不令而行；其身不正，虽令不从。"正人先正己，要求师生员工做到的自己首先要做到。德者得也，自己有德才能赢得师生员工的信赖和支持。第二，要真正了解师生员工。要了解师生员工所思所想，所盼所望，就要密切联系群众，深入基层，深入师生，和师生员工打成一片，要戒掉官气，真心实意地与师生员工交朋友、做知己。浮风躁气、蜻蜓点水、浅尝辄止、官僚主义、形式主义作风，是与群众交不成朋友的。第三，要理解师生员工。要做到将心比心，换位思考，即做到己欲立而立人，己欲达而达人，己所不欲，勿施于人，己之所欲，勿强加于人。第四，要真诚相待，说实话，出实招，办实事，求实效，师生员工最怕的是被忽悠，最反感的是假大空。第五，坚持民主科学依法决策和制定规则，并带头遵守和执行，让权力在阳光下运行，自觉接受师生员工的监督。第六，要善于耐心细致地做好思想政治工作，坚持以德服人，以理服人，以情感人，力戒简单粗暴，以势压人，以权卡人。师生员工真正理解了，认同了，我们所推行的改革和举措才可能激发出大家的动力和热情，才能转变为师生员工的自觉行动。

西电红色教育传统在学生教育管理中的实践

刘丰雷*

红色文化是社会主义先进文化的重要源泉，也是社会主义核心价值观的重要源泉。通过挖掘红色教育资源特别是西电自身办学过程中承载的红色文化、红色精神、红色符号，并将之有效转化为立德树人的教育资源，开展多种形式的社会主义核心价值观教育，对于增强学生思想政治教育的针对性和实效性，提升人才培养质量具有重要意义。刚才听了几位同志的发言，深受启发，下面我结合学生工作实际，就开展红色文化教育，谈几点体会和认识。

一、充分利用丰富厚重的西电红色资源，以传承"西电精神"为主线，加强学生理想信念教育，不断强化人才培养的目标与方向

西安电子科技大学从诞生之日起，便与国家的革命、建设事业紧密相连，从经历土地革命战争、抗日战争和解放战争的洗礼，到迁校西安，扎根西部，再到转业地方，挺立民族电子工业振兴和国防现代化建设潮头，学校的每一次发展、变迁无不以国家利益为宗旨、民族复兴为己任，在长期的革命斗争和社会主义建设实践中，逐步铸就了"全心全意为人民服务"的办学宗旨，"艰苦奋斗、自强不息、求真务实、爱国为民"的西电精神。作为学校最为宝贵的财富，"西电精神"创造了西电昔日的辉煌，更奠定了西电未来的发展。传承、发扬、创新"西电精神"是学校开展学生思想政治教育工作的一条主线，也是学校文化育人的一项重要品牌。

学校无论是在烽火战争年代，还是在和平建设时期，加强理想信念教育，引导学生树立马克思主义的世界观、人生观和价值观，一直是学校思想教育工作的核心，也是传承"西电精神"的精髓所在。

在学校发展历史上，虽然五迁校址十一易校名，经历了军校向地方院校的转变，但是红色育人传统却是星火相继，秉承如一。建校伊始，学校便将共产主义战士培养与专业技术人才培养紧密结合，专门开设以理想信念教育、革命教育为主的政治课程，毛泽东、朱德等老一辈革命家亲自授课。多年来，学校在发展壮大的过程中，始终不忘肩上的历史使命，始终不丢革命优良传统，培养了一批又一批思想可靠，技术过硬的优秀人才。

进入新世纪，面对新的国内国际形势和大学生呈现出的新特点，学校一方面与时俱进，不断加强和改进大学生思想政治教育，另一方面始终重视弘扬红色教育传统，传承西

---

* 刘丰雷，西安电子科技大学学生工作处处长。

电精神，努力构建科学、系统、开放、全员参与的大学生思想教育体系。

在本科生中启动"践行核心价值观、聚力实现中国梦、争做栋梁人才"主题教育活动。

（1）加强中国特色社会主义和中国梦宣传教育，引导学生不断增强道路、理论自信和制度自信，开展爱国爱校教育。开展"西电精神"宣传教育活动，增强学生"我是西电人"的认同感，向学生推荐阅读《光辉岁月》等校史读物，组织学生观看"永远的西军电""永不消逝的电波"等纪录片，在学生党校课堂上开设"经典红歌赏析"课程。

（2）培育和践行社会主义核心价值观。以"诚信、担当、向善"为主要内容，推进"道德实践在行动"。开展诚信专题教育，建立学生诚信档案，引导学生养成"诚信待人、诚信处事、诚信学习、诚信立身"的良好品行。开展中华优秀传统文化教育，促进中华传统文化的精神基因、精神追求、精神标示体现在西电文化载体中。

（3）以"增强党性，提高素质，发挥作用"为目标，加强大学生党建。实施学生党员先锋工程，进一步完善学生业余党校"初、中、高"三级教育体系，推进学生党员发展、教育、管理和服务质量标准体系建设。

（4）以"培养健全人格，促进全面发展"为理念，加强心理健康教育。进一步完善"大学生心理健康教育中心、学院身心健康辅导站、团支部心理健康互助小组"心理健康教育三级工作体系，健全"教育、排查、服务、研究"工作机制，推进分层次人格教育，引导学生快乐成长，健全人格，全面发展。

二、以传承西电校风学风为主旨，深入开展"双做"学风创建活动，不断强化"学在西电"质量品牌

校风、学风是大学的灵魂。从1931年依靠缴获敌人的半部电台起家建校，到长征路上坚持办学，再到辗转延安、华北，最终扎根西安，学校始终秉承"全心全意为人民服务"的办学宗旨，逐步形成了"团结、勤奋、求实、创新"的优良校风、"崇尚学术、追求卓越"的治学风范，把人文环境、学术氛围、硬件环境有机地融合在一起，营建起良好的育人环境，形成了"学在西电"的质量品牌。在学生管理上，学校继承军校传统，虽然在1966年由军校转为地方院校，但是部队院校的军事化管理方式始终传承如一。"一日生活制度""周日晚点名制度""辅导员入住学生公寓制度""学生请销假制度"等便是对军校时期严格的管理方式的有力继承。

新形势下，我们进一步提出了构建以自我发展能力提升为重点的学风建设工作体系。

启动"2234"学风建设体系构建活动，实施"培育学生自我发展能力"工作计划，着力培养学生自我发展能力（即接受知识能力、自我学习能力、知识转化能力、思维分辨能力、逻辑分析能力、判断抉择能力，以及自律自省能力、沟通表达能力、应用实践能力），使学生"要我学"转变为"我要学"，具体内容包括：

（1）以"双做"为主题，深入推进"做西电优良校风学风的传承者，做新校区优良校风学风的建设者与发展者"学风创建活动。通过开展校史校情教育，组织学生围绕"西电精神是什么，我们如何传承""我们如何创建西电优良校风学风""如何做一名优秀学生"进行深入讨论。

（2）以"双训"为基础，着力培养提升学生的自主学习能力和创新创业精神，引导学生

实现自我发展。在一、二年级学生中启动基于辅导员、班主任的"学业训练计划",在三、四年级学生中启动辅导员、班主任"创业就业训练计划"。

（3）以"三航"为依托,构建"名师导航、学长助航、朋辈护航"三级学业指导帮扶体系。按照全员育人的思想,充分发挥教师的主导作用、优秀学长的示范作用和学生自身的主体作用。邀请专家教授和知名校友与学生进行交流,组织老校区博士生、硕士生与新校区的本科生进行联谊、交流,引导学生进一步树立主人翁意识,积极投入到创建活动中,增强爱学校、爱专业、爱班级的自觉性,践行西电校训、体现西电校风、传承西电精神,进一步浓郁独具特色的西电风气,促进优良校风学风的形成。

（4）以"四严"为抓手,加强学风管理,严格作息制度管理,严格课堂纪律,严肃考风考纪,严把过程监管,促进学生养成良好的学习、生活习惯,提高学生学习投入度,增强学习效果。

三、几点认识

近年来,学校在挖掘西电红色教育资源,加强核心价值观教育方面取得了一定的成效。但同时,也面临一些亟待解决的问题。

一是学校所承载的红色历史资源客观存在,如何有效挖掘、凝练其承载的红色精神并转化为教育资源,系统融入到教育教学环节是亟待完成的任务。

二是如何创造性利用红色教育资源,实现与学生教育、管理和服务的完美融合,是利用红色文化传统开展核心价值观教育的关键环节。

三是如何在创新红色文化教育过程中,创新教育方式和载体,更好地遵循当前大学生身心发展规律的内在要求,是增强核心价值观教育针对性和实效性的必然要求。

由此,结合学生工作实际,我们认为要在以下三个方面"下功夫"。

一是要在健全体制机制上下功夫,夯实红色文化教育的组织保障。要建立健全红色文化教育领导体制和工作机制,将利用红色资源开展社会主义核心价值观教育纳入大学生思想政治教育整体规划,明确各有关部门的工作任务与职责,构建红色文化教育的激励、运行和保障机制。

二是要在加强红色资源开发上下功夫,丰富大学生思想政治教育内容。加强对西电现有红色资源的挖掘、凝练并将其转化为具体生动的教育资源。做好三个"突出":突出思想性,坚持红色资源的正确价值导向;突出客观性,强化红色资源的可信度;突出时代性,增强红色资源的亲和力。同时加强红色文化传播规律的认知和理论研究,提升工作科学化水平。

三是要在坚持以学生为本上下功夫,使红色教育更加贴近大学生的需求。要坚持贴近青年大学生的现实生活和思想实际,牢牢把握大学生的行为规律和心理特点,积极推进理念创新,方法、手段创新,探索新媒体传播方式,善于运用学生喜闻乐见的形式,搭建一批学生乐于参与的活动平台,多开辟学生便于参与的渠道,提升大学生红色文化教育的感召力和说服力。

做好离退休工作，抢救和挖掘红色资源

车　纯[*]

一、老干部是我校的宝贵财富

西安电子科技大学是一所有着悠久革命历史、具有光荣红色传统的大学。西电的前身是 1931 年诞生于江西瑞金的中央军委工程学校，是毛泽东等老一辈革命家亲手创建的我党我军的第一所工程技术学校，曾先后多次迁址更名，是 1959 年中央批准的全国 20 所重点大学之一。早在 20 世纪 60 年代，就以"西军电"闻名海内外。毛泽东同志曾先后两次为学校题词："全心全意为人民服务""艰苦朴素"。

西电辉煌的历史，也造就了一大批经历过土地革命战争、抗日战争和解放战争洗礼的老同志。目前有离休老干部 126 名，其中抗战时期参加革命工作的老八路还有 31 名，他们当中有当年抗战时期在延安通信学校学习的老学员，还有解放战争时期在华北军区电讯专科学校学习的老学员，更有一批新中国成立之初在张家口军委工校工作和学习的老同志。

在全国老干部工作先进表彰大会上，习近平总书记在讲话中说到：尊重老干部就是尊重党的光荣历史，爱护老干部就是爱护党的宝贵财富，学习老干部就是学习党的优良传统和作风，重视发挥老干部作用就是重视党的重要政治资源。从习总书记的讲话中可以看出，老干部与党的历史、财富、传统和作风、政治资源是紧密相联的。细细品味，这话说得很有道理。老干部就是党的光荣历史，更是我校的宝贵财富。

二、老干部是红色历史的见证者

红色精神是我党在革命建设时期所形成的，它是真实存在的，是时代的产物，是革命建设的结晶。从五四运动马克思主义真理传入中国，1921 年中国共产党建立到党的十一届三中全会掀开改革开放的大潮，党的十八大牢牢把握加强党的执政能力建设，全面提高党的建设科学化水平，确保党始终成为中国特色社会主义事业的坚强领导核心。红色精神以真实存在的史实为依托，它不是艺术家们凭空臆想出来的，它是我党我军在九十多年的革命和建设过程中从无数的经验教训中总结出来的。同时，它是不断丰富发展的。红色精神既是历史的写照，又是现代化车轮的见证，是真实可感的。

西电作为毛泽东等老一辈革命家亲手创建的第一所工程技术学校，是红色精神作为我国先进文化的一部分，具有极强的象征性。提到学校八十多年的办学历程，人们便会想到我党革命建设历程，想到其丰富的内涵和其所代表的、所象征的中国共产党人艰苦奋斗、

---

* 车纯，西安电子科技大学离退休工作处处长。

不畏艰险的革命精神。从瑞金"半部电台起家"，到人们所家喻户晓的"全心全意为人民服务"精神，保持的"艰苦朴素"作风，无不象征着我党在九十多年的历史中奋斗不息、开拓进取的历程。

学校的老干部伴随着西电一起成长，他们有着光荣的斗争经历，有着丰富的革命经验，有着优秀的思想品质。他们曾长期工作在教学、科研和政工战线，积累了丰富的学生工作经验，处理过形形色色的思想政治教育方面的案例，善于根据不同的情况开展有的放矢的思想工作。

三、抢救和挖掘红色资源

西电老干部是"西电精神"的创造者和见证者，他们有宽广的胸怀、无私的精神、不老的情怀；他们虽然已经离休，但依然不顾年迈的身躯，参加组织活动，按时缴纳党费；在汶川地震的时候，主动到单位为灾区人民捐款；他们"位退未敢忘忧国"，始终以强烈的历史使命感，在加强党的建设、关心教育下一代、促进"三个文明"建设，为学校的改革发展等方面仍发挥着积极主动的作用；他们因为怕给组织"添麻烦"而隐瞒自己的困难，真可谓是"春蚕到死丝方尽，蜡炬成灰泪始干"！

然而，提起红色精神，大家都能谈及一二，但是说到红色精神的内涵以及红色精神的发展前景，要做到人人皆知实属困难。面对西电红色宝贵资源，面对老干部越来越弱的身体，时不我待，我们有责任和义务将西电红色精神继承、推广、维护下去。

在学校的支持下，离退休处一直协助学校积极开展抢救和挖掘红色资源工作。从2000年开始，多次在老干部及校友中征集回忆录，先后出版了抗美援朝回忆录《正义与强权的较量》《润物录——党史、人物专辑》《两种前途的斗争——我们经历的抗日战争》《两种命运的决战——我们经历的全国解放战争》，以及全面反映西电的《光辉历程》，在建党90周年和建校80周年时，又征集出版了《忆激情岁月　颂美好生活》回忆录；为进一步发掘红色资源，2016年10月，为积极配合今年"校庆月"活动，营造良好的校园文化氛围，根据校党委组织部和党委宣传部的《关于做好"讲述西电故事、留存西电记忆，传承西电精神、弘扬西电文化"主题宣传活动的通知》要求，离退休党委、离退休工作处结合自身实际，决定在广大离退休老同志中开展以"我的西电路"（暂定）为主题的征文活动。

四、发挥离退休专家对青年学生的教育作用

广大老干部亲身经历了战争年代的考验、和平时期的艰辛和改革开放的实践，形成了坚定的立场和信念、丰富的智慧和经验、崇高的精神和风范、优良的传统和作风，他们自觉地把党的事业、民族的兴衰与自己的命运紧密地联系在一起。

老教授、老专家知识渊博，在专业领域造诣极深，属业界翘楚，他们严于律己、宽以待人，积聚了很高的个人威望，在年轻人中有很大的影响力，大学生都喜欢倾听这些德艺双馨的老学者给他们作讲座和报告；有很多老同志历经世事，阅尽沧桑，对身外之物之事都已处之淡然，对年轻人有宽容鼓励之心，加上都是大学生的爷爷辈，容易使大学生产生心理归属感和亲情依附感，同时他们又有着充裕的时间，能够更耐心、更细致地和学生交流沟通，达到更好的教育引导效果。因此，趁这些老同志还健在，把他们在战争年代的亲身经历、为教学科研努力奋斗、艰苦创业的事迹写出来，编辑成册，作为向青少年进行革命传统教育、爱国主义教育是我们义不容辞的责任。

挖掘红色档案，强化育人功能

王庆毅[*]

  西安电子科技大学的历史与中国革命史紧密相连，她在革命战争的烽火硝烟中应运而生，红色电波传遍大江南北。从革命战争年代到新中国建设时期，再到改革开放以来，西电与中国革命始终血肉相连。83 年的办学历程中，西电在教学、科研、人才队伍建设、管理服务等方面留下了珍贵的红色史料。而学校档案工作正是记载学校历史、传承学校文化、服务学校发展的一项重要的基础性工作，具有收集、保管、开发、利用的基本职能，发挥着促进校园文化建设和文化育人的辐射作用。

  为将西电红色文化更好地传承发扬，发挥档案文化育人作用，档案馆将以独特的红色馆藏资源为依托，推进挖掘、编研与展览，传承西电红色精神，传播西电红色文化，参与学校文化建设，发挥档案文化教育功能。我们将着重抓好以下几个方面的工作。

  第一，加强红色档案资源基础建设，集聚西电红色档案资源。一是进一步整合馆内红色资源，优化红色馆藏档案；二是征得离退休工作处等相关部门的支持配合，向学校老领导、老专家、老教授，老校友等征集文字、实物、照片、声像等资料，同时配合人文学院，针对老同志启动口述实录工作，征集其鲜活的故事和生活资料，不断丰富红色档案资源。

  第二，挖掘红色档案精华，传播西电红色文化。首先，在编研方面，一是与学校出版社初步商讨共同编纂《西电校志》，回顾总结西电历史，弘扬西电精神。二是组织编写小组，编著《西安电子科技大学大事记(1931－2014)》，梳理学校历史。其次，在档案文化展览方面，建立档案展览室，定期举办红色档案专题展，收集校史中积淀和汇聚的红色资源，整理校史中的红色篇章，展示西电红色人物、照片、实物等资料，展示红色档案，传承西电红色文化遗产，彰显西电精神，发挥档案文化育人作用；同时，将平时收集、征集到的红色档案资料制作成图文并茂的版面布放在室内墙壁上，潜移默化地传播西电红色文化，构筑富有西电特色的档案文化生态环境，营造"校荣我荣、我荣校荣"的文化氛围。

  第三，利用档案信息化资源，展示西电红色文化。一是配合人文学院，在档案馆主页建设专栏中，利用"网上校史馆"专栏，同期发布"西电红色历史传承与当代育人模式研究"重大课题的阶段性研究成果，如图片、口述历史、研究形成的文字、声像资料等；在红色历史栏目中，将"西电红色历史传承与当代育人模式研究"重大课题的音像资料、电子资料、图片资料、文字资料分类发布，系统展示西电红色历史。在编研成果专栏中，除了将编写的《西电校志》《西电大事记》等发布之外，开辟"西电人物"专栏，分系列将院士、将军、政坛领导、业界精英、学界专家、企业才俊等人物介绍专题展示。在"精彩图库"专栏将西电

* 王庆毅，西安电子科技大学档案馆馆长。

历史上的精彩瞬间集中展示，给师生提供一个享阅学校文化的空间，让师生在美的享受中感受学校红色文化，启迪心智。二是开通"西电档案微馆"，及时迅速地发布西电红色历史，短小精悍，迅速及时，将西电精神在无声无息中传递于学校的每一个角落。

第四，强化档案利用服务，为传播西电红色文化助力。一是积极配合学校各职能部门、学院，提供馆藏档案红色史料的查阅。二是建立阅档室，提供学校珍贵历史史料的阅览等。三是完善规章制度，细化办事流程，利用档案形象墙、档案网站、档案微馆等将制度流程公开，为师生查档阅档提供便利。总之，尽档案馆所能，为学校师生提供更优质、更便捷的服务，做优档案利用服务。

作为学校的一份子，档案馆将在西电历史的延续中责无旁贷，履行好职责，传播西电红色文化，发挥档案文化育人功能，助力大学文化建设计划，为学校全面深化综合改革和内涵式发展保驾护航！

挖掘红色资源　搭建实践平台　增强育人成效

朱文凯 *

近年来，学校不断挖掘红色资源新内涵，创新红色育人新形式，把学校历史和发展现实相结合，把典型引领和普遍提升相结合，把革命传统和时代精神相结合，坚持以理想信念教育为核心，红色文化传承为保证，基本道德规范为基础，实践活动为重要组成，逐步探索出一套"融红色资源于社会实践、文化活动、科技创新"三位一体的红色育人模式，引导学生健康成长。

一、把红色资源融于社会实践，在社会熔炉中践行核心价值观，突出实践育人

坚持把开展大学生社会实践活动作为践行社会主义核心价值观的重要途径，积极推进社会实践活动的基地化和项目化。学校团委积极配合社会实践活动课外学分制，不仅与西安八路军办事处、延安红色教育基地、井冈山青少年革命传统教育基地等建立长期稳定的合作关系，设立学生社会实践基地，并多次利用暑假组织"井冈情 中国梦""重走长征路"等实践体验活动；每年三月和五月在社区开展"雷锋科技 IT 精英进社区""志愿者行动月""校园文化社区行"等实践活动；在各基层学生支部中成立了志愿服务小分队，在校园内开展清洁教学楼及操场清洁、整理图书馆阅览室等一系列的志愿服务活动，使大学生在社会实践中充实精神生活、升华道德境界。近年来，先后组建"立足西部建设 服务地方发展"榆林、蒲城经济发展博士实践团、"瑞金之星"大学生骨干实践团、"建设美好家园"红色贫困地区实践队等暑期社会实践小分队，参与学生万余人；结合时代主题，开展"我的中国梦"社会实践主题调研活动，参与调研的大学生超过 6000 人，共征集了 1300 多份团队调研报告和理论文章，并形成《陕西高校大学生关注"中国梦"十大议题》调研成果。

二、把红色资源融于校园文化，坚持典型引领和普遍提升相结合，在营造文化氛围中实现育人功能

以文化人，学校团委通过"学生为本、三位一体"校园文化活动体系建设，积极营造"团结、和谐、包容、进取"的校园文化风尚。充分发挥大学生艺术团的引领作用，新建大学生交响乐团和合唱团，通过规范化、制度化建设将大学生艺术团打造成为广大学生接受高雅艺术熏陶的平台，举办"五四文化艺术节"、"瑞金之星"大学生合唱节、"新年音乐会"等品牌活动，推出"长征组歌"等传播核心价值观理念、反映西电精神内涵、具有时代特点的精

＊ 朱文凯，西安电子科技大学团委书记。

品项目。在校园文化艺术节中，开展以弘扬"西电精神"为核心的主题创建活动和"爱国、责任、进取、荣誉"主题教育活动，如"西电故事分享会"、"美丽西电"摄影展、网络"微电影"大赛中均融入"红色元素"。通过建设红色网站、举办红色文化讲坛、红歌会、红色演讲等活动，使红色文化在学校校园中处处可见、可感、可学。通过座谈会、报告会、研讨会、事迹短片等多种形式使先进典型人物的形象更加饱满，易于学生接受，发挥典型引路，榜样育人的辐射和示范引领作用，从而使大学生在潜移默化中接受熏陶，在寓教于乐中接受教育。

三、坚持把革命传统和时代精神相结合，注重传承性和创新性，着力科技创新活动

革命战争时期，学校的专业设置、教学内容、教学方法都围绕着培养战争所需实用性技术人才展开，与当今我国教育方针要求的"德智体美全面发展"一脉相承。我校在人才培养上进一步突出理论与实际结合的要求，注重培养学生科技创新能力，"知行合一、学以致用"成为学校教师与学生的共同信念与行动。

经常化、基地化、规范化的大学生课外科技活动是学校团委的特色工作之一。近年来科技硕果连连，始于1988年、每年举办一届的"星火杯"每年参与人数达到50％，提交作品3000多件，已经成为学生参与科技创新实践活动的最主要形式。学校现已形成以科技创新基地为依托，"星火杯"赛事为主体，创新、创业、创意比赛为辅助的科技创新实践育人模式，取得了良好效果。以科技创新实践为突破口的社会实践内容体系培育锻炼了大批实践动手能力强、富有创新意识的学生，为我们全面开展科技实践服务活动提供了充足的人力资源保障，使得我校的社会实践活动逐步形成了"用科技服务社会"这一鲜明的特色。在社区信息化援助行动、科技服务援助行动中，帮助社区建立了信息数据库、制作了社区管理软件，实现了社区办公自动化，并以创业计划竞赛为契机，动员在校内"星火杯"大学生课外学术科技作品竞赛中获奖学生组成团队，以促进社区经济发展为目标，充分考察社区的经济和发展水平，把一些获奖作品以创业的形式在社区推广实践。从20世纪80年代的"家电维修服务队"到现如今的"硕士、博士服务团"，从"校园志愿者服务"到"大学生科技三下乡"，经过20多年的传承与精进，学校的社会实践活动不断发挥学生专业特色，与科技创新紧密结合，在内容、形式上不断创新与深化，形成了鲜明的特色，达到了显著的实践育人效果。

西电红色传统与价值认同

陈鹏联[*]

关于西电的红色传统，最突出的就是学校的办学宗旨"全心全意为人民服务"和西电精神概括的十六个字"艰苦奋斗、自强不息，求真务实、爱国为民"。这个红色传统传递给我们的就是西电人、西电魂。从艰苦的岁月中一路走来，历经革命战争的洗礼，投身于民族电子工业振兴和国防现代化建设的潮头，以国家利益为宗旨、以民族复兴为己任，一代代西电人投身革命、建设、改革大潮中铸就的精神气概，不就是我们这个民族身上拥有的自强不息、家国情怀吗？如何传承西电精神，凝聚西电力量？

一个重要的载体和途径就是思想政治理论课教学。

思政课的性质和功能就是"解释和辩护"。解释什么？就是一门课的立意和逻辑，回答开设这门课的立意在哪里，遵循什么样的逻辑轨迹。为谁辩护？当然是为执政党及其政策辩护。也许有人会说，宣传意识形态的课程，它的前提是强制推行，它的理论武器是独断，它的教学风格是灌输，它的内容不存在讨论的空间，这种强势的政治宣传课程，还需要"解释和辩护"这种学术精神吗？这是目前很多层面对思想政治理论课程的认识。但仔细想想，但凡意识形态宣传，不仅古已有之，而且中外皆然。更何况，在目前意识形态领域的问题复杂严峻的形势下，思想政治理论课程坚守课程的功能和底线，传递主流意识和价值，就显得尤为重要。

大学阶段的思想政治理论课程，要求思政课教师坚守两个"信念"。

其一，思政课提供了确切的知识，它可以担当"事实判断"之誉。比如，不能说近现代史、思修课程不是在传递知识，即使它叙述的只是政策史，或者思想史、革命史，或者理想信念，但一切发生过的或正在发生的都构成历史知识，（任何知识都可以从历史中解读）论从史出自然就是这个道理。由此可见，西电的光辉历史也是知识，对进入西电青年学生来说，对在西电工作生活的每个人来说，它就是历史，每个人身在其中有责任和义务担当这样的知识传承者。

其二，思政课供养着这个社会的理想和信念，传递着一种价值，指引着人们前进的方向，它也足以匹配"价值判断"之名。价值判断是人文学科的基本品格，因此，思政课自然应该归属人文学科，遵循和信奉历史与逻辑的统一也就是思政课的应有之义。比如，"毛中特概论"课程的核心思想就是"中国必须实现现代化，中国特色社会主义必须坚持共产党的领导"，这当然是个价值判断，因为它立场鲜明；它同样也是个事实判断，170多年以来的历史、近百年的历史不是已经证实了这个判断吗？一个判断既确证了历史，又承诺了未

---

* 陈鹏联，西安电子科技大学马克思主义学院副教授。

来，实现了知识和价值的高度统一，那么，承载该判断的"毛中特"课程，及其近现代史纲要课程、思修课程，理所当然就不可能是没有学术精神的。一门意识形态宣传课程，完全可以是充满学术精神的。大学课堂，教师首先是学者，崇尚学术，传递价值，引导青年人成长成才，是基本的职业操守，对思政课教师而言，尤其如此。对西电的思政课教师，传承西电的光荣历史，传递西电的红色传统及其价值，责无旁贷。

在推进文化传承创新，建设体现中国特色社会主义特点、时代特征和学校特色的大学文化中，如何在思政课教学中传承西电精神，形成对西电红色传统的价值认同？谈两点认识：

第一，不断挖掘红色资源的新内涵，做"有立场的"分析解读。因为，准确地评价历史绝非易事，精当地解释现实更加困难，这不只是囿于材料的有限或者思想的贫乏，更主要的还是受制于"立场"的天然的主观性和狭隘性。立场决定了叙事的维度和对材料的取舍，要做到"无立场分析"，即所谓的全面还原事实，只不过是痴人说梦而已。要坚定马克思主义的基本立场，以"全心全意为人民服务"体现的人民本位为立场，要从西电红色资源中挖掘和分析说明，老一辈的西电人，他们为何会有如此的选择？以及这种选择对当下的影响？青年一代应该应该从中思考些什么？

第二，西电红色传统的价值认同，借助的载体和途径必须要与时俱进。"微时代"的90后，其思想特征和行为模式，对老一辈西电人献身革命和建设事业的崇高追求的理解和丰功伟绩的感受，会有这一代人的特点，如何让其能感受到我们学校辉煌的革命历史，接受革命传统教育和理想信念教育，提升自身的思想政治素质，的的确确是一个很大的挑战，不仅对思政课教学和思政课教师，而是一个全校各层面应该达成的共识，西电要培养什么样的人才？怎样培养人才？

用红色文化涵育社会主义核心价值观

刘建伟[*]

西电是中国高校中少有的几所具有红色传统的学校，其辉煌的办学史与波澜壮阔的中国革命史紧密结合，承载着红色文化、红色精神、红色符号。毛泽东同志曾先后两次为学校题词、三次接见全校师生，更说明了西电在中国高等教育史上的特殊地位。今天，在建设特色鲜明、研究型、开放式，国内一流、国际知名的高水平大学的进程中，如何挖掘自身的红色历史资源，并将之创造性转化为教育资源，立德树人，开展以红色历史传承与大学生社会主义核心价值观教育为主题的"铸魂工程"，打造具有西电特色的育人模式，对于我们弘扬西电精神、凝聚师生力量、形成办学共识，更好地创办人民满意的大学具有重要意义。

2014 年 10 月 17 日，教育部党组、共青团中央联合下发《关于在各级各类学校推动培育和践行社会主义核心价值观长效机制建设的意见》。《意见》要求："结合学校地缘优势和历史、文化、革命传统，开展形式多样的教育实践活动。"郑晓静校长在"传达学习习近平重要批示和中央文件精神"的讲话中也指出："学校要积极思考，抢抓机遇，要充分发扬西电红色传统和电子信息特色，把党史、校史、学科发展史有机融合起来，讲好中国故事、西电故事"。这为将西电红色文化融入社会主义核心价值观教育提供了指导性意见。依据教育部和学校要求，人文学院牵头联合多家单位遵循"坚持立德树人，传承红色文化，提升西电精神，创新育人模式"的指导理念和"育人为本，学术为基，协同推进，打造精品"的工作思路，力图将红色历史传承与社会主义核心价值观教育有机融合起来，做好以下工作。

其一，西电红色历史研究。查阅学校档案馆、校史馆及校外相关单位所藏资料，获得文字和音像资料；通过座谈访谈的形式，特别是"一对一"深度访谈的形式，获得口述历史资料。最终，建立包括文字资料、图片资料、音像资料等的电子档案数据库，并对所获得的资料进行分类、整理。在此基础上，融合党史、校史、学科发展史研究，深入探寻学校办学历程中承载的红色符号、红色文化、红色精神，挖掘西电办学历程中所涌现的优秀人物，揭示西电在中国革命、建设和改革进程中的重大历史节点发挥的独特作用。

其二，西电红色历史传承与办学思想研究。在红色办学史的维度下重新审视西电的办学宗旨、校训、校风以及西电精神，赋予他们丰富的内涵，深入开展全心全意为人民服务办学宗旨研究、艰苦朴素办学作风等的研究；梳理西电的学科发展史，论述其在中国通信教育史上的贡献，总结西电形成的良好的办学传统；开展西电知名校长、知名学者的办学思想和教育思想研究，总结其一般做法和成功经验，阐释对于今天西电办成人民满意的行

* 刘建伟，西安电子科技大学马克思主义学院教授。

业一流大学的启示作用。

其三，西电红色历史传承与社会主义核心价值观教育研究。阐释西电人与共和国同行，技术服务国家和民族的历程，剖析王净、李白等优秀代表在追求富强、民主、自由的历史进程中所彰显的理想信念、爱国情怀、敬业精神、崇高人格，揭示"红色"校史资源的丰富内涵、历史渊源、现实基础、道义力量和时代价值。分析红色文化弘扬的价值观念和基本精神与社会主义核心价值观的同构性、互补性和契合性，论证红色文化涵育社会主义核心价值观的学理基础、作用机理和运行机制，阐释红色文化涵育社会主义核心价值观的途径、方式、方法和规律。

其四，西电红色历史传承与思想政治教育研究。将红色历史资源纳入新生入学教育之中，举办讲校史、唱校歌、参观校史馆等活动，并利用校庆日、党的生日等邀请老专家、老教授讲授学校红色办学史，举办红色办学史影像展，增强学生文化自信和价值观自信。整合红色历史资源并有机融入思想政治理论课、学生党课、专题讲座中，做到红色文化进教材、进课堂、进头脑。积极开展以红色文化为主题的社会实践活动，组织"弘扬西电精神，践行社会主义核心价值观"大型系列主题调研活动，开辟延安中央军委三局旧址、中央军委无线电通信学校（西电前身）旧址等多处红色文化学习和体验基地，开展"瑞金情""长征志""重走红色办学路"等"红色之旅"社会实践活动。

其五，西电红色历史传承与校园文化建设研究。确立红色历史传统有机融入校园文化的整体部署和全面规划，丰富西电校园文化建设的载体和形式，开展形式多样的红色文化传承与社会主义核心价值观教育活动。包括：依托大学生艺术团，开展反映西电校史和优秀人物的舞台剧；依靠网络平台，开辟红色文化与社会主义核心价值观主题教育板块；开办瑞金大讲堂，讲述西电红色故事和校史优秀人物；通过"西电故事会""励志访谈""身边的好同学"评选等形式，积极选树学生中的优秀典型，用榜样的人格魅力和感人事迹教育影响学生，用榜样的先进思想、模范行动感染带动学生等。

其六，通过课题的研究，可以更加清楚西电在共和国历史上的贡献，提升西电的知名度；可以作为思想政治教育或高等教育硕士点的研究方向，培育新的学术增长点；可以将红色历史资源有效转化为教育资源，创建高校立德树人、践行社会主义核心价值观的典型案例；可以补充、完善西电校史、学科史，丰富西电精神、西电气质的内涵；可以赋予西电素质教育以特色，打造独具西电意蕴的校园文化名片。

求真务实，做好教师的本职工作

王　爽[*]

我从 1996 年开始就读于西电，从本科到硕士，到博士，到留校任教，在西电已经度过了整整 18 年。和西电 83 年的历史相比，我的经历很短暂，但是从我个人来说，西电是我人生中最重要的、感悟最深的一段经历。因此，在这里我首先要感谢学校对我的培养，感谢师长对我的谆谆教诲，感谢同事、学友和同学们对我的许多帮助。

今天，为了纪念毛主席为我校的题词"全心全意为人民服务"65 周年，作为工作在一线的普通教师，我在这里结合个人的学习和工作的经历，谈一下我的一点理解和体会。

"全心全意为人民服务"，是毛主席在 1949 年 11 月 27 日为我校前身中央军委工程学校的题词。毛主席的题词寄托了党和人民对于革命教育事业的无限期望和嘱托，激励我校一代代师生员工为革命事业、为建设祖国、保卫祖国、造福人民而努力学习、勤奋工作，铸造了我校辉煌的革命教育历史。

"全心全意为人民服务"是中国共产党建党立业、执政施政的根本宗旨，也是我们西电的办学宗旨。这从根本上决定了我校的办学性质和教育方向，这一宗旨影响了每一代西电人。

西电有辉煌的过去，从"半部电台起家，长征路上办学"，到以西军电之名蜚声海内外。在西电的成长和发展的过程中，学校一直坚持"全心全意为人民服务"的办学宗旨，培养了一批又一批以务真求实享誉全中国的科技人才。我在西电求学的时候，遇到了很多好老师，他们中间有很多人已经退休多年，但是我依然常常回忆起这些老师在讲台上的身影。他们都身体力行了"全心全意为人民服务"的办学宗旨，真正做到了投身教育事业，做到了踏踏实实为人民教书育人的本职工作。

对我来说西电的众多前辈，包括在座的诸位领导和老师，都是我学习的榜样。我要像前辈西电人一样，把"全心全意为人民服务"变为自己的切实行动，把"全心全意为人民服务"的精神落到实处。对我来说，"全心全意为人民服务"是一个朴素的道理，就是要"坚持求真务实，做好教师的本职工作"，这也是西电教会我的最为重要的一点。

今天，当我立志坚守教师这一光荣岗位的时候，我能更深刻地理解主席的这句题词给予我们的精神动力，选择成为教师就是选择了继续我的师长们的事业，就是选择接力他们为后来的西电学子服务。

在西电的办学历史中，"全心全意为人民服务"的理念也随着社会的发展不断被赋予新的内涵，其具体的含义和要求在不断变化。21 世纪是信息时代，当前社会的高速发展，使

---

* 王爽，西安电子科技大学人工智能学院教授。

得国家对每个人每个行业的任务和要求都发生了变化。就像郑校长在"第五届教职工代表大会上的工作报告"中所讲"我们面临着新的挑战"。这些挑战包括国家和社会对于高等教育的新的要求，以及在信息技术高速发展的今天，西电作为以信息与电子学科为特色的知名高校，所面临的学科发展的挑战。

作为西电的一名教师，在当前的形势下，我觉得要做好"全心全意为人民服务"，应该至少包括三个层面。

首先，从国家事业的层面上，要求真务实地完成为社会主义建设培养合格人才的任务，我们就必须放眼世界。教师肩负着为国家培养人才的重任，要实现"中国梦"就要有国际一流的人才，要培养国际一流的人才，教师就要以国际一流的学者为目标，在科学研究方面要走到国际的前沿，这样才可以引导学生接触最前沿的知识，掌握最先进的技术。

其次，从学校发展的层面上，我们要在工作岗位上践行"全心全意为人民服务"这一办学宗旨，就要随着学校的改革和发展，不断解放思想、提升自己，不但要能跟上学校的发展脚步，还要当仁不让地成为推动和促进学校发展的中流砥柱，推动学校更好地为人才培养服务。

再次，从学生工作的层面上，正如韩愈《师说》中所说："师者，所以传道授业解惑者也"。教师的本职工作，就是以人才培养为目标，真正的"服务于学生"，这是对一名教师最基本的要求。所谓"服务"，除了传授知识外，更重要的是要培养学生正确的人生观、价值观，引导学生健康的成长。作为教师自己要践行"全心全意为人民服务"的办学宗旨，同时更要引导学生树立全心全意为人民服务的信念，让西电的办学宗旨，在一代一代学子身上熠熠放光。

我从进入西电到现在，角色和任务在不断地发生变化。从学生到教师，这个角色的转换是一个根本性的转换。而现在，随着社会和学校的发展，对教师的要求也逐步在变化，要更好地服务于教学，就需要同时在科研上不断取得成果，这无疑为我们提出了更大的挑战。从参加工作以来，我虽然取得了一点成绩，但是还有很多不足，今后我也将继续践行"全心全意为人民服务"的办学宗旨，认真地完成教学、科研的每一项工作。今年我又承担了电工电子国家级示范中心的工作，新的任务要求我从具体的教学业务走进宏观的管理层面去思考问题，要求我从单纯的跟着干的教师身份转变为一个参与组织和带队的角色，来规划和建设我们学校的实践教学平台和教学团队。在这一新的转变中，我感受到了极大的挑战，但同时也更深刻地懂得了什么是"全心全意为人民服务"，我将面临拓宽"服务"层面、更新"服务"内容的新考验。

习总书记在2014年教师节讲话中指出："今天的学生就是未来实现中华民族伟大复兴中国梦的主力军，广大教师就是打造这支中华民族'梦之队'的筑梦人"。作为一个西电学子，老师传授给我知识，同时还让我学到了西电"自强不息，艰苦奋斗"的精神，今天作为一名教师，我将坚持求真务实，做好教师的本职工作，始终践行"全心全意为人民服务"的宗旨，并希望我可以像习总书记所期许的那样，帮助我的学生筑梦、追梦、圆梦。这是中国梦、是西电梦，同时也是我的梦。

发扬西电精神，砥砺前行

李子晗 *

65 年前的今天，中国人民革命军事委员会工程学校在张家口正式成立，标志着人民军队有了第一所正规化建设的军事工程技术院校，这就是西电的前身。开学典礼上，毛主席亲自题写了"全心全意为人民服务"几个大字。短短九个字，却激励了一代又一代西电人为我国的人民军队现代化和国民经济信息化建设抛头颅、洒热血，艰苦奋斗，自强不息。

80 余年来，全心全意为人民服务已经成为学校的办学宗旨，艰苦奋斗、自强不息、求真务实、爱国为民的西电精神也深入到每一个西电学子心中。立足当下，"为人民服务"仍具有重要的现实意义。作为当代大学生的我们，应该在以下几个方面赋予为人民服务新的时代精神。

第一，心系国家民族，打好坚实基础，传承西电奉献精神。加入西电这个大家庭虽然只有三个多月的时间，但我已经被西电浓厚的学术氛围所深深感染。即使在周末，要想在图书馆找到一个座位也不是一件容易的事情。我还了解到，自建校以来，无数优秀的学长学姐为祖国的电子信息科学事业付出了毕生的心血，十五万名坚守在电子信息领域的优秀西电毕业生仍等着我们与他们并肩作战。作为新时期的西电人，我们也应该在这四年的时间里打好基础、精通术业，为将来能够为祖国的现代化建设贡献自己的一份力量而不懈努力。

第二，提升创新意识，拓宽国际化视野，努力成为行业骨干。当前电子信息产业知识更新快，学科交叉渗透性强，只有我们提高自主创新意识，增强自我发展能力，增强主动学习意识，不断扩宽眼界，了解国际前沿性的知识与技术，才能更好地服务于社会、服务于人民生活、服务于国家的国防建设与电子信息产业。

第三，加强道德修养，培养社会责任感，做德才兼备的人。今年 5 月 4 日，习近平总书记在北大的讲话中，给广大青年学生提出了"勤学、修德、明辨、笃实"的寄语。其中"修德和明辨"就是要求我们德才兼备、以德为先、明辨是非、善于抉择。因此我们要学会感恩、学会助人、学会谦让、学会宽容，学会自省、学会自律。积极参加各类志愿服务活动，承担社会责任，做乐于服务、勇于担当的新时期西电人。就在昨天，我参加了学校组织的支教活动，站上讲台，我看得到孩子们眼中对知识的渴望。我也希望，能有更多的人加入到志愿服务中来，让这种正能量传遍西电，传到社会的每一个角落。

在未来的日子里，我们会时刻铭记"厚德求真，砺学笃行"的校训，传承"团结勤奋，求实创新"的校风，努力学习，不断进取，书写好大学四年的篇章，回馈母校对我们的培养，回馈社会为我们提供的机遇，回馈毛主席对我们的殷切期望。以自己的实际行动践行"全心全意为人民服务"的宗旨，让西电在与共和国同行的道路上再创新的辉煌！

---

* 李子晗，西安电子科技大学经管学院本科生。

理论研究篇

习近平关于红色文化传承与发展的思考

刘建伟 *

摘　要：习近平高度重视红色文化的资政育人功能，对红色文化的传承和发展做了系列论述。他提出一方面要继承和发扬红色文化，让革命事业薪火相传、血脉永续，另外一方面要创新和发展红色文化，让红色基因焕发时代活力、勃勃生机。习近平关于红色文化的论述思想深刻、内涵丰富，是马克思主义中国化最新精神成果的重要组成部分，对于更好地凝神聚气、汇集共识建设中国特色社会主义事业具有重要意义。

关键词：习近平；红色文化；红色基因；价值引领

红色文化是指在新民主主义革命和社会主义建设时期，由中国共产党领导广大人民群众，在争取民族独立、人民解放和实现国家富强、人民富裕的历史进程中，以马克思主义为指导，同时创造性地吸收和借鉴中国传统文化、地域文化和国外进步文化而形成的先进文化。它的形成具有历史性、地域性，但是它的价值具有永恒性、超越性，是跨越时空、持续散发活力的文化样态。红色文化所蕴含的红色精神、红色品格和红色气质是中华民族宝贵的精神财富，是中国共产党优质的执政资源，也是人民群众重要的信仰源泉。

新时期，对于如何激活红色基因、弘扬红色文化、传承红色精神，习近平在不同场合做了系列论述。深入挖掘、梳理和分析习近平的红色文化观，对于我们更好地理解和把握习近平关于文化软实力、文化传承与发展的思想，更好地凝神聚气、汇集共识推动"四个全面"战略布局、"五大发展理念"具有重要意义。

一、红色文化具有资政育人价值

（1）红色文化具有鉴往知今的历史价值，能够知晓"我们是从哪里来的"，应该到"何处去"。红色文化的形成发展与中国共产党的发展壮大是同步的，即在艰难曲折的革命和建设过程中，在马克思主义中国化的进程中，具有中国特色的红色文化孕育、产生、发展和成熟，并不断被完善、赋予新的内容。可以说，红色文化既是中国革命和建设历程的生动记录，也是这一历程中所彰显的精神、品格和气质的凝练和升华。

红色文化作为党领导广大人民群众抗争和奋斗的历史记录，它最直接的价值是我们可以从中了解过去，知道我们党是怎么发展起来的，我们的事业是怎样不断进步的。习近平

---

* 刘建伟，西安电子科技大学马克思主义学院教授。

多次强调"我们永远不能忘记自己是从哪里走来的"①"党是怎么走过来的"②，因为唯有牢记过去，才能不忘初衷，在前进中不偏离自己的既定目标，才能知难而上，把前辈开创的事业传承下去，才能以史为鉴，更好地建设中国特色社会主义。当前，历史虚无主义大行其道，以解构历史的名义竭尽丑化、污蔑之能事，企图通过否定红色历史、红色人物、红色故事，混淆视听、颠倒黑白，以否定中国共产党执政的合法性和社会主义道路选择的科学性。而红色文化就是要告诉当代人特别是共产党人牢记来时的路，不能被历史虚无主义的错误观念所蒙蔽，不能数典忘祖，忘记了曾经的苦难辉煌。

（2）红色文化具有铸魂固本的教育价值，鞭策党员干部"始终保持共产党人政治本色"。红色文化是中国共产党执政意识形态的源泉，兼有信仰指引和道德教化功能，它既是科学的价值体系，也是规范的行为体系，为人们提供了判断是非善恶、规范言行举止的坐标体系。它蕴藏着宝贵的教育资源，并通过物质化和非物质化的形态呈现出来。

红色历史遗址是红色文化的物质形态，是党的优良传统和作风的物质留存，是群众爱国主义教育和干部党性教育的鲜活教材。红色遗址虽然以静止的、陈旧的物化形态展现，但是其所传递的精神力量却是动态的、鲜活的，"昨天的故事"和"今天的故事"在同一内核上形成共鸣，不同场景的人在同一精神域产生对话。习近平指出："革命传统资源是我们党的宝贵精神财富，每一个红色旅游景点都是一个常学常新的生动课堂，蕴含着丰富的政治智慧和道德滋养。"③党员干部考察红色历史遗址，体会、感悟其所承载的红色符号，追慕红色历史遗迹蕴含的红色故事，能够从中"汲取智慧和力量"④，在缤纷芜杂的现实世界中寻找到宁静的精神港湾和精神支点，进而鞭策自己牢固树立宗旨意识、提高党性修养、坚定理想信念、提升道德境界。

红色精神是红色文化的精神形态，是中国共产党在长期的革命和建设中所积淀的思想意识、精神风貌和心理品质的集中表现，是中国共产党人人生观、世界观、价值观、事业观的重要体现。红船精神、井冈山精神、苏区精神、长征精神、延安精神等都是红色精神的典型代表，它们既蕴涵了中国共产党人革命精神的共性，又显示了不同历史时期的特色和个性，突出反映了中华民族的品格、中国共产党的政党宗旨和中国共产党人的政治本色。红色精神是红色文化的灵魂，是党的巨大政治优势，是社会主义核心价值体系的"重要来源"⑤。习近平特别重视红色精神资政育人的价值，在谈到红船精神时，他指出：红船所代表和昭示的"是时代高度，是发展方向，是奋进明灯，是铸就在中华儿女心中的永不褪色的精神丰碑"，红船精神同井冈山精神、长征精神、延安精神、西柏坡精神等一道，"共同构成我们党在前进道路上战胜各种困难和风险、不断夺取新胜利的强大精神力量和宝贵精神财富"⑥。他提出要把红色历史资源转化为红色教育资源，通过红色精神的熏陶，"教育引导

①《习近平春节前夕赴陕西看望慰问广大干部群众》，载《人民日报》2015年1月17日。
②《习近平考察贵州：政策好不好，要看乡亲们是哭还是笑》，新华网：http://news.xinhuanet.com/politics/2015-06/17/c_1115638309.htm.
③《习近平到韶山》，载《人民日报海外版》2011年3月24日。
④《习近平春节前夕赴陕西看望慰问广大干部群众》，载《人民日报》2015年2月17日。
⑤《习近平在纪念中央革命根据地创建暨中华苏维埃共和国成立80周年座谈会上的讲话》，载《人民日报》2011年11月5日。
⑥习近平：《弘扬"红船精神"走在时代前列》，载《光明日报》2005年6月21日。

广大党员、干部在思想上正本清源、固根守魂，始终保持共产党人政治本色"①。

（3）红色文化具有激励奋进的现实价值，是"最好的教科书"和"营养剂"。记住过去并不仅仅是为了回忆，或者留恋过去的辉煌，而是对经过实践检验、时间沉淀后的过去有更加清晰的认识，更加明确的认知，进而走好未来的路，即"接受思想洗礼，以利于更好前进"②。"历史是最好的教科书。对我们共产党人来说，中国革命历史是最好的营养剂。多重温这些伟大历史，心中就会增加很多正能量。"③"历史最能证明精神因素的价值和它们的惊人的作用。"④作为革命和建设历史书写的红色文化自然也是"最好的教科书"和"营养剂"，是鼓舞和激励当代人奋发有为、不断进取的"催化剂"。习近平评论中央革命根据地和中华苏维埃共和国的历史是"一部丰富生动的教科书"，广大干部和党员应该不断从中"得到教益，受到启迪，获得力量"⑤，正是站在时代的高度回望历史、展望未来做出的科学论断。

二、传承和发扬红色文化

红色文化是植入中国共产党和人民军队血脉的，以马克思主义为指导的具有中国特色的先进文化，或者说是"红色基因"。这种"红色基因"发轫于中国共产党和人民军队在创建之初确立的思想、原则和方法，集中体现为中国共产党和人民军队的优良传统、优良作风和优良品格。它融入中华民族的民族文化、民族精神，成为中华民族的集体记忆和共有共享的精神瑰宝；融入党的宗旨、路线、方针、政策，成为中国共产党人的价值遵循和行动指南。

今天，随着经济结构的变革、阶层结构的变迁、利益格局的调整，人们思想观念产生和形成的环境已经与红色文化生成的时代迥然不同，中国共产党面临的时代背景、历史主题和历史任务与革命和建设时期相比也发生了根本变化，那么是否还要传承和弘扬红色文化呢？习近平的回答是肯定的。在2013年至2014年的两年间，他多次提到"把红色基因一代代传下去""要把红色基因融入官兵血脉，让红色基因代代相传""把理想信念的火种、红色传统的基因一代代传下去""把红色资源利用好、把红色传统发扬好、把红色基因传承好""使我们的党永远不变质、我们的红色江山永远不变色"。这些有关红色基因传承的论述尽管是习近平在部队或者革命老区考察时做出的，但是传递的精神具有一般性和普遍性。他意在说明红色文化是中国共产党和人民军队与生俱来的优秀文化基因，我们必须珍视且保护好、利用好、发展好，既让革命事业薪火相传、血脉永续，又激活红色基因焕发新的时代活力。具体而言，要激活红色基因，更好地传承和发扬红色文化，习近平认为：

（1）传承和弘扬红色精神。红色精神是红色文化的精髓，尽管在不同时期呈现不同的表现形式，但是精神品格都是一脉相承、一以贯之的。用马克思主义基本原理来表述就是

---

①《习近平张德江俞正声王岐山分别参加全国两会一些团组审议讨论》，载《人民日报》2015年3月7日。

②《全军政治工作会议在古田召开，习近平出席会议并发表重要讲话》，《人民日报》2014年11月2日。

③《党面临的"赶考"远未结束——习近平再访西柏坡侧记》，载《人民日报》2013年7月14日。

④［德］克劳塞维茨：《战争论（第1卷）》，北京：商务印书馆1978年版，第188页。

⑤《习近平在纪念中央革命根据地创建暨中华苏维埃共和国成立80周年座谈会上的讲话》，载《人民日报》2011年11月5日。

普遍性和特殊性、共性和个性的关系，用中国传统文化的表述就是"一本万殊"。红色精神体现了红色文化的精神品格，具有超越时代的永恒魅力。习近平多次谈及红色精神的传承和弘扬。在谈到西藏发展时，专门提到"大力弘扬'老西藏精神'，发愤图强，乘势而上"①；在纪念抗日战争七十周年的时候，强调"全党全国各族人民要大力弘扬伟大抗战精神，不断增强团结一心的精神纽带、自强不息的精神动力"②；在考察遵义时，提出"运用好遵义会议历史经验，让遵义会议精神永放光芒"③。

（2）重视榜样人物的力量。红色精神要靠榜样人物的践行，而榜样人物的践行则凝聚成了新的红色精神。英模人物是红色历史故事的主角，是红色精神的书写者和承载者，他们的事迹代代流传，成为社会主义价值观教育的重要素材和激励我们前行的强大力量。"实现我们的目标，需要英雄，需要英雄精神。"④要通过宣传推广英雄事迹"使广大党员和干部从中获得精神鼓舞，升华思想境界，陶冶道德情操，完善思想品格，培养浩然正气"⑤。雷锋、焦裕禄是优秀共产党员中的杰出代表，他们的事迹被中国人民所熟悉、所铭记，他们的精神是社会主义核心价值观的生动体现。习近平高度评价雷锋和雷锋精神，认为雷锋是"民族的脊梁"，身上所体现的精神是"民族精神的最好写照"⑥，强调"雷锋精神是永恒的"，"要做雷锋精神的种子，把雷锋精神广播在祖国大地上"⑦。面对"人民的好公仆、县委书记的榜样"焦裕禄，习近平多次强调焦裕禄精神是永恒的，"跨越时空、历久弥新""永远不会过时"⑧，要求党员干部学习焦裕禄精神，"对照自己，见贤思齐"，做"焦裕禄式的县委书记"，做到心中有党、心中有民、心中有责、心中有戒。他希望通过宣传雷锋、焦裕禄精神，发挥榜样人物的精神引领、典型示范作用，"激发社会正能量，为实现'中国梦'提供强大精神动力"⑨。

（3）发挥青年的主力军作用。青年是社会上最富活力、最具创造性的群体，是党和军队的未来和希望，也是传承红色文化、弘扬红色传统的主力军和中坚力量。习近平特别重视青年的红色传统教育，他的思想可以概括为"两个结合"。其一，理论教育与实践体验相结合，既要加强青年红色传统、红色精神的理论教育，又要增加青年红色传统、红色精神的体验教育。他一方面要求把红色精神作为青年理想信念和思想道德教育的重要内容，另一方面又要求通过亲身感受、体验的方式增进青年对红色文化的的认同。在航天城接见青

---

① 《习近平李克强张德江俞正声王岐山分别参加全国人大会议一些代表团审议》，载《人民日报》2013年3月10日。

② 《习近平在纪念全民族抗战爆发七十七周年仪式上的讲话》，《人民日报》2014年7月8日。

③ 习近平：《看清形势适应趋势发挥优势，善于运用辩证思维谋划发展》，载《人民日报》2015年6月19日。

④ 《习近平在颁发"中国人民抗日战争胜利70周年"纪念章仪式上的讲话》，载《人民日报》2015年9月3日。

⑤ 《习近平在纪念中央革命根据地创建暨中华苏维埃共和国成立80周年座谈会上的讲话》，载《人民日报》2011年11月5日。

⑥ 《习近平李克强俞正声分别参加全国两会一些团组审议讨论》，载《人民日报》2013年3月7日。

⑦ 《习近平：把雷锋精神广播在祖国大地上》，新华网：http://news. xinhuanet. com/politics/2014−03/11/c_119718630. htm.

⑧ 习近平：《在河南省兰考县调研期间与干部群众座谈时的讲话》，载《求是》2009年第10期。

⑨ 《习近平李克强俞正声分别参加全国两会一些团组审议讨论》，载《人民日报》2013年3月7日。

年学生时，习近平希望青年学生感受载人航天精神，为实现中华民族伟大复兴的中国梦而奋斗。其二，学习体验和亲身践履相结合，既要学习和体验红色文化，更要践行红色精神，做红色文化的自觉实践者。他要求青年官兵"要带头学传统、爱传统、讲传统，带动部队官兵传承好红色基因、保持老红军本色"①，把红色传统代代传下去。

（4）增进宣传教育的效能。红色文化要融入人民群众的生产生活，成为人民群众的日常信仰，必须实现自身的时代化、通俗化、大众化。随着全球化、市场化、信息化等的发展，红色文化及其宣扬的价值观念的社会正效应呈现递减趋势，人民群众对红色文化的认知、红色精神的认同不同程度地遭到削弱，这一方面是因为社会经济基础的变动引起上层建筑的变化所带来的必然现象，另一方面也是因为红色文化的宣传教育力度不够、方式不恰当等因素造成的。针对后一种情况，习近平要求：加大正面宣传力度，通过学校教育、理论研究、历史研究、影视作品、文学作品等多种方式，加强爱国主义、集体主义、社会主义教育，引导我国人民树立和坚持正确的历史观、民族观、国家观、文化观，增强做中国人的骨气和底气。② 也就是一方面要坚持用唯物史观来认识和记述历史，要坚持正确方向、把握正确导向，强化革命历史、红色文化的研究；另一方面，要坚持红色文化教育的分众化、大众化，将红色文化与外部环境、对象特点、时代特点、民族特点相适合，以人们喜闻乐见、具有广泛参与性的方式推广开来。

三、创新和发展红色文化

红色文化之所以能够在漫长的历史发展中彰显出强大而旺盛的生命力，在于它深深扎根于党领导广大人民群众所进行的伟大的革命和建设实践当中，并随着实践的发展不断得以检验、丰富和发展。它是中国化了的马克思主义传承、改造了的中华优秀文化的有机结合，是继承与发展、继承与超越的有机统一。在当代中国，是固守已有的红色文化复制性传递，还是结合时代特征创造性发展？这是红色文化在当下需要回答的理论和现实问题。

"中华文化既坚守本根又与时俱进"，红色文化自然亦是如此。一方面，红色文化蕴含的基本精神、基本品格和正义力量是相对稳定的，是"根"和"魂"，具有超越时空的卓越品质；另一方面红色文化又具有阶段性、地域性，随着经济发展、时代进步和人民价值观、精神世界的变迁而不断丰富。恰如习近平在谈到红船精神时所指出的，"正如党的先进性不是与生俱来、一劳永逸的，'红船精神'也是具体的、历史的。"③我们既要坚持红色基因不变异、不退化，不能抛却了"本根"将其庸俗化、低俗化、娱乐化，又要根植于红色基因而创造性发展和转化红色文化，将红色精神与时代主题、历史任务和人民需求结合起来，与当代中国精神的坐标和社会发展的走向结合起来，赋予其新内涵，让红色精神放射出时代光芒。

自新中国成立以来，我们党把红色文化巧妙地融入到社会主义精神文明建设、社会主义先进文化建设、社会主义核心价值体系建设和社会主义核心价值观教育之中，不断推进

①《全军政治工作会议在古田召开，习近平出席会议并发表重要讲话》，载《人民日报》2014 年 11 月 2 日。

②《习近平在中共中央政治局第十二次集体学习时的讲话》，载《人民日报》2014 年 1 月 1 日。

③习近平：《弘扬"红船精神"走在时代前列》，载《光明日报》2005 年 6 月 21 日。

红色文化的时代化。也是将红色文化的基本精神、优秀品格与中国道路、中国理论、时代要求结合起来，续写红色故事，熔铸新时代的红色精神。习近平多次提及和论述"两路"精神、载人航天精神等，对红色精神的当代体现给予了肯定。习近平强调新形势下，要继续弘扬"两路"精神，养好两路，保障畅通，使川藏、青藏公路始终成为民族团结之路、西藏文明进步之路、西藏各族同胞共同富裕之路。他高度赞扬了广大航天人"坚定的理想信念、高昂的爱国热情、强烈的责任担当、良好的精神风貌"[①]，强调载人航天精神激励包括广大青年在内的全国各族人民为实现中华民族伟大复兴的中国梦而奋斗。这是新时代的红色精神，是红色基因与时代特征相结合的产物，是红色文化在新时期的创造性转化。

当然，红色文化的发展和转化不是随心所欲的，而是在坚持红色精神、红色传统基础上进行的。它始终保持党的先进性和纯洁性，确定党对中华民族正义事业的领导；坚持把人民利益放在首位，不断维护好、实现好、发展好最广大人民的根本利益；坚持实事求是的思想路线，将马克思主义普遍原理同中国实际相结合，走自己的路、书写自己的故事；坚持崇高的理想信念，保持革命乐观主义和集体英雄主义；坚持中华民族的优秀文化传统，勇于创新、艰苦奋斗、不断前进。这是红色文化的基本精神，也是红色基因的具体体现。

四、习近平红色文化观的现实意义

尽管习近平没有像对传统文化一样，针对红色文化的传承和发展做系统性、专门性阐释，但是通过查阅相关文献可以看出，他对红色文化的论述同样思想深刻、内涵丰富，具有时代价值和现实力量。习近平关于红色文化的系列观点继承了中国共产党关于文化繁荣和发展、传承和创新的思想，并结合时代要求进行了创造性发展，是马克思主义中国化最新精神成果的重要组成部分。

（1）实现"两个一百年"的目标、全面贯彻"四个全面"战略布局、实施"五大发展理念"，要从红色文化中汲取智慧力量。红色文化是社会主义先进文化的重要源头和血脉，它记录着中华民族和中国共产党的曲折奋斗历程，具有人民性、科学性、实践性、民族性的精神品格。它所畅扬的悲壮而崇高的理想主义、爱国主义、集体主义、英雄主义情怀，所蕴含的治国理政、治党治军、党性修养、道德涵养智慧，是富有永恒魅力的。革命和建设时期的实践已经证明并在改革开放时期继续证明红色文化的道义力量。在新民主主义革命时期，"革命文化，对于人民大众，是革命的有力武器"[②]，在中国特色社会主义建设时期，红色文化仍然是全国各族人民不断前进的强大力量。

"人民有信仰，民族有希望，国家有力量。"当前，中国改革已经进入深水区、攻坚期、矛盾凸显期，面对改革路上的"硬骨头""拦路石"，面对具有不确定性的日益复杂的国际国内形势，面对实现"两个一百年"目标、贯彻"四个全面"战略布局、实施"五大发展理念"的艰巨任务，我们必须将分散的社会意识整合并统一到党和国家的要求上来，凝聚共识并形成中华民族和中国人民的价值体认和价值追求，为国家繁荣、民族发展、人民幸福提供思想合力、行动合力。而这就需要重视文化软实力的作用，注意从红色文化中寻找"精气神"

---

①《习近平会见神舟十号载人飞行任务航天员和参研参试人员代表》，载《人民日报》2013年7月27日。
②《毛泽东选集（第二卷）》，北京：人民出版社1991年版，第708页。

"智慧力量"。正如有学者所言："在大众文化乱象和现代中国精神重塑再造的历史当下，红色文化犹如阳光、空气、雨露滋润着广大人民群众沙化的精神世界，使人们能够在价值错位和精神迷茫中清醒过来、振奋精神、找准目标、确立继续前行的社会主义方向。"①具体而言，就是要把传承和弘扬红色精神与传承和弘扬民族精神、时代精神结合起来，最大限度地发挥红色文化的正能量和潜能量，克服历史虚无主义颠覆性诬蔑、历史性歪曲、精神性亵渎红色文化的做法，培育和熔铸当代中国精神；把红色文化的传承与文化软实力的提升结合起来，以文化人、以文育人，增强文化自信和价值观自信；把红色文化的传承与立德树人结合起来，推动形成善良的道德意愿、道德情感，培育正确的道德判断和道德责任，提高道德实践能力尤其是自觉践行能力。总之，通过发挥红色文化"指南针""黏合剂""凝聚剂""推进器"功能，助力中华民族伟大复兴梦的早日实现。

（2）培育和践行社会主义核心价值观，要重视红色文化的价值涵养和价值塑造功能。社会主义核心价值观是决定社会主义文化性质和方向的最深层次要素，是当代中国文化软实力的灵魂、文化软实力建设的重点。"牢固的核心价值观，都有其固有的根本。抛弃传统、丢掉根本，就等于割断了自己的精神命脉。"②优秀传统文化、红色文化与社会主义核心价值观是一脉相承的，优秀传统文化是社会主义核心价值观的源头活水和丰厚土壤，而红色文化则是社会主义核心价值观的直接依据和重要源泉。作为一种在革命文化的土壤中生长又超越革命文化内涵的新文化形态，红色文化实现了马克思主义与中国优秀传统文化的有机结合和语境转换，与社会主义核心价值观所反映的政治、经济基础具有一致性。红色文化所蕴含的精神追求、精神特质和价值取向与社会主义核心价值观在国家、社会和个人层面的内容具有契合性、互补性，二者是一脉相承又与时俱进的关系。红色文化在涵养社会主义核心价值观方面具有与生俱来的优势和得天独厚的条件，能够为培育和践行社会主义核心价值观提供经验范本、经典范本和独特载体。培育和践行社会主义核心价值观，攀登以坚定的理想信念、高尚的思想道德为核心的社会主义精神文明高地，必须重视红色文化的功能、价值和作用，用红色文化滋养的社会主义价值观和社会主义价值观观照下的红色文化引领各种社会思潮和大众文化，消解"迷心逐物""远离崇高""信仰缺失"的精神现象，强化复杂多变的意识形态格局中主流意识形态的领导地位。

另外，培育社会主义核心价值观需要构建区别于西方普世价值的中国话语表达体系。这一话语体系的生成源泉既包括优秀传统文化，也包括红色文化。红色文化在演进历程中形成的概念、范畴是社会主义核心价值观话语体系的重要源泉，为核心价值观中国话语体系的生成和表达提供基本依据和素材。比如红色文化话语体系中的集体主义、理想主义、英雄主义及其衍生的价值，与社会主义核心价值观中的富强、和谐、公正、平等、爱国、敬业等有着内在的逻辑性，为后者中国话语的注解、诠释提供参照。要探索红色文化滋养社会主义核心价值观中国话语表达的方式、途径，推动社会主义核心价值观中国话语表达体系的构建和生成。

（3）保持党的先进性和纯洁性，提高党员干部的党性修养，要重视红色文化蕴含的求

---

①周宿峰：《红色文化基本问题研究》，吉林大学博士论文，2014年6月。

②习近平：《把培育和弘扬社会主义核心价值观作为凝魂聚气强基固本的基础工程》，载《人民日报》2014年2月26日。

真务实、一心为民的强大道德力量。红色文化积淀着中国共产党最深层的精神追求，代表着中国共产党独特的精神标识，是中国共产党执政合法性的理论源泉。红色文化蕴含着丰富的思想道德资源，是鞭策中国共产党牢记立党为公、执政为民的本质要求和全心全意为人民服务的根本宗旨，求真务实、一心为民的强大道德力量，为中国共产党生生不息、不断开创新的事业提供了丰厚滋养。新时期，构筑全党全国各族人民团结奋斗的共同思想基础、巩固党的执政地位，必须把传承和弘扬红色精神与学习马克思主义中国化的最新成果紧密结合起来，与加强党员干部的党性修养教育紧密结合起来，与加强和改建党的自身建设结合起来，不断使党自身的执政理念、执政方略符合历史发展的客观规律，不断增进人民群众对党的执政文化的认同。

首先，深刻把握红色精神、红色传统形成的法宝，坚持实事求是的思想方法、工作方法和领导方法，反对唯上、唯书、不唯实的"不接地气"的做法，形成符合客观实际、体现发展规律、顺应人民意愿的决策政策；其次，深刻把握红色精神、红色传统的内核，继承和发扬全心全意为人民服务的优良传统，把人民群众满不满意作为评价和检验我们党一切工作的最高标准，在问政于民、问计于民、问需于民中增长政治智慧、提高执政本领；再次，深刻把握红色精神、红色传统的丰富内涵，坚定理想信念、保持谦虚谨慎、勿忘艰苦奋斗，追求美好崇高的道德境界，形成向上、向善的力量。最后，知行合一，把我们所提倡的红色精神、红色品格与国家治理能力的现代化联系起来，与日常生产生活紧密联系起来，在实践中发展红色文化，续写红色故事，重塑红色精神。

文化自信视域下革命文化的时代化表达

夏永林[*] 郭雨晴

摘 要：革命文化是新民主主义革命时期全国人民团结一心、抵抗外侮的历史见证，是中华民族和中国共产党人在实现中华民族伟大复兴历史进程中的重大实践成果，是现今涵养文化自信的重要源泉。新的时代发展中，在以改革创新为核心的时代语境中，革命文化涵养文化自信的表达困境主要体现在表达话语、表达方式、传播载体三个方面。若要发挥革命文化的时代作用，必须推动革命文化表达话语的时代化、科学化、多样化、中国化。

关键词：革命文化；时代化表达；文化自信

革命文化传承于中华优秀传统文化，诞生于中华民族在新民主主义革命时期团结一心、共御外敌的民族危难时刻，涵育和发展了社会主义先进文化，反映了中华民族最深刻的精神追求、精神品格和精神力量，是中华文化的重要组成部分。革命文化，作为中国共产党结合中国革命具体实践，并创造性、教条化地运用了马克思主义普遍真理的产物，具有严肃的科学性和深刻的人民性，是社会主义建设新时期涵养文化自信的重要源泉。

革命文化具有超越时空的先进性，但是这种根植于革命文化的先进性基因和科学性呈现是两个层面。如果歪曲革命历史，用缺乏科学性的、错误的形式解读革命文化，那么革命文化与生俱有的先进性就可能被遮蔽、曲解或者误读。因此，在当代各种社会思潮激烈碰撞、交锋的情况下，如何继承和发扬革命文化，并将人民对于革命文化的认同转化为文化自信，提升中国文化软实力，就是学术界应该重视的问题。

一、革命文化是涵养文化自信的源泉

革命文化作为一种文化形态，和中华优秀传统文化、社会主义先进文化一样，积淀着中华民族最深层的精神追求，代表着中华民族独特的精神标识，是当代中国文化自信的重要源泉。

首先，革命文化是马克思主义与中国实际相结合的产物，是被实践证明的先进的文化样态。革命文化是中国共产党在争取民族独立、人民解放和国家富强、人民富裕的进程中，将马克思主义与中国革命实际相结合，并创造性转化和发展中国传统文化的产物，是民族的、科学的、大众的文化，它以科学的理论为指导，并反映代表先进阶级利益的政党——中国共产党的价值诉求和奋斗目标，是具有科学性、先进性和可持续性的文化样

---

* 夏永林，西安电子科技大学马克思主义学院教授；郭雨晴，西安电子科技大学马克思主义学院研究生。

态。在新民主主义革命实践中，中国共产党领导人民创造和发展了中国特色的革命文化，同时革命文化作为先进的文化样态又反作用于中国革命实践，助力中国革命不断走向胜利。毛泽东就曾指出："革命文化，是革命总战线中的一条必要的和重要的战线。"①丰富的革命实践孕育、创造和形成了革命文化，革命文化在丰富的革命实践中不断得以检验、丰富和发展，这是辩证统一的。

其次，革命文化所蕴含的精神气质、文化品格具有超越时空的永恒魅力，是中华民族的宝贵精神财富。革命文化在不同的时期不同的区域呈现出不同的形态，比如井冈山时期的革命文化、苏区的革命文化、长征时期的革命文化、延安时期的革命文化等，每个时期每个区域的革命文化尽管表现形式具有差异性，但是基本的精神内涵是一致的，都包含了不畏艰难、勇于拼搏、追求真理、勇于献身的品质，彰显了乐观主义、英雄主义和集体主义精神。另外，革命文化集中反映了中国共产党实事求是的思想路线，具有与时俱进、求真务实的文化品格。这种精神气质和文化品格具有超越时空的永恒魅力，是中华民族文化谱系的重要组成部分，是激励中华民族不断前进的精神动力。

最后，革命文化所体现的独特创造、独特价值具有鲜明的中国风格、中国特色，是中华文化独立于世界之林的重要标识。第一，革命文化继承了中华优秀传统文化中的话语表述，并创造性地发展转化了其内涵意义。如党的思想路线"实事求是"，其中所谓的"实事"原指书本，而且是古代的文本；所谓的"是"则主要指"是非"意义上的"是"，从而越"古"越"是"，越"书本"越"是"，实际上形成了一种埋头故纸、脱离现实实际的学风。②毛泽东创造性地转化了以"书本"为"是"的治学态度，运用传统的话语表示表达了时代化的涵义。第二，革命文化继承了中华优秀传统文化中的精神，凝聚着中华民族璀璨的精神文明。在中华民族五千年的历史长河中，积淀着博大精深的思想文化成果，并随着地理位置的不同形成了各具差异的地域文化。结合中国革命斗争史，不难发现，随着战争形势变化和部队战略转移，革命文化也在富含传统文化的土壤上培育出了适应传统伦理思想的精神花朵，如以开天辟地、敢为人先为核心的红船精神，以不怕困难、不怕牺牲为核心的长征精神，以解放思想、实事求是为核心的延安精神，以艰苦奋斗、工作中戒骄戒躁为核心的西柏坡精神等。第三，革命文化形成于中国革命的独特道路实践中，具有与生俱来的独特性。中国近现代史是革命斗争的历史，革命文化反映了我国在争取民族独立进程中独特的风雨历程，记载了全民族最终走向繁荣富强历程中的艰难困苦，是当今追溯民族命脉、重塑中国话语的重要依据。

二、革命文化涵养文化自信的当代表达困境

首先，革命话语与建设话语的错位。新民主主义革命时期，通过传唱革命歌谣等途径，革命话语被人们广泛地内化为以追求真理、勇于献身、热爱人民、服务人民、英勇顽强、坚韧不拔为基本特征的价值观，并形成了共同的共产主义理想与信仰。革命话语解决了近代以来中国的政治需求。然而，话语的产生与政治社会密不可分，时代的变迁会改变人们的思维方式和表达习惯。如今，我国正处于社会转型期，伴随着社会生产力发展水平

---

① 《毛泽东选集》（第二卷），北京：人民出版社 1991 年版，第 708 页。
② 李佑新，陈龙：《毛泽东"实事求是"思想的湘学渊源》，载《哲学研究》2010 年第 1 期。

和生产关系的转变，人们的物质需要被极大满足，但传统的价值观与市场经济却形成了冲突，这在一定程度上造成了人民信仰的危机。革命话语在青年人中渐渐失去了话语权。

从表面来看，这是由于革命话语的叙事方式与受众的表达习惯形成了错位。革命话语叙事惯以二元对立的立场解读，对于复杂的人性以单一化、模式化的阶级标准进行评判，人性非黑即白，立场非正即反，丧失了多元化视角中对于人性多角度审视与解读的可能性。

深层次来看，这是由于人们思维方式的变化。革命话语以"帝国主义侵略"、"封建主义压迫"、"人民群众"、"阶级战争"等为主题，从二十世纪二十年代中国半殖民地半封建的社会性质入手，以极端化的阶级矛盾和阶级斗争视角来解读历史进程，"母亲只是养了我的身，党的光辉照我心"的革命伦理放大了人的阶级性，却压抑了个人的欲望和尊严。十一届三中全会以来，党的工作重心从"以阶级斗争为纲"转向了"以经济建设为中心"，从此，中国社会的生产关系基础和阶级关系等发生了深刻变化，社会中的利益主体开始变得多元化，这促使了社会中个体意识的觉醒，提升了个体的自我言说能力。加之21世纪以来中国互联网飞速发展，拓宽了人民在网上自由表达自身个性与观点的渠道，加强了个人引导社会舆论的能力，革命时期形成的思维方式与当今时代的矛盾显现的愈发明显。

其次，革命历史的严肃性与表达方式的随意性之间的冲突。新民主主义革命史是西方列强侵略中国的血泪史，更是中国共产党带领中华民族走向独立自主的奋斗史，传递着中国人民在实现国家富强、人民幸福进程中积极进取的精神力量，体现着中国共产党"一切依靠人民、一切为了人民"的价值旨归，具有意识形态层面的严肃性，是有利于实现国人文化自信、塑造人民正向价值观的宝贵历史财富。改革开放后，文化市场中涌现出大量革命历史题材的文艺作品，其中不乏一些优秀的作品，鼓舞了人民的爱国情怀，激励了民族的文化自信。然而，在经济市场和历史虚无主义思潮的双重作用下，革命历史也存在被泛娱乐化、恶意矮化等问题。

创作者们表达革命历史的方式太具随意性，对待革命历史没有正确的把握与尊重，这种"时代化"书写的背后实际是对革命历史的解构。具体表现在以下两个方面。

以丑为美、一味媚俗。随着2005年抗战胜利60周年期间《亮剑》等抗日剧的成功，投资抗战剧成为一盘稳妥而赚钱的生意。《向着炮火前进》中顶着满头发胶耍帅的吴奇隆、《冷风暴》中一袭黑衣、沉默冷峻的朱雨辰，荧幕中奇言怪形的英雄比比皆是。一些导演和编剧为了增加作品的话题性和曝光率，一味地描写男女主角的"无穷神力"和俊男美女间的谈情说爱，将随意编造日军的军事素质能力作为剧情进展的工具。此种夸张、雷人的叙述模式脱离了革命现实，违背了现实伦理，忽视了革命军人为共产主义信仰而奋斗终身的革命精神与革命气节在战争中的作用，将中国共产党带领人民艰难抵抗外来侵略的战斗史杜撰成了毫无意义的现代神话小说。这种缺乏精神支撑的作品遮蔽了革命历史的先进性，是空洞的、没有感染力的。

善恶不辨、颠覆历史。有的学者对于历史已有定论的结果没有正确的把握与尊重，在作品中大肆丑化民族英雄并重新解读反面革命人物。例如，认为革命领袖毛泽东的《实践论》和《矛盾论》都是抄袭，毛泽东根本不是马克思主义者；利用细枝末节的证据就证明雷锋日记全是造假；认为"蒋介石和共产党能在八年抗战中生存下来，靠的并不是国共两党军队的顽强抵抗，而是靠汪精卫的'卖国'解围"[3]。这种善恶不辨、颠覆历史的作品会扭曲人民群众尤其是青少年群体的价值观，影响其对于共产党的历史认同和对于国家的情感认同。

最后，革命文化表现载体的单调性与人们期盼丰富性的冲突。随着人民物质生活水平的不断提高，对于精神文化的需求也日益丰富，文化市场需求的持续扩大为国内文化产业带来巨大的发展机遇。革命文化作为国人了解民族历史的重要文化载体，是我国屹立于世界民族之林的独特精神文化标识，在文化市场中具有独特的魅力与价值。温家宝曾在湖北武汉江通动画股份有限公司视察时，强调将民族历史融入新兴文化产业的重要性。他说："我有时看我孙子喜欢看动画片，但是动不动就是奥特曼。他应该多看中国的动画片。……要让中国的文化走向世界，要在世界展示中国的软实力。让中国的孩子多看自己的历史和自己国家的动画片。"由此看来，文化多元化背景下，传统媒体与新媒体的良性互动填实了群众的娱乐生活，但距满足群众多样化的文化需求还有一定的差距。就革命文化而言，其以史实为依据见证了中国共产党带领民族获得解放的风雨历程，从不同视角对其解读皆可窥见民族精神的全貌，是广大人民群众喜闻乐见的作品题材。然而，当前革命文化表达载体单调，主要可从以下三个方面加以审视。

第一，表现形式单调。革命文化产品虽然到处开花，但却充斥着低水平的重复、抄袭与竞争。影视剧数量多而无亮点，动漫业产量大而效难显，革命旅游圣地则习惯于建园盖房、塑像刻碑、大搞故事博物展览，形式雷同等。第二，表现手段单调。革命文化作为中华民族文化的标识性存在却没有与日新月异的新兴文化产业产生应有的融合。革命历史被刻画在电视屏幕上，却很少出现在人人聚焦的手机屏幕上；镌刻于慢节奏的公园纪念馆中，却难与现代人快节奏的生活方式相融合、同各年龄段人的兴趣相结合。第三，表现内容单调。革命文化蕴含于广大人民抗日活动的全过程，除却一系列抗战运动外，还有中国共产党关于土地、经济等方面的积极政策在人民生活中的反映。当下抗战文化作品多刻画敌前敌后的战争场面，但对于很多可以丰富展现革命文化的侧面都有所忽略，例如，长期以来，谍战剧都是深受市场和观众喜爱的宠儿，但刻画战争年代的军事科技发明的作品却屈指可数。

单调的载体影响作品的表现力和体验性，难以感染人、打动人、影响人。这会导致革命文化作品缺乏质量和力量，进而影响到革命文化对人情感的感召力，难以实现通过文艺作品对人进行思想启迪和价值引领的目的。

三、革命文化时代化表达助力文化自信的对策

首先，推进革命话语表达的时代化。新民主主义革命时代与当今的社会主义初级阶段，无论社会形态、政权结构、经济模式、科技水平、军事实力、文化意识、信息渠道等都有很大的差异。面临社会发展进程中新的社会任务，面对经济发展进程中新的挑战，我们迫切需要找寻适度的表达方式，在历史的基础上重新建构革命话语表达方式，发掘革命话语的时代价值，使其适应时代需求，从而利用革命文化的先进性破解时代难题。

革命话语表达的时代化应从以下两个方面加以展开。

第一，结合新的国情，赋予既往革命话语以时代化的意义。在以全面建成小康社会、实现中华民族伟大复兴为奋斗目标的今天，应把革命文化与当今社会的具体现实矛盾联系起来，否则"自力更生、艰苦奋斗"等中华民族引以为傲的革命精神将很快被"过时论"、"无

用论"掩埋。例如,"自我牺牲"精神的真实性在个人与整体的利益冲突发生后岌岌可危。社会主义市场经济生产形态以个人利益为驱动力,保障个人的正当利益是维护经济稳定发展的必要前提。"自我牺牲"不是不要个人利益,而应当是在对个体利益价值形态上的合法性认可的基础上,强调个人对同样作为个人的"他人"及整体的责任感及负责精神。正如邓小平同志所说:"我们提倡和实行这些原则,决不是可以不注意个人利益,不注意局部利益,不注意暂时利益,而是因为在社会主义制度下,归根结底,个人利益和集体利益是统一的,局部利益和整体利益是统一的,暂时利益和长远利益是统一的。①"如若片面地强调集体和国家利益,势必形成假、大、空的极左观念,失去革命文化的生命力。

第二,从革命话语中汲取元素创造新的话语。例如,在革命运动中,革命文化借建构阶级对立和阶级仇恨的革命意识形态,以诉说阶级仇恨、赞美革命阶级亲密情感和积极乐观的革命生活、描绘革命的理想蓝图等方式来达到实现革命情感动员的目的。但由于"反右派"和"文化大革命"运动中对于"阶级对立"简单化和扩大化的使用,致使人民内部人为的被"阶级"分割开来,激化了很多"阶级矛盾"。中国学者将"阶级"一词的表述转化为"阶层",更多的用"阶层"来区分不同的社会群体,是革命文化时代化转化的一次成功的伟大实践,有利于化"阶级对立"为"阶层和谐",增强国民社会共建的责任感。

其次,推进革命历史时代化表达的科学化。当前,许多文艺作品对于革命历史的错误解读否定了马克思主义的指导地位和中国走向社会主义的历史必然性,否定了中国共产党的领导。其曲解历史、片面运用规律、不关注历史与现实关系的做法,与马克思主义指导下历史唯物主义的观点和方法背道而驰。革命文化见证了中国革命的重大历史事件,是奠定我国立党立国的道路自信、制度自信、理论自信和文化自信的重要理论基石,必须加以科学化的认识与表达。

站在人民的立场解读革命历史,是革命文化科学化表达的根本。革命文化来源于广大人民群众同帝国主义、封建主义、资本主义英勇奋战的历史事实,展现了人民不畏强权的英勇气概和对于幸福生活的美好向往,对于建设社会主义和谐社会具有重要的现实意义。革命文化产品作为革命文化的传扬载体,必须重视人民群众在历史中发挥的作用,将人民视作历史的主体,坚持有利于人民群众的价值立场。如若剥离开主观价值因素谈论革命文化,那么革命历史则与毫无生气的自然界历史别无二致。

符合历史事实、遵循历史规律,是革命文化科学化表达的关键。唯物史观认为,历史事件"是受内部的隐蔽着的规律支配的"②,这些规律"以铁的必然性发生作用"。③ 19 世纪中期,在清政府残酷的封建统治和帝国主义为求经济利益企图瓜分中国市场的双重作用下,经济社会产生深刻变化,中国革命在顷刻间爆发于全国的广大区域之中。新民主主义革命是中国共产党带领广大人民改变中国上层建筑与生产关系矛盾的伟大实践。许多文艺作品不"站在现实历史的基础上④"来分析历史发展前行的规律,而将社会的变革归因于个别领导人的偶然性决策,认为近现代中国人民反抗外来侵略、争取民族独立的爱国主义运

---

① 《邓小平文选》(第 2 卷),北京:人民出版社 1994 年版,第 175 页。
② 《马克思恩格斯选集》(第 4 卷),北京:人民出版社 1995 年版,第 247 页。
③ 《马克思恩格斯全集》(第 44 卷),北京:人民出版社 2001 年版,第 8 页。
④ 《马克思恩格斯全集》(第 1 卷),北京:人民出版社 2009 年版,第 544 页。

动是徒劳的，殖民侵略对于中国现代化的发展无过反而有功。这种违背规律、自圆其说的做法，实质是落入了唯心主义的窠臼，结论是没有说服力的。只有从联系中去掌握"与所研究的问题有关的全部事实，而不是抽取个别的事实"①来表达革命文化，才能抓住革命历史的本质，还原革命历史的真相。

彰显革命文化所蕴含的精神气质和文化品格，是革命文化科学化表达的灵魂。革命文化体现了中华民族追求真理、勇于献身、英勇顽强、坚韧不拔的优秀品格，蕴含着全体人民的共产主义理想，与实现中华民族的民族复兴目标具有统一性，在文化市场中具有独特的标识性。经济全球化时代，文化市场遵循优胜劣汰的游戏规则，革命文化产品若想在文化市场中具有坚韧的生命力，对受众群体产生长久的吸引力、感染力，就必须在彰显革命文化内涵上下功夫。

再次，推进革命文化时代化表达的多样化。"创新是文艺的生命。"②经济全球化时代，文化市场也遵循优胜劣汰的游戏规则，革命文化要想在文化市场中拓宽受众群体，对受众群体产生吸引力、感染力，必须"要把创新精神贯穿文艺创作全过程，在提高原创力上下功夫。"③具体地说，就是想办法把革命历史演绎得别致、有趣味。只有提升革命文化的创新力，使革命文化产品"精彩纷呈、引人入胜"，才能从根源上提升革命文化产品的核心竞争力，从而推动革命文化这一历史性文化实现新时代的"创造性转化、创新性发展"④，促使全民对革命文化"自信"起来。

用适合的艺术手段表达革命文化的观念。作者需要通过一定的艺术手段来表达所思所想，若能利用最适合表达此种观念的手段，便能使手段更好的服务于观念。而利用艺术的手段还原历史无疑是件难事。就电影而言，叙事视角的选定、每个特定人物身上细节的阐述和情节的缘来始末等对于革命历史的表达都有重要作用。电影《南京！南京！》以一个日本参战军人的视角来描述南京大屠杀这次暴行，试图打破国内对日本人某种狭隘的种族愤怒，超越个人人格的去论述战争本身的罪恶，从更根本的层面建立起宏大的社会结构与渺小的个人人性之间的对话。这样的尝试是有益的，换个方式看历史，能从现实中抽离出更普遍的理念。毕竟让中国人永远沉浸在痛恨日本人的民族情绪中并不是好事，而激发观众对于中华民族的使命感和责任感才是我们真正要做的。

推动革命文化内容与艺术形式创新性融合。衡量一部艺术作品的艺术成就，不仅要看内容，还要看艺术作品的形式是否完满地表现了内容。所以，革命文化在再现新民主主义革命时代历史内容的过程中，应根据内容表达的需要，批判地继承改造旧的艺术形式，创立与时代相适应的新形式，从而更好的展现革命中的艺术形象。就歌曲而言，抗日战争时期，人民群众身处水深火热之中，无暇顾及那些复杂、繁多的艺术形式。而歌曲，取材贴近人民生活，歌词通俗易懂，曲调朗朗上口，深受大众欢迎，成为抗日战争时期最方便普及的一门艺术形式。至今仍有一些革命歌谣被人们称为经典而传唱，因为它们背负着前人的期盼和美好愿望，传承了那个时代最真实的情感记忆，已经超越了艺术领域，是中华民

①《列宁全集》（第28卷），北京：人民出版社1990年版，第365页。
②习近平：《在中国文联十大、中国作协九大开幕式上的讲话》，载《人民日报》2016年12月1日。
③习近平：《在中国文联十大、中国作协九大开幕式上的讲话》，载《人民日报》2016年12月1日。
④习近平：《在中国文联十大、中国作协九大开幕式上的讲话》，载《人民日报》2016年12月1日。

族生生不息、永不屈服的灵魂。解放后，随着人民日益增长的精神文化需要，艺术家们通过予革命歌谣以西方交响音乐配器、以摇滚乐配器等多样的艺术形式承继了革命时代的经典。在文化市场的大潮中，艺术家们应继续创新适应现代人的生活方式和欣赏习惯、适合革命历史内容的艺术形式，使革命歌谣继续传递中华民族生生不息的民族力量。

在革命文化作品的艺术表现中融入艺术要素和技术要素。在艺术要素中传承着革命文化基因，在技术要素中融入科技创新成果，使革命文化产业推出以高科技为载体的文化精品，使其兼富艺术性与科技感，打造文化经典。就革命遗址而言，单调的展览参观已经难以吸引观众（尤其是青少年）的兴趣，模式化的人工讲解也枯燥乏味让人过耳就忘。只有适应智能社会发展趋势，通过多元化方式手段，充分利用互联网平台与科技要素，线上线下充分结合，才能提升作品的表现力与体验性。例如，线上可利用网络的平台优势，基于VR全景和H5等新兴技术，提供精选景点实景欣赏服务，打造系列性革命文化圣地旅游精品内容，并利用线下互动式体验的触角与线上高科技体验形成互补，通过"微旅游"模式，鼓励广大网民将看到的历史和所思所想借助网络互动社交平台分享到网络上，让所有网民更了解革命历史，也更爱了解革命历史。

最后，推进革命文化时代化表达的中国化。在全球信息一体化的进程中，各国之间的文化交流日益密切，一些西方国家为了争夺国际话语权，实现通过非强硬型的手段来达到自己利益诉求的目的，会利用文化的软入侵力量来实现本国价值观的输出。如果中国人长期对西方价值体系亦步亦趋，中国独特的文化价值体系便会丧失科学性、失去说服力，中国人独特而悠久的精神世界也会被严重西化。革命文化以事实为根基，以历史为主体，从不同角度真实地记录了党和人民追求自由和真理的风雨历程，是中国增强文化自信的优质基因。在新的时代背景下，我们必须在革命文化时代化再述中守住意识形态的高地，才能获得世界范围内的中国话语权。

革命文化作品要反映中国的史实。反映史实的文化作品能够帮助国人乃至世界人民了解中国历史、正视历史现实，在世界讲好发展中的中国故事。例如，革命历史具有残酷性，但文化作品不应一味地选择回避，只描述大家喜闻乐见的场景，而遮蔽了其中本应呈现的历史事实。2016年南京大屠杀死难者国家公祭日前后，一篇题为《南京大屠杀和我有什么关系》的文章被人民日报微信公众号转载，阅读量破十万次。这篇文章激起了网民关于个人对于国家责任的广泛热议，也让大家熟知了华裔作家张纯如。她撰写的《南京大屠杀》被哈佛大学历史系主任威廉·柯比认为是人类史上第一本"充分研究南京大屠杀的英文著作"，在世界发出了中国的声音，帮助世界更真实的了解了抗日战争时期日本在南京的暴行。

革命文化作品要彰显社会主义核心价值体系。井冈山的革命军民口口相传的歌谣："干稻草，软又黄，金丝被儿盖身上，不怕北风和大雪，暖暖和和入梦乡"，展现了革命军民在同艰苦的环境作斗争时积极乐观的精神风貌。革命文化作品是中国共产党和中国人民抵御外侮、反对内战的强大精神武器，传承革命文化成为一种坚定的文化自信。革命文化是以马克思主义理论为指导的民族的、科学的、大众的文化，记录了中华民族以爱国主义为核心的民族精神，蕴含着中国特色社会主义的共同理想。因此，革命文化作品必须以社会主义核心价值体系为立场进行逻辑的推演。如若剥离开价值因素谈革命，那么革命文化作品便不能唤起国人的民族情感，反而会将人民推向背离祖国的价值立场上。

"红色经典"文学审美的文学性解读

张　静　陈芳清歌　赵伯飞 *

摘　要: "红色经典"文学是特定时代产生的文学作品,如果从我国文学史中抹去这批作品,那么整个中国文学史必然发生断裂。"红色经典"文学的出现是历史的必然,也是社会发展的必然。本文从"红色经典"文学的创作原则、人物形象和叙事方式三个角度进行解读,以挖掘其深厚的文学性和审美意蕴。

关键词: "红色经典"文学;文学性;创作原则;人物形象;叙事方式

"1949 年至 1976 年的 27 年间,文学创作(尤其是小说)经历了一个波浪的形态,处于浪峰的正是那批史诗性的红色经典小说。小说艺术地展现了农民革命的全过程,文中所表现出来的那种气势可以说是那个年代全国上下所有人的精神支柱,这就是他们的信仰。"①一时代有一时代的文学,"红色经典"文学是特定时代产生的文学作品,如果从我国文学史中抹去这批作品,那么整个中国文学史必然发生断裂。这些文学作品既反映社会现实又高于现实,虽然作品中所反映的人物语言与思想政治倾向严重标签化,但这是一个时代的反映,也是那个时代的需要。因此,"红色经典"文学的出现是历史的必然,也是社会发展的必然。

一、革命:"红色经典"文学的创作原则

"红色经典"文学遵循国家政治主流意识形态,充当着国家的喉舌,宣传党的宗旨,这是"红色经典"文学创作的第一个原则——主旋律化原则。其"所取题材注重革命的历程性,这种现象在过去时代或在其他国家小说创作中,是罕见的,所以是中国当代小说的特性之一。红色经典的作者们大部分放弃城市生活,扎根农村,全身心融入其中,对农村有了真实的感官体验,所写的东西也就不会出现逻辑错误。艺术真实是源于生活而又高于生活。虽然有过分拔高共产党和农民形象,体现了人性完美的理想化追求,但人物还是有个生活原型的,而非作者凭空捏造。"①"红色经典"文学在历史真实的基础上进行艺术加工,表现真实的历史事件和历史人物,体现了其创作的第二个原则,即现实主义的原则。

(一)主旋律化的原则

主旋律化原则是统治阶级为了强化自身主导地位,在处理政治与文学的关系方面制定

---

*　张静,西安培华学院人文学院教师;陈芳清歌,西安电子科技大学人文学院研究生;赵伯飞,西安电子科技大学马克思主义学院教授。

①李思:《红色经典小说的接受现状及意义》,豆丁网:http://www.docin.com/p-241001125.html。

的重要原则。20世纪90年代初，"主旋律"概念在出现时，被人们简单地归纳为爱国主义、集体主义、社会主义。随着"红色"文学的家喻户晓和"红色"精神的深入人心，"主旋律文学"的涵义有了进一步的明确和深化。1994年，江泽民在《全国宣传思想工作会议上的讲话》中对"主旋律"进行阐释"弘扬主旋律，就是要在建设有中国特色社会主义的理论和党的基本路线下，大力倡导一切有利于发扬爱国主义、集体主义、社会主义的思想和精神，大力倡导一切有利于改革开放和现代化建设的思想和精神，大力倡导一切有利于民族团结、社会进步、人民幸福的思想和精神，大力倡导一切用诚实劳动争取美好生活的思想和精神。"它是国家意识形态的审美表意形式，具有强烈的道德自律性，承担着民族认同和文化认同的使命。如果我国文学创作没有遵循主旋律化的原则，那么其他思想的侵入会造成整体混沌无序，不利于社会主义文学的良性发展，更不利于社会主义精神文明建设。

新中国成立后，中国开创社会主义事业建设的新纪元，全国人民对于中国未来的走向都处于茫然和期待的状态，此时社会需要一个"正常、健康"的价值规范和意义规范来构筑国家权力话语体系。主旋律文学是国家权力话语在文学领域的实践，承担了将国家意识形态实体化、美学化的任务。毛泽东《在延安文艺座谈会上的讲话》确立了工农兵方向为新中国文学的发展方向，"革命"是当时文学创作的主题词。以革命历史为题材的"红色经典"小说与时代主旋律一致，属于文学史中的主旋律文学。"红色经典"文学在创作上遵守主旋律化的创作原则，反映了革命战争和社会主义建设时期人民的生活斗争状态，反映了工农兵阶层的真实精神面貌，抒写了革命战争的胜利和新中国的成立的赞歌。作品中表现的英雄主义、爱国主义、集体主义精神符合社会主义价值观，正是国家主流意识形态所宣传的。《红岩》《红日》《红旗谱》《保卫延安》《林海雪原》等"红色经典"文学，蕴含着民族奋发向上的不屈精神，体现了二十世纪五、六十年代的红色激情和英雄崇拜，体现了无产阶级政党和人民群众对民族文学的要求，符合当时社会主流意识形态和读者的心理期待。当人们在阅读或欣赏这些作品时，会产生强烈的自豪感和自信心，从心里涌出对党、对国家、对民族的忠诚热爱之情。

（二）现实主义的原则

现实主义又称为"写实主义"，侧重真实地表现现实生活，客观性较强。它认为事物在人认知中所反映出的形态与其在自然界中独立的存在形态是一致的。现实主义文学指文学创作时遵循现实主义的原则，要求作家按照生活的原本面貌精确地再现典型环境和典型人物。现实主义文学作品具有以下三个特点：一是细节真实，现实主义作品是通过对现实生活、历史事件的描写来感染读者的。大部分如《红岩》《林海雪原》《铁道游击队》等"红色经典"文学关注革命历史事件及革命者的人物形象塑造，因而较多地采用了现实主义的表现手法，即便作品没有以历史中真实出现的人物作为原型，也用虚构的手法创造出了符合当时真实社会环境的人物。二是形象典型，典型化是现实主义的核心，现实主义文学注重描写人与社会环境的关系，通过典型的方法，对真实的生活素材进行提炼加工，选取有意义的人物与事件，塑造出典型环境中的典型人物和典型性格。《林海雪原》中《智取威虎山》的片段是中华民族永远的英雄记忆，这一段史实虽然经过作者的改编创作，但充分展现了剿匪小分队的英勇果敢，其中对杨子荣的描写更是准确地刻画了一个不畏牺牲、不怕困难的革命战士形象。三是叙事文学、现实主义文学往往综合地反映了整个时代的生活风俗、社会状况，真实地记录了整个社会历史画面。"红色经典"的文学创作者站在客观的叙事角度，将作品塑造成社会主流意识的宣传册。

"五四"新文学运动一方面对中国古典现实主义文学中的优点现代化，另一方面吸收外国现实主义文学中的经验并民族化。随着革命的发展，受到社会主义现实主义文学思潮和创作方法的影响，继而形成富有中国特色的革命现实主义。"红色经典"文学在具体的创作过程中，除了遵循主旋律化的创作原则，还采用了革命现实主义的创作手法，并在作品中融合强烈的革命英雄主义色彩，从而淋漓尽致地表现革命英雄不畏牺牲的奋斗精神。比如《红岩》在创作过程中，立足现实，作品中英雄人物的性格特征、思想行为、精神境界的描写是真实的，但同时着重革命理想，从正面描写侧面衬托出他们的坚强意志和牺牲精神，真切动人地反映了革命真实。作为二十世纪五六十年代的革命现实主义经典文本，《青春之歌》是我国历史上第一部描写学生运动的文学作品，杨沫以"九·一八"到"一二·九"这段特殊的历史时期为背景，描写了一个"小资产阶级分子"林道静如何寻找个人出路，最终成为无产阶级战士的曲折过程，成功地塑造了在"三十年代觉醒和成长"的革命青年的典型形象。作者与其他"红色经典"文学创作者不同的是，他关注着社会中如林道静一样的一大批在旧社会中寻找出路、不甘屈服又无力抗争的知识分子，独特的题材注定了作品一出版便受到了广大读者的欢迎。

二、人物形象的塑造

"红色经典"文学作品在对人物形象的塑造上，是以崇高为主体的，即英雄人物是小说所表现的主要人物。与其二元对立的反面人物，是创作者为了烘托与强化崇高形象所塑造的重要人物。"红色经典"文学中，我方军民忠于党和国家、团结友爱、坚忍不拔，敌方反动派自私利己、相互倾轧；我方军民不顾个人安危为革命鞠躬尽瘁，敌方反动派用尽毒打、死亡威胁等卑劣手段。在这种鲜明对比下，崇高者更加崇高，卑劣者更加卑劣。事实上，除了英雄人物和反面人物，"红色经典"文学中还塑造了一类人群值得我们关注，那就是受到革命影响、思想开始觉醒、人格逐渐独立的女性人物。

（一）崇高的英雄人物

"英雄理念"随着"红色经典"文学热而兴起，成为革命现实主义的一个重要美学范畴，英雄身上闪耀的革命光辉是英雄叙事的核心创作规范。《红岩》《红旗谱》《林海雪原》《铁道游击队》等一批"红色经典"小说，塑造了一个忠于革命、乐观坚强、勇于牺牲、威武不屈的英雄群体，如许云峰、华子良、双枪老太婆、江姐、朱老忠、杨子荣、少剑波、洪振海、刘金山等，他们除了对敌人的恨和对人民、对党、对国家的爱这两种截然不同的情感外，没有其他带有个人感情色彩的情感了。小说作者在塑造人物的过程中，为了表现英雄人物的丰功伟绩，将他们作为人的七情六欲剔除的一干二净。而除了塑造传统的工农兵阶层英雄之外，像林道静、张嘉庆一样地主、佃农家庭出身的革命者，需要经过进行思想行为上改造才能成为真正的无产阶级革命者。"红色经典"文学中的英雄人物已经形成了固定的模式，即以崇高为主体。其中，男性英雄是崇高兼豪壮的，女性英雄虽然也是崇高的，但她们也有柔美的一面，是崇高与柔美相映衬的。前者如《红岩》中的许云峰，他正义凛然、坚强不屈，将自己在地牢里挖的通道无私地留给战友，自己却壮烈地走向牺牲。后者如江姐，她一方面对敌人嫉恶如仇，为革命鞠躬尽瘁；另一方面对战友温柔关爱，成为他们的老大姐，充分展现着女性的柔美特质。

在刻画人物时，作者注重用细节描写的方法表现人物身上的爱国主义、英雄主义和革命乐观主义精神。《红岩》第二十五章，临刑前夕，"江姐再次对着镜子，照了一下，回头在室内试着走了几步，像准备去参加欢乐的聚会，或者出席隆重的典礼似的。她轻轻走到'监狱之花'旁边。孩子静静地熟睡着。江姐凝望了她一阵，终于情不自禁地俯身在脸蛋上吻了一下。"[1]"照镜子""试着走几步"的动作描写表现出一位共产党员在临刑前从容不迫、视死如归的革命精神和其沉稳的性格特征，而亲吻孩子的动作透露出江姐的母爱和对孩子的深深眷恋，也显示出她对革命接班人的深情寄托和坚定的共产主义信念。这些细节描写，让英雄的崇高形象更加饱满，也使得这个人物形象更加生动鲜活。

（二）卑鄙的反面人物

"红色经典"文学中将人经济上的富有与思想道德上的邪恶划了等号，因为当时社会主流意识认为经济上的富足必然导致思想上的落后。这些作品中的反面人物有一个共同的"他者"功能，即在表现反动派必然失败的命运同时，从另一个角度衬托出英雄人物的高大全。"红色经典"文学中塑造的特务、叛徒、地主、恶霸等一系列反面人物，无论男女，都极具贪婪、自私、恶毒，内心追求舒适安逸的优质生活，他们或对革命信仰的不坚定或有世俗功利的价值观，在坚贞不屈的革命者面前更显得卑鄙猥琐。

罗广斌在《关于重庆组织破坏的经过和狱中情形的报告》中说道，那些叛徒"不遇风浪确实是很优秀的，但是在严格的考验下，毒刑、拷打，单凭个人的勇气和肉体的忍耐是没法子承受的，没有坚强的革命意识，没有牺牲个人贡献革命的思想准备，便不可能通过考验……"[2]《红岩》中的甫志高，名字包含志向远大的美好之意，但是也暗示了他性格上的好高骛远和不切实际。小说开始，甫志高是一个革命者，渴望进行更多的革命活动，渴望给党贡献更多的力量。但是事实上，许云峰分析说他这么做事为了在胜利之后和党讨价还价，为自己谋求更大的个人利益。甫志高为了自己在银行的待遇和福利，不愿意被调到别的城市工作，他的固步自封和自满直接导致了后来的苦难，他的薄弱意志使他最终从一名崇高的革命工作者堕落成了为人所耻的叛徒，本人也死在了双枪老太婆的枪下。小说中有这样一个细节，陈松林与甫志高接头的时候，甫问陈喝香片、龙井还是乌龙茶，陈松林说没有那么多讲究，有口水解渴便行。在那个动荡不安的时代，不难看出甫志高是一个讲求生活情调，对生活品质要求极高的人。当上级通知甫志高身份败露不要回家的时候，他不服从安排，在转移的关键时刻还带着刚给老婆买的牛肉干回家。甫志高与江姐、彭松涛这对忠于党和国家的革命夫妇形象形成鲜明对比，衬托出革命英雄的崇高形象。

（三）独立的女性人物

"红色经典"文学中的女性人物形象受到了政治形态的影响，成为了有"革命"情结的女英雄。她们一方面反映了革命战争时期女性受到社会主义思想的影响，有意识地摆脱封建社会中女性卑微地位，努力成为"不爱红装爱武装"的革命斗争的主力军，另一方面反映了新中国成立后，在西方自由主义思潮影响下在女性群体中产生的"做新时期新女性的"社会进步思想。在倡导男尊女卑的中国传统社会中，女性是男性的从属和附庸，她们无权读

---

①罗广斌，杨益言：《红岩》，北京：中国青年出版社 2012 年版，第 483 页。
②厉华，孙丹年：《〈红岩〉小说与重庆军统集中营》，重庆：重庆出版 1998 年版，第 113 页。

书、无才是德，只有通过传宗接代、相夫教子才能体现个人价值。随着革命战争的发展，封建专制思想、社会等级观念、奴性意识、性别歧视等落后观念受到革命的批判和冲击，革命号召妇女走出家庭，走向社会，参与斗争。"红色经典"文学对中国传统文学中的女性形象进行了颠覆，除却一些风俗描写中依旧存在性别等级意识传统的描写，整个系列的作品基调都是倡导女性独立自主，反对男尊女卑。作品通过展现女性社会地位的提高和社会角色的改变，意图唤醒一大批女性读者思想觉悟。

《青春之歌》中的林道静反对父母包办婚姻，敢于追求自己的爱情，并且渴望上进，渴望参与政治运动；《红岩》中的江姐是广大革命战士的老大姐，她的存在是战友们的强心针和精神支柱，最后，她英勇就义，成为了中国人心中的女英雄；《林海雪原》中的卫生员白茹，走向寒冷的东北森林，在战场中发挥个人医护才能，实现人生价值。"红色经典"文学中的女性人物获得了极大的解放，一方面她们思想进步，追求婚姻自主，并且钟情于热衷革命的男性，另一方面她们自身渴望向无产阶级政党靠拢，积极地投身革命和社会主义事业的建设中来。与像林道静、江姐、白茹这样一批先进女性相比，"红色经典"文学中另一批"失贞"女性的命运令人唏嘘。《创业史》中的赵素芳曾被骗怀孕，又被公公殴打流产，后来想进入互助组遭拒；《红旗谱》中虎子姐在遭到强奸后，跳河自杀。从反面暗示这些女性想改变悲惨的命运需要革命的拯救和引导，进一步说明了革命斗争的必然性和重要性。

三、全知全能的叙事方式

"红色经典"文学注重用全知全能的叙事方式来阐述爱国主义、革命理想、民族情结的精神内涵，即叙述者知道每一位被叙述者命运的发展方向，叙事者在不同的叙述视角中将整个故事搭建并丰富起来。此外，作者力求通过二元对立的叙事结构衬托具有普遍意义的革命品质，用来支撑和烘托英雄人物的崇高精神。同时，作为后人的小说创作者在写作的过程中以再现历史事件真实、突出英雄人物正面形象为出发点，坚持还原历史的叙事本质。

（一）叙事者与被叙事者

全知视角即第三人称视角，叙述人是无所不在、无所不知的，在全知视角中，叙述人是一个无穷大的历史主体，知道作品中每一个人物的命运、每一个事件的发展脉络和结果、知道任何一个人物都不知道的秘密，所以，全知视角又称为"全知全能叙述"。这种叙述视角最大的优点是时空延展大，视野开阔，可以全方位对一个历史事件进行描述。同样，时空只能按照自然顺序发展也是其局限，作品缺少结构上的跌宕起伏。"红色经典"文学使用全知全能的叙事方式，作者很多时候并不是事件的亲历者，但他在写作时会创造一个叙述者。这个叙述者不是故事中的人物，本身并无情感偏颇，像一个旁观者一样，客观的对整个故事情节做整体性把握，操纵一切。此时，叙述者与被叙述者之间的关系是一种把握与被把握的关系，这种把握可以超越时空，过去、现在、未来全在创作者的视野之内，甚至同一时间不同地点发生的事情他也全部知晓。叙述者对被叙述者的把握体现在三个方面，第一是叙述者清楚地知道被叙述者的心理状态，可以适时地将人物的内心独白展示给读者。第二是叙述者可以在不同的被叙述者之间轻易转换，对于发生在同一时间、同一地点的同一个事件，叙述者可以通过小说中任何一个与此事件有关系的人进行多角度叙述，使事件真实和丰富起来。第三是叙述者在叙述的过程中，对被叙述人不做任何主观评价，读者只能通过别的被叙述人进行人物侧面解读。

《红岩》第九章中许云峰与徐鹏飞的交锋，是一种典型的全知全能的叙事。最开始审讯许云峰的时候进行了徐鹏飞的心理描写，是从徐鹏飞的角度叙事的，他观察着许云峰，心中盘旋着"对付这样的人，只有用迅雷不及掩耳的手段，才能摇撼他的意志，摘掉他那颗镇定的心！"[①]作者并没有直接描写许云峰的钢铁意志，但是通过徐鹏飞的内心独白，读者已经知道革命者的镇定和坚强意志，也了解到反动派的猥琐想法。随后徐鹏飞在瞬间矜持地冷笑后大声问道"你知道为什么被捕吗？嗯？"但是许云峰沉默不语，眼神看向窗外。这里作者切换到了第三视角进行叙事，客观地描写双方处于这一环境中的表现。"许云峰知道，面对的就是西南地区的特务头子。从他那貌似骄横却又目光不定的神情里，从他面似从容却又紧握两拳的动作里，许云峰看出对方内心的空虚和渺茫。"[②]作者紧接着对许云峰进行内心描写，切换到了许云峰的视角，表现出许云峰的从容不迫、内心强大和徐鹏飞的外强中干。"'何必虚张声势。'许云峰像在嘲讽，又像在挑引外强中干的对方。他满不在乎地在椅子上坐下了。"[②]这段描写又切回了第三视角，客观地描写起当事人的行为动作。许云峰与徐鹏飞"对话"的这一段里，作者在两人之间多次进行视角切换，从一方的角度描写另一方，让读者便于把握整个事件和人物，极大地增强了小说的可读性。

（二）二元对立的叙事结构

二元对立的叙事结构是作者思想矛盾冲突的体现，"红色经典"文学中的英雄/叛徒、勇敢/懦弱、革命/反动、个人/集体、光明/黑暗、先进/落后……等二元对立模式构成了革命历史小说的基本结构。它体现出作者对于历史事件和典型人物选择的视角，以及对时代和社会的认知方式。"红色经典"文学作者在创作的过程中，二元对立的叙事结构容易形成非"黑"即"白"的审美逻辑，它将现实生活中的许多方面直接简化成正面的与反面的、革命的与反动的、崇高的与荒诞的等对立模式，以便于组织情节中一连串的冲突和斗争。

在"红色经典"文学中，革命理想和个人情欲处于二元对立位置，而英雄人物是可以克制住自身情欲的，所以当革命理想与个人情欲产生冲突的时候，革命理想必然战胜个人情欲。《红岩》中江姐在城门上看到自己心爱的人的头颅时，竟会因为内心产生了悲伤而自责；《林海雪原》中的少剑波刻意压制与女护士白茹的男女之情，这些英雄人物的行为符合当时社会主流意识形态的期待。即便小说中的青年男女产生了爱情，这种爱情更多的是精神导师与启蒙对象之间的师生情、同志情。《青春之歌》中林道静原本倾情于余永泽，但是他身上的自私与唯利是图为林道静所厌恶，他根本压制不住追求自由的林道静。成熟的共产党人卢嘉川是林道静变化的催化剂，他对于她来说是一个精神指引与支撑，满足了她的精神向往。江华对于林道静来说不仅仅是一个男人，而是一个富有抽象意义的符号，象征着自己的政治选择。从他身上林道静感受到了党的路线、人生的方向，整个人从身心开始了彻底的改造，最终实现了自己从小资产阶级知识分子向无产阶级革命战士的角色转变。《红旗谱》中的冯登龙与江涛为了严萍的斗争，实际上已经不仅仅是爱情之争，而早已演变成政治斗争了，严萍最终选择了江涛正意味着她的政治觉悟和政治选择。

---

①罗广斌，杨益言：《红岩》，北京：中国青年出版社 2012 年版，第 150 页。
②罗广斌，杨益言：《红岩》，北京：中国青年出版社 2012 年版，第 151 页。

（三）还原历史的叙事本质

"红色经典"文学以之前发生过的历史事件作为主题，叙事从时间的角度来看是从现在回顾过去，这种回溯视角决定了作者在创作小说时先对事件进行审视，有助于作者梳理历史并提炼出典型情节、典型人物，抓住所要表现的"本质"。小说中的人物并不知道历史结局和自身命运，他们在当时的环境中的表现需要作者站在更高的时代角度去还原。创作者的历史观点是叙述整部小说的本质，他们对人物的把握和历史事件的选择，对于决定人物性格和命运、真实的记录历史事件有重要的作用。

"红色经典"文学的创作者选择用全知全能的叙事方式讲述革命，这种叙事方式从不同的角度将历史以时间顺序有序地记录下来。作者在创作之初便清楚地知道整部小说的价值取向，梁斌在酝酿《红旗谱》之前，认真地学习了毛主席的《湖南农民运动考察报告》《中国革命战争的战略问题》《新民主主义论》《论持久战》《论联合政府》等著作，认真学习了党的各个历史时期的政策和文件，以确保小说主题是阶级斗争，人物语言的政治立场不会有误。正因为小说作者对整个历史脉络的准确把握，朱老忠才没有一味沉浸在家族复仇的痛苦中，而上升到了阶级斗争的英雄典范。同样的，"红色经典"文学作者大都是讲述自己的亲身经历，如果在进行回忆中不能正确把握，他们的叙事观念很容易被拉入当时的社会情境中而具有局限性，不能客观地讲述历史。正如曲波所说："在写得入神的时候，我曾不止一次地被战友的事迹感动得觉得不是坐在温暖的宿舍里写东西，而是完全回到了当年的林海雪原中，和小分队重又战斗在一起。"①如果曲波不能适时地从过去的回忆中抽离出来，正确地站在客观的角度回望历史，那他创作出来的作品将缺少还原历史的叙事本质。

---

① 曲波：《关于〈林海雪原〉》，载《北京日报》1957 年 11 月 9 日。

"红色经典"文学现代性扩张的美学审视

张 静 陈芳清歌 赵伯飞[*]

张 静 陈芳清歌 赵伯飞[*]

摘 要：现代性是人们对自我意识觉醒后的实践，有助于推进民族国家的发展。本文分析了"红色经典"文学改编中，建构式、重构式的改编因为尊重原著精神往往能获得成功，而解构式的改编则基本不被大众认可的原因。因为其在改编中往往采用过分扩大英雄人物七情六欲，甚至瓦解人物信仰等方式迎合大众。事实上，"红色经典"文学改编应该既要把握住原作所表现的核心精神，又要体现出现代人的审美追求、价值判断，只有这样才能永葆"红色经典"的生命力，将"红色经典"文学不断传承下去。

关键词："红色经典"文学；现代性扩张；改编

现代性是人们对自我意识觉醒后的实践，有助于推进民族国家的发展。英国文化之父斯图亚特·霍尔曾说："我们用'现代'这个概念所表达的意思，是导向某些独特性或社会特征出现的单一过程，正是由于这些特征合在一起，为我们提供了'现代性'的定义。"他认为现代社会的特征包括"传统社会典型的宗教世界观的衰微，世俗物质文化的兴起，展现我们现在所熟悉的个人主义的、理性的和工具性的冲动。"[①] 而现代性扩张指的是随着时代的发展，一个国家或民族原本的社会经济文化形态受到全球化的影响，从而产生往现代化发展的变化，具体表现为对传统的挣脱和断裂。

由于"现代性"涵盖了哲学、经济、政治、审美、文学等多种领域，从而有了这些不同意义上的现代性。中国文化的现代性在风格和形式方面与现代人的生活习惯更加相符，而在内容上更加注重个人情感的抒发，以人为本，反对刻板说教。此外，中国文化现代性的另一个特点是艺术商品化，因为受到现代社会大众消费文化的影响，审美活动与商业生产活动常常合二为一。对于"红色经典"文学来说，它的现代性表现在其文本改编的重构和建构上，被植入了更多现代化气息。

一、现代性扩张分析

1992 年中国提出社会主义市场经济体制，它加深了中国商业化进程，我国开始步入消费型社会。"消费社会却是一个抵抗'思想'的时代，它打破了人们关于经典的种种幻象，消费文化的颠覆性在于依靠大众并且借助媒体的力量不断散播着当世的情绪、即兴意识。于是，那些曾经在文学史上无立足之地的欲望化、浅表化、娱乐化作一夜之间的合理化、

* 张静，西安培华学院人文学院教师；陈芳清歌，西安电子科技大学人文学院研究生；赵伯飞，西安电子科技大学马克思主义学院教授。

合法化、时尚化；消费时代以盈利为目的的商业法则更是深深地嵌入到社会生活的每个角落，成为了消费社会普遍的价值衡量法则。"①在大众消费的影响下，文学生产变得功利化、消费化，不但必须开始把握大众的消费动态，而且相比艺术价值更加注重市场回报。"红色经典"文学是消费时代下文学生产的好文本，它塑造的典型人物和紧凑情节已深深刻在国人心中，具有巨大的市场号召力，符合中国的审美接受心理。不论是重构、建构改编"红色经典"文学，其中都增添了不少符合现代人审美的元素，比如爱情戏份、武打场面、离奇情节等，所以许多现代电影、电视剧编剧都乐于对"红色经典"文本进行改编。他们期望自己生产的文艺作品在拥有低制作成本和低市场风险率的同时，收获中老年怀旧人群和新一代年轻人两类不同观众，从而达到最佳市场利益。

（一）"红色经典"文学的重构

当一部文学经典被社会普遍接受，是不可以被随意重构、建构的，因为历史不能被随意消费，不能用现代代替整个历史过程。事实上，读者阅读文学的过程其实是一种再创作，他们在内心产生的不同理解与感悟，是一种对作品的重构行为。不同时期的人们阅读经典时，都会用自己所处环境形成的特定思想来进行解读和阐释，这个过程必然会对文本加入一些具有时代特征的元素，忽略掉认为难以理解的部分。因此，"文学经典的重构不是对现有的经典推倒重来，而是在现有的基础上通过增添与删除。"②具体体现为对小说人物的人性化思考，增添了更多人性叙事和文化叙事，通过丰富原作实现充分深化改编的意义。"红色经典"文学作品的改编一方面受到了消费时代的影响，另一方面得到国家意识形态的支持。全球化社会的迅速发展给中国人民造成了强烈的心理冲击，这时需要用爱国主义、集体主义为核心的国家民族精神和民族凝聚力来让民众重新树立正确的人生观、价值观、审美观。"人在本体论的维度上，始终存在着偶像崇拜的内在需求。"③重构"红色经典"文学有利于唤醒人们的红色记忆，重回充满激情和理想的岁月，其所蕴含的英雄主义、革命乐观主义、奉献牺牲精神是现代社会文化建设所需要的。

"关注人的生活境遇、内心困惑和人性深度，从中探寻主流价值在当代的实际意义，这种重构方式具有现代性想象的审美特征。"④电视剧《红旗谱》，相比于原作人物更鲜活，主线更突出，是"红色经典"文学重构改变的成功之作。改变剧导演胡春桐曾说："原著的'红色精神'是绝对不能动的，我们牢牢把握'志士慷慨洒热血，只为百姓谋稻粱'的主题精神，让该剧具有现实意义和认识价值。"他的成功在于很好地保留了原著的红色精神，并合理地拓展了人物，故事性更强，人物性格更为鲜明。电视剧中朱老忠的扮演者吴京安，表演真实可信，注重挖掘人物内心世界，没有过分戏剧夸张。新加的"比武""大闹冯兰池寿宴"几场戏，更加突出朱老忠作为农民革命先行者的英雄形象。而通过新加人物儿媳桂仙，更加衬托出了冯老兰人性中的恶毒荒淫。《红旗谱》重构改编的电视剧用当代人的视角重新诠释忠诚、信仰、情感等社会主流价值形态的意义，增强了小说人物的历史厚重感，增强了故事的感染力。

---

① 赵学勇：《消费时代的"文学经典"》，载《文学评论》2006 年第 5 期。
② 聂珍钊：《文学经典的阅读、阐释和价值》，载《文艺研究》2013 年第 5 期。
③ 王妮娜：《"红色经典"热与当代时代语境下的信仰焦虑》，载《理论导刊》2005 年第 4 期。
④ 丁亚平，董茜：《"红色题材"电视剧的现代审美趋向》，载《中国艺术报》2010 年 8 月 20 日。

（二）"红色经典"文学的建构

"建构式的影视改编是最能尊重原作的改变方式。所谓建构，实际上包含了两层意思，一是尊重原作的主要情节、人物以及人物之间的关系，二是重视原作所体现出来的时代风貌和精神内涵。"①这样的改编方式只是为了对其包含的意识形态进行有效宣传，意味着对原作最大程度的尊重。基于革命理想主义建构的"红色经典"电视剧，是对当今社会人们集体主义、爱国主义精神建构的良好资源，有助于巩固民族红色文化，巩固国家主流意识形态。"红色经典"文学是当时那段革命历史和英雄感恩情绪建构的产物，是革命文化建构的重要部分。现代社会虽然不需要革命，但革命历史小说中蕴含的深刻民族精神、爱国主义精神、英雄信仰是我们这个时代严重缺失的。此时，对原作还原度极高的"红色经典"电视剧，直接影响社会生活、社会意识、社会行为，实现了对消费时代人们建构信仰的目的。

电影《青春之歌》是1959年新中国成立十周年的"献礼片"，上映之后获得了来自各界的赞誉，并多次在国外展映，产生了巨大影响。导演崔嵬是一二九运动的亲历者，他带着过来人的真实感受拍这部影片，所以对原作还原度极高。演员们的出色表演，都能恰如其分地诠释角色内涵，增添了这部电影的真实感。主演谢芳通过自己细致、生动、准确的表演，不负众望，实现了与小说林道静形象的完美重合。小说中描述林道静的眼睛又大又黑，而扮演者谢芳眼睛明亮、眼神犀利，加上导演使用蜡烛灯光对人物眼眸刻画，使得电影中的林道静眼睛更为灵性，能够表达出人物丰富的内心活动。《青春之歌》电影情节生动，表现真实感人，很好地再现了当时的社会环境。通过电影，我们看到和余永泽的爱情并没有让林道静找到人生的意义和乐趣，于是，热爱自由、不甘平庸的她在受到共产党人启蒙和引导后，毅然选择将个人命运与民族命运相结合，最终实现了由冲动的小资产阶级向成熟的无产阶级革命者的转变。事实上，该影片在改编过程中也进行了一定处理，针对小说中的小资产阶级情调问题，导演特意加重了主人公在走上革命道路后"与工农相结合"的情节表现。这部分改编更突出了原作表现的核心思想，也满足了观众对于林道静成长之后生活的幻想。尽管现代社会处于和平时期，但更需要我们有强烈的爱国主义情怀和民族精神。而通过学习"红色经典"文学中人物的革命热情、坚定信念和无私奉献，可以指导我们树立正确的人生观、价值观、世界观，从而实现自己的人生价值。

二、现代性扩张中的审美异化

在当今社会文艺"大众化"发展的驱动下，"红色经典"文学改编作品中表现出的意识形态、思维方式、审美观念和过去相比已明显不同，趋于泛人性化、平民化。而原作中所蕴含的审美观念在现代性扩张中也逐渐发生了异化，但是，值得注意的是，"红色经典"文学在现代性扩张中的审美异化并不是一种发展，因为"所谓'真正的发展'是以'真实的自我'（即所谓'全部的过去'）为前提的，只有建立在自我全部的真实基础上的创造，才是实质性的创造。异化了的艺术是建立在异化了的人格——即被毁坏的'过去'或支离破碎的'过去'和异化了的对象基础上的，因此，它即就是与以往的艺术风格有什么不同，也不能称之为

---

①任志明，黄淑敏：《消费文化语境中对"红色经典"影视改编的再审视》，载《兰州大学学报（社会科学版）》2008年第6期。

真正的发展。"①

(一)"非人化"到"泛人性化"

20世纪80年代,"红色经典"文学因为其题材的固定化、人物的脸谱化,逐渐被广大人民所冷落。但是20世纪90年代末到21世纪初这段时间,"红色经典"改编剧又将大众的眼光吸引了回来。然而,"红色经典"文学中的英雄人物缺乏丰富人性,是"高大全"的理想英雄,他们的基本人性在当时的社会环境下受到作家压制,被塑造成了一个个"非人"的人。所以,还原人性真实成为了"红色经典"文学的改编趋势,改编者着重挖掘英雄人物平凡的一面。开始忽视他们身上的真善人性,在再创作过程中加入了很多世俗的、情欲的描写。比如杨子荣被改编成了一个语言浮夸、极具痞气的人,他甚至多了一个初恋情人;江姐同叛徒甫志高产生了暧昧情愫……改编剧将英雄人物"平民化",面对死亡会产生害怕,见到美女会觉得心动,他们身上的爱国主义、理想主义、奉献精神变成了调侃对象,身上被赋予了各种坏毛病。在此类改编剧中,"人性化"过度扩大成了"泛人性化",以所谓人的自然性否定人的社会性,严重误导了社会道德价值观。"红色经典"文学改编作的"泛人性化"和"滥情化"颠覆了作品原本昂扬的革命激情,借"人性化"之名解构了英雄人物的崇高形象,使"红色经典"成为一种大众文化消费品。

(二)"阶级文化"到"共享文化"

"红色经典"文学原本是面对广大工农兵阶级的,新中国成立初期的影视作品大都也是以革命历史事件为主题的。那时的"红色经典"文学是社会主流文化——"红色"文化的组成部分。现代社会是一个消费时代,艺术商品化使得"红色经典"文学改编走上了"平民化""大众化"的道路。上至中老年下至青少年都成为了改编者的目标人群,而在此时,"红色经典"文学改编反映出的是一种共享文化。改编后的《红色娘子军》被观众认为战争味不足,其增加了7位年轻美丽的女主角,使它像一部青春偶像剧。这部电视剧除了沿用小说主要人物的姓名之外,还增添了许多故事情节,比如黎妹洗澡、南洋妹与军医在刑场相拥热吻等情节。对于原作中潜在的一条爱情线索——吴琼花与洪长青的感情,改编剧却将这条个人私情变成了故事情节的主线。事实上,两人在原作中始终保持着同志关系,谈论的更多是革命话题,并没有过多的感情纠葛。因此,改编后的"红色经典"从阶级文化变为共享文化,原本带有浓厚政治色彩的作品变成了主动亲近更多人的市民作品。

(三)"革命主线"到"突出情感"

"红色经典"文学等一系列革命历史小说,革命史实是故事的主线。通过表现英雄人物在战争中的勇猛形象,突出英雄主义、爱国主义、革命乐观主义精神。"红色经典"改编剧的"人性化"淡化了作品的革命色彩和政治说教味,使得故事在内容上更注重人物情感的表达,英雄人物人性更加丰富,故事中也没有了脸谱化的正反面人物。"红色经典"改编更加注重人们对自我的认知,用大量描写人的情感世界的变化,体现再创作者对原作人物情感的扩张,从而折射出现代社会的人文主义和浪漫主义。在这种改编思路下,《红色娘子军》从一部反映旧社会妇女在反抗和斗争中成长的故事变成了众多漂亮女主角的青春偶像剧,她们的情感成为了电视剧情节发展的主线;《林海雪原》改编剧对杨子荣叙述从英雄视角转

---

① 刘星:《现代性与审美异化》,载《美术》2003年第12期。

向了平民视角，他因为自己救初恋情人儿子的私情中弹身亡，变成了一个有着基本生理情欲的普通人。注重突出情感的"红色经典"改编剧，内容上表现为对原作的背景时代不够尊重，手法上对历史真实的处理也很随意。这种对"红色经典"文学的任意"创新"，不但使经典变味，而且伤害了观众情感。

三、恶搞"红色经典"文学

自"恶搞文化"在中国兴起，恶搞对象从名人照片、古典诗词到经典著作，一步步冲击着中华民族的传统道德和文化底线。后来，随着恶搞对象的范围逐渐扩大，有些人开始用讽刺、戏谑、调侃、无厘头的语言肆意亵渎"红色经典"文学和其中的英雄人物，从编造和炒作雷锋的初恋女友到创作短片《闪闪的红星之潘冬子参赛记》《铁道游击队之青歌赛总动员》，这股恶搞之风已不仅仅是带给生活轻松和幽默的"调味剂"，事实上完全超越了新娱乐的范畴。

（一）"红色经典"恶搞现象

"红色经典"文学改编中，建构式、重构式的改编因为尊重原著精神往往能获得成功，而解构式的改编则基本不被大众认可。解构式改编是站在淡化原作所要表现的主流意识的角度，对作品进行分解、重组，拼合成改编者期望展现的形态。它往往采用过分扩大英雄人物七情六欲，甚至瓦解人物信仰等方式迎合大众，通常意味着被解构作品所代表的社会主流文化的衰落。

"恶搞"是解构的一种表现形式，"恶搞"来源于日本游戏界，后逐渐演变为一种互联网文化，成为一种颠覆和批判的思维方式。恶搞的题材可以是生活中的任何实体，人们可以用游戏、Flash、电影短片等形式在现有的图片、文艺作品等资源的基础上进行再创作，将各种搞笑元素融入原作，进行诙谐、讽刺、夸张、恶作剧的解构。恶搞反映了人们对快乐的追求，是社会进步的表现。但是，恶搞"红色经典"文学，以"去教化"主义和去精英主义为解构策略来戏说英雄人物，是对社会主流价值观的一种解构，实际上是对历史的歪曲和否定。在我国，《一个馒头引发的血案》可谓恶搞鼻祖，胡戈对电影《无极》和中国中央电视台社会与法频道栏目《中国法治报道》进行了重新剪辑，重新赋予电影人物不同的身份，如模特、城管等，颠覆原作情节，演绎了一场无厘头的杀人案件侦破过程。这一部20分钟长的网络恶搞短片，在当时产生了巨大的影响。继胡戈之后，更多年轻人开始了对各类文艺作品的恶搞。胡倒戈就是其中一员，他制作的视频短片《闪闪的红星之潘冬子参赛记》，引发了一场不小的社会风波。

短片中，革命英雄潘冬子变成了一个做着明星梦、发财梦的青年，他的父亲是地产商潘石屹，母亲的梦中情人是李咏。潘冬子想参加第12届青年歌手大赛，并意图通过报名"民族唱法"上"春晚"。在得到了亲朋好友的支持后，他通过送礼、摆平评委等手段，一步步走上星光大道。对此，八一电影制片厂负责人表示，《潘冬子参赛记》的恶搞与《一个馒头引发的血案》不同，后者调侃的对象是商业娱乐片，暂且可以容忍。但《闪闪的红星》是公认的红色经典，其内容与青年歌手大赛没有任何关系，这种改编是对传统的颠覆和反叛，只能是网络垃圾。随后，胡倒戈对八一厂进行了道歉，也表示认同"红色经典"不容恶搞。

（二）人性化过度扩大

"红色经典"文学在改编的过程中，每一个再创作者在处理上都会对小说人物人性进行扩大。像《红旗谱》《青春之歌》等优秀的改编影视剧能将人物的"人性化"保持在一个良好的度，让观众觉得人物形象更为饱满、鲜活。但是在恶搞"红色经典"作品中，英雄人物往往因蓄意迎合大众趣味而被歪曲。原作中的英雄人物是没有七情六欲的，他们的革命信仰能战胜个人世俗情感，而在恶搞剧中，"红色经典"文学所蕴含的革命理想被去人性化。英雄变得世俗、利益，失去了原本的革命信仰和英雄主义精神，原本理想人性变成了有限的人性。

《林海雪原》改编电视剧将一部革命历史文学作品变成了浪漫言情剧"林海情缘"，小说中原本隐晦的爱情描写，在电视剧中被扩大强化。英雄人物除了人的本性被丰富之外，伦理情欲更是被无限扩大。如苏军少校萨沙、白茹、少剑波混乱的"三角恋"关系；杨子多了一个"旧情人"槐花，而槐花的现任丈夫是老土匪，槐花的儿子是座山雕的养子，槐花本人曾被栾平强奸过。可以说，杨子荣几乎与所有敌人一起因一个女人卷入了情天恨海之中。电视剧中，智取威虎山成为主体框架，原著中的线性结构被抛弃，其他片段中的人物出场顺序被打乱，改编剧根据原作的线索加入自己创造的人物，重新编织起了一个全新的故事。杨子荣在威虎山上一方面要经受住蝴蝶迷的情色考验，另一方面，要想尽办法解救情人的儿子，结果自己不幸在这次行动中牺牲。这部《林海雪原》电视剧由于涉及过多感情纠葛，从播出起便受到广大观众的反感，最终被停播。

2004年，国家广电总局发出《关于认真对待"红色经典"改编电视剧有关问题的通知》，《通知》中提到了"红色经典"文学改编剧存在着"误读原著、误会群众、误解市场"的问题。创作者在改编过程中，没有体会原著的核心精神，没有理解原作所表现的时代背景和社会环境，没有尊重在广大人民群众中形成的作品认知，片面追求市场利益和商业价值，过度扩大人物的个性化。"在主要人物身上编织过多情感纠葛，强化爱情戏；在人物造型上增加浪漫情调，在英雄人物身上挖掘多重性格，在反面人物的塑造上追求所谓的人性化和性格化，使电视剧与原著的核心精神和思想内涵相距甚远。"[①]同时，随意的扩大作品内容，淡化原作情节，都严重影响了"红色经典"文学的严肃性和经典性。

（三）改编需要尊重

创新是一个民族进步的灵魂，是一个国家兴旺发达的不竭动力。创新力决定传播力，传播力决定影响力，"红色经典"文学若想被脱离了当时历史环境的现代社会人广为接受，电影、电视剧改编是最便捷有效的一条道路。"红色经典"文学代表社会主流价值观，蕴含中国民族的英雄情结，它可以被改编，但不能成为恶搞剧的题材。恶搞"红色经典"首先是对历史的亵渎行为，歪曲历史、消解英雄人物信仰，会严重伤害人民感情；其次它有可能毒害青少年，青少年没有经历过那段真实历史，很多人也没有阅读过原作，如果他们认可新编、恶搞的作品，并进行盲目模仿，可能会造成他们漠视中国革命历史，严重者会给一生带来消极影响。最后，恶搞"红色经典"不仅是对历史事实的践踏，对英雄人物的亵渎，

---

① 《关于认真对待"红色经典"改编电视剧有关问题的通知》，国家广电总局网站，http://www.sapprft.gov.cn/。

更是对红色文化的颠覆，对中国民族文化的反叛。在改编剧作者眼中，爱国主义、民族主义精神、道德理性、革命信仰早已消失殆尽，只剩下金钱和利益。

"在这个社会里面，有一些严肃的，经过长期历史考验、洗刷留下来的经典，这些经典的东西我们不允许随意的娱乐化，几千年灿烂文明留下来的遗存，我们也不允许庸俗化。"胡戈恶搞《无极》被原片导演陈凯歌怒告侵权、胡倒戈《闪闪的红星之潘冬子参赛记》被八一电影制片厂要求道歉、《林海雪原》电视剧被广电总局勒令停播，这些事实都告诉我们社会主流意识形态不接受恶搞对社会主义文化进行破坏，不允许冲击社会道德体系的恶意改编存在。事实上，"红色经典"文学是可以被改编的，《红旗谱》《青春之歌》等作品改编的非常成功，延续了原作的生命，得到了主流文化和观众的双重认可。

改编是一种创新，创作者在改编过程中应当坚持三大原则：尊重历史、尊重原著、尊重英雄。若想成功地改编"红色经典"文学，改编剧作者应带着感情和理性阅读原作，在改编时时刻谨记自己身上肩负的社会责任和民族责任。在"尊重历史、尊重原著、尊重英雄"的同时，考虑时代变迁的影响，融入"审美现代性"以适应观众的娱乐化需求。在改编时坚持三个"尊重"确保改编剧能勾起老一辈观众的红色记忆，融入"审美现代性"是为了在注重教育功能的同时兼顾娱乐功能。总而言之，"红色经典"文学改编既要把握住原作所表现的核心精神，又要体现出现代人的审美追求、价值判断，只有这样才能永葆"红色经典"的生命力，将"红色经典"文学不断传承下去。

"红色经典"文学审美的史诗性解读

张　静　陈芳清歌　赵伯飞 *

摘　要：黑格尔认为的"史诗"，包括作者创作时应全身心投入、读者充分领会英雄人物的崇高、读者在阅读时忘记作者、战争做理想史诗情境、结构上是有机整体。根据这个标准来看，文学史上有许多可以被称为长篇史诗的作品，如《荷马史诗》《爱达》《尼伯龙之歌》《格萨尔王传》《玛纳斯》《江格尔》……"红色经典"文学真实地记录了我国一段历史时期中华民族的不易与艰辛，是当时人们的精神支柱，是具有"史诗性"的作品。本文通过分析"红色经典"文学叙事的宏大、风格的崇高、超越之态，进一步挖掘其史诗性特征。

关键词："红色经典"文学；史诗性；崇高

史诗是一种文学体裁，是比较全面地反映歌颂英雄事迹或叙述历史事件的叙事长诗。巴赫金认为"长篇史诗作为一种特定的体裁，具有三个基本特征。（1）长篇史诗描写的对象，是一个民族庄严的过去，用歌德和席勒的术语说是'绝对的过去'；（2）长篇史诗渊源于民间传说（而不是个人的经历和以个人经历为基础的自由的虚构）；（3）史诗的世界远离当代，即远离歌手（作者和听众）的时代，其间横亘着绝对的史诗距离。"

"史诗性"是在"史诗"概念上的扩大，它包含的内容和创作手法都得到了扩展，作者不局限于作家还可以是小说家、散文家等。不论是国内外，文学评论家都将是否具有"史诗"性作为评判一部作品思想性和艺术性高度的标准。"史诗性"主要表现为以革命史实作为叙述主题，试图揭示社会发展的本质和规律，以证明现实的必然性和历史变化的正当性。但是，"史诗性"并不是目的，而是小说家们通过书写"史诗"，抒发自己对无产阶级革命和社会主义建设的感受和想象。新中国成立以后，"红色经典"文学真实地记录了我国一段历史时期中华民族的不易与艰辛，是当时人们的精神支柱，是具有"史诗性"的作品。本文通过分析"红色经典"文学叙事的宏大、风格的崇高、超越之态，进一步挖掘其史诗性的特征及其意义。

一、宏大叙事的表现形式

史诗性在艺术上追求宏大叙事。新中国成立时期，刚刚经历过革命的文学家有积极参与社会现实的极大热情，有回望历史本质并将其记录下来的迫切愿望。此时，"史诗"或者"史诗性"成为了"红色经典"小说的创作追求，它赋予了作品审美追求和艺术震撼力，因为

---

　*　张静，西安培华学院人文学院教师；陈芳清歌，西安电子科技大学人文学院研究生；赵伯飞，西安电子科技大学马克思主义学院教授。

小说所需要弘扬的崇高英雄气概和革命精神可以通过展现宏大的历史场景来表现。史诗创造的庄严性要求创作者"由洞察历史的睿智出发，努力拓宽历史叙事的宏大视域，从而对历史真实给出巨大的艺术概括。一言以蔽之，艺术家的主体在历史面前只是一个'小我'，这个'小我'需要融入历史并升华为历史的'大我'，将艺术家的个性置于历史与现实的交汇点上来予以锤炼，由此而开拓出一种为红色史诗所独具的美学品格及其风采。"

（一）开阔的人生命题

"红色经典"文学表现出来的内容是凝重的，它需要作者对历史有深刻的认知，从宏观把握时代精神、民族精神，并将之表现在具体的生活方式、风俗人情、地理环境的描写中。它不仅记叙了革命发生和社会主义建设的客观性和必然性，还讨论了"人的价值"的问题。它所反映的不只是某个重要的历史时期，更是一个重大历史变化，其中包括社会环境和人性两方面的变化。"红色经典"文学关注社会和人的生活境遇、内心困惑和人性深度，将"选/不选择革命""走/不走社会主义路线"这两派人物的心理环境和人生命运在作品中表现得淋漓尽致，如果选择了会怎样？如果不选择会怎样？如果倒戈反动会怎样？如果一步步觉醒会怎样？……如何对各种交织在一起的矛盾的人生命题进行选择，成为决定小说人物命运的关键，也解答了读者在心中的疑问。"人的价值"是"红色经典"文学的内在精神，并不急于向我们展示英雄人物的完美形象，而是记录了随社会环境的变化中英雄人物的成长，最终体现对人性真善美的理想追求。

《青春之歌》中的林道静原本是一个小资产阶级出身的少女，初入社会后，人生观、价值观受到政治热情的影响开始发生改变，通过她与不同男性之间的情感纠葛，我们不难看出她一步步走向成熟时内心世界的变化。《创业史》不同于以往农民题材作品所描述的苦难史、起义史，而是一部成长史，述说了中国农民的觉醒。它向我们证明了走社会主义道路是中国农民的唯一出路，而社会主义在中国农村的诞生，是经历了同旧社会、旧制度、旧观念的激烈抗争才实现的。"《红旗谱》展现了一幅绚丽多姿、壮阔雄浑的农民革命的历史画卷。小说通过三代农民不同的人生道路和斗争道路，概括了中国农民从自发反抗到自觉斗争的历史转折。正是在这种意义上，小说获得了史诗式的内容。"这些作品除了记录大时代中的大事件，还书写了大事件中人对自己个人价值的定位和选择，人只有认清社会发展的潮流，才能不被历史淘汰。积极参与革命，选择走社会主义道路，才能完成个人灵魂的升华，真正实现"人生价值"。

（二）宏大的革命题材

新中国成立之后，农村和革命史是"红色经典"文学的创作题材。《红旗谱》的作者梁斌曾说道："想完成一部具有民族气魄的小说，首先是小说的主题思想问题。"史诗性小说通常具有题材宏大这一特点，一方面表现在主题关注特殊时期的有代表性的历史事件，另一方面表现在其宏大叙事方面，即小说叙述了一段完整的历史，主题明确，并且连贯统一。史诗性写作为了满足社会现实的需要，其宏大的题材对于呈现中国革命的正义性和社会主义现代化建设的必然性有极大的现实意义，能够唤起人们对国家的认同感和民族责任感。"红色经典"文学作家本身就是一些革命历史事件的亲历者，具有强大的述史情怀，有通过文学表现时代主题的动机。所以他们在创作时选择宏大题材，通过描写宏阔的生活画面和多卷本写作，展现当时的时代全景。那一时期的文学着重表现强烈的英雄主义色彩，给人以崇高、壮美的审美感受，而"革命"和"农村发展"两类题材最容易表现出英雄主义和爱国主义精神。

梁斌在创作《红旗谱》之前亲历反割头税运动、二师学潮、"四·一二"政变，熟读马克思列宁主义书籍，深知中国革命的必要性，确定了阶级斗争这一主题。《创业史》为我们描绘了二十世纪五十年代中国农村的真实生活画面，显示丰富的民族精神内涵，具有深沉的历史感。柳青曾说："《创业史》这部小说要向读者回答的是中国农村为什么会发生社会主义革命和这次革命是怎样进行的。"合作化是新中国成立后农村地区最迫切解决的问题，《创业史》《山乡巨变》正记录了那个时期社会主义建设在农村的艰难发展。《保卫延安》叙述了我党对革命圣地延安主动放弃和最终收复的艰辛过程。《红岩》写了解放战争中，重庆地区的地下斗争和最终取得胜利的故事。"红色经典"文学的主题都选择了那个时代社会主流所关注的问题，从革命战役到国家解放，从阶级斗争到农村建设，无一不是涉及整个中华民族的大事件，记录了中国历史的一个个转折点。作品在题材选择方面注重"宏大"，体现了"红色经典"文学的史诗性特征。

（三）巨大的场景与规模

"红色经典"文学史诗性特征还体现在其体式展现的巨大规模上，小说中描写的广博的地域环境、宏大的战争场面，交织在一起的主副线、高度概括的意象都体现了这一点。小说巨大的规模形成了结构复杂、画面恢宏、英勇悲壮的"史诗"，带给我们磅礴气势之感，使读者身临其境，感受到战争或者农村体制改革的不易与激烈。"红色经典"文学在体式上的巨大规模，全知全能的叙事视角，充分体现了其宏大叙事和"史诗"品格。

巨大的规模体现在三个方面，首先是地理空间架构开阔，包含了博大的历史文化。《红旗谱》从卢沟桥事变写起，写到晋察冀敌后抗日根据地，再写到保定地区的土地改革，充分呈现当时整个晋察冀地区真实生活场景和独特民俗风情。《红岩》再现当时重庆地区的社会生活状态，展现了国民党统治下重庆民不聊生的状态和暗藏在群众中的斗争精神。其次是主副线结合，"革命历史"必然是"红色经典"文学的主线，和穿插在其中的条条副线交织出了作品巨大的规模。《红日》中沈振新和黎青的爱情是小说中的一条副线，多角度地写出人性美。《红岩》以革命党人和反动派在狱中的斗争为主线，以我党的地下工作和其领导的工人运动、学生运动，农村的武装游击斗争为两条副线，这三条线索组合为一个整体，全面展现广阔的社会生活图景。最后是意象具有高度概括性、整体性。《红岩》这部作品景物描写具有很强的目的性，强烈突出"政治环境黑暗"和"斗争艰辛悲壮"两个中心点。"抗战胜利纪功碑，隐没在灰蒙蒙的雾海里，长江、嘉陵江汇合处的山城，被浓云迷雾笼罩着。这个阴沉沉的早晨，把人们带进了动荡年代里的又一个年头。"重庆这座城市的地形样貌本身就有拥挤与压抑之感，"灰蒙蒙的雾海""阴沉沉的早晨"象征了国民党最后的疯狂与黑暗血腥的统治，营造出地下工作环境的险恶氛围，渲染出一种压抑的惨烈悲壮之感。

二、崇高风格的理想主义精神

史诗叙事的核心是一个国家或民族自立于世界的"英雄情结"。在"红色经典"文学的创作中，艺术家作为参与史诗创造的主体，站在崇高的出发点，通过塑造一批富有革命理想主义精神的英雄人物，以表现其美的人性光辉和高昂的拯救情怀，从而充分体现史诗性小说的崇高风格。"红色经典"文学具有一种崇高的美，它肩负着建构主流话语及其价值体系的使命，是中华民族的时代记忆，自觉地体现着我们民族和国家所确定的文化规范与方向，它对于民族文化的重建具有深远的崇高意义。

（一）理想主义的英雄气概

理想主义形成于信仰之中，有信仰、有理想的人我们一般称之为理想主义者。新中国成立后小说中的英雄人物是革命理想主义的载体，对他们的描写是一种崇高化写作，因此，"红色经典"文学是对英雄主义的讴歌。这些英雄人物如江姐、少剑波、杨子荣等，他们对革命理想的坚守、为革命事业的牺牲，以及身处困境中对革命的乐观和激情，充分彰显了革命理想主义精神。当时社会主流意识形态所宣扬的革命理想主义，正是通过这些"半神"的英雄形象所阐释出来的。理想主义的英雄在革命历史题材小说中主要表现在三个方面，首先，英雄主义者往往也是理想主义者，这些无产阶级革命者是被革命理想所主宰着投身中国革命的。一个朝气蓬勃的党是不能没有崇高理想的，而革命理想便是实现社会主义，解放全中国，实现国家发展和繁荣富强；其次，小说中英雄人物身上所体现的个性、品质是理想化的，因为他们在国家主流价值观和社会审美期待的双重影响下失去了人的基本欲望，变得"非人"化、"超人"化；最后，革命者身上的英雄主义精神更加激励人民群众为了理想而英勇奋斗，自觉投身于革命斗争和社会主义建设中去。"红色经典"文学中人物身上体现出的革命理想主义和革命英雄主义是当时那个时代的必然需求和精神信仰。

挺拔、坚毅，一身浩然正气是《林海雪原》中杨子荣的形象，他是一个"神"化了的英雄，是"红色经典"文学中的"传奇"。根据小说第十五章中杨子荣身世，父亲为地主恶霸折磨致死，母亲积怨成疾，妹妹被卖，自己差点被害死。最后，这仇恨激励着他参加了八路军，使他对人民解放事业抱着无限的忠心。由此我们可以看出杨子荣内心深深埋藏的革命理想——解放人民，解放全中国。小说中杨子荣满肚智谋，浑身是胆，单枪匹马闯威虎山并带领战友们成功剿匪。进威虎山之前，为了让自己变得更像胡彪，狂练三天土匪的习气。但是三天的练习怎么就能让他五六年的人民解放军老战士的习惯消失的不留痕迹呢？很明显这里作者将杨子荣的能力完美化了，因此，杨子荣可以说是理想主义英雄人物的代表。

（二）高昂的拯救情怀

革命是"红色经典"文学的叙事主题，人物的个性、价值观都要通过这个主线来表现。革命的目的是为了中华民族的美好未来，将处于长期压制下的贫苦大众从水深火热中拯救出来，真正翻身做主人。在革命过程中，英雄人物作为获得至善的牺牲品，身上存在着一种浓厚的受难情结。这种"受难"被创作者视为取得革命胜利的必然和反衬坚强意志的手段。在中国文艺领域，古典美是壮美和优美，但是到了近代，崇高美成为审美新标准，并且它是建立在社会阶级尖锐对立的基础之上。"红色经典"文学是古典壮美结合近代崇高的典范，在对立中追求均衡、和谐，所以那个时代的中国不能逃离走向社会主义的最终命运。和古典壮美不同的是，近代崇高是由悲剧导致。近代悲剧中人物的命运常常为精神上的无家可归，亦或肉体走向死亡，再或是自我分裂、破碎。"红色经典"文学中，肉体背后隐喻着至高无上的精神，肉身的死亡被赋予了崇高的涵义——精神的解放。因此，用牺牲来拯救整个民族便成为革命者的崇高理想，成为他们实现自我价值的必经之路。

《红岩》中的江姐、许云峰受刑最重，毫无疑问地成了小说中最受尊敬的两位英雄。身体的摧残迎合了革命者本身的内在精神要求，也迎合了当时社会主流对革命精神的价值评判标准。苦难促进英雄奋起反抗，改变自身境遇，最终取得革命胜利。在"红色经典"文学中，英雄壮烈牺牲之后，往往革命的曙光就要来到，似乎英雄成了获得胜利的牺牲品。战争胜利前 10 小时，江姐等一批革命者被特务残忍杀害，她在赴刑之前说道："如果需要为共产主义的理想而牺牲，我们每一个人，都应该、也可以做到——脸不变色，心不跳。"从她的话我们可以看出在革命者心中，为革命而死是一件光荣的使命，他们的牺牲可以激发更多战友的革命激情，同时避免了一些革命者的牺牲。黑格尔说："战争情况中的冲突提供最适宜的史诗情境，因为战争中整个民族都被动员起来，在集体情况中经历着一个作为整体去保卫自己。这个原则适用于绝大多数史诗。"从这个角度来看，"红色经典"文学中英雄人物身上高昂的拯救情怀充分体现了史诗性小说的崇高风格。

（三）民族文化的重建

"史诗性"文学将文学以形象化的审美方式与历史结合，它比枯燥单一的历史叙述更具吸引力和感染力。在"红色经典"文学产生时期，创作者们用历史叙述者的身份客观记录历史，也就意味着他们将中国革命和社会主义建设初期阶段的历史真实地交付给受众。"红色经典"文学在具体的历史史实中展开叙述，成功掌握新时期社会主流话语体系，通过生动的叙述有效地建构了那个时代的民族文化，形成文史互证。民族文化重建指的是一个民族文化的发展需要符合时代发展潮流，在一次次传承经典、去除糟粕后，建设具备现代特色的新文化。民族文化的重建一方面需要将个人形象上升到国家形象，这个过程需要人民群众的广泛参与。在"红色经典"文学创作中，小说作家着重对具体人物形象进行构建，用个人革命理想表现主流意识形态和社会主义价值观，用个人形象（英雄形象）代表国家形象（阶级形象），从而将小说爱国、革命的精神内核宣传给读者，获得他们的认同和共鸣。重建民族文化的另一方面，是要从建构主体扩展到建构国家，这里建构主体指的是英雄人物的成长。小说中英雄人物的价值选择和行为模式，充分表现了当时主流意识形态，完美地契合了时代审美心理和文化想象，体现了作品的崇高风格。

《创业史》中的合作化运动带头人梁生宝，在党的教育下，决心走一条社会主义创业大路。他淳朴、厚道、谦逊，热爱社会主义，富有牺牲精神。当困难户难度春荒之时，他组织人们进山割竹，一切为群众办事。梁生宝勇于进取、坚韧不拔、求真务实的崇高形象是新时期农民阶层的典型形象。社会主义建设造就了他的高尚品格，对他而言，他是代表社会主义的。《红旗谱》中朱老忠跨越旧民主主义革命和新民主主义革命两个历史时期，除了继承传统农民的豪爽正直、坚毅不屈的斗争精神，在新民主主义革命斗争中，他又提高了社会觉悟，成为一个具有高度共产主义觉悟的农民英雄典型。"红色经典"文学中的人物特征符合新时期的时代特征，他们摒弃了传统文化中的等级观念、封建思想、性别歧视等糟粕，重建了一个发扬爱国主义精神、民族革命精神，追求社会主义，追求自由平等的新中华民族文化。

三、超越现实的思想力量与艺术价值

"文学的超越性，是指文学对现实的超越，即文学超越现实生活中的羁绊，超越社会功利目的的制约，反映出人类生活和人的生命中最内在、最本质、最具有永恒性的东西。"作家在创作过程中，除了立足现实，还应具有"超越的观点"，才能洞穿历史创作出伟大的文学经典。"对深度模式的追求是西部叙事的一个重要特征。它要求叙事本身有头有尾、中心

结构突出、边缘明确、具有气势和冲力、有自我完成能力和相当的风尘感与沧桑感、有一定的史诗效果。也因此，较大的空间跨度与时间跨度、场面与气魄、旷野般的'公开性'、事件的规模形态、内部的驱动力量、整体上的庄重感就成为这类小说的一个特点。""红色经典"文学拥有宏伟浩大的时空结构，具有探寻生命本质，追求真善美的力量。它的超越性指三个方面，首先是产生故事的背景环境跨越一段时空，"红色经典"文学叙述的都是一段历史时期内的事；其次是小说在产生之后千百年都具有引人入胜的力量，会激发不同时代人的内心共鸣；最后是对现实的超越，文学创作在现实生活基础上，但绝不是对现实生活简单的写照，而是对它的升华。"红色经典"文学具有超越性，将革命历史真实生动地演绎进人民群众心中，在当今时代，这一系列作品依旧具有极高的历史价值和艺术价值。

《创业史》长达 34 万多字，写的是 1929 年至 1954 年陕西关中平原农村发生的变化，正文部分由几个空间场面串接而成，因其时间、空间跨度之长、广被赞为"史诗"。《青春之歌》中的林道静在小说结尾，不仅追寻到了自己的人生目标，成为一名无产阶级革命战士，更是通过革命爱情达到了超越自我，她的人性更加趋向完美。"红色经典"文学作家大多都是历史亲历者，他们在创作时并没有直接将自己在参与革命中的所见所闻记录下来，而是加入了一些虚构，站在后世的角度回望历史，将现实真实超越为艺术真实。这样的做法一方面不失情节真实感，也为小说增添了可读性和艺术价值。柳青曾经对优秀作品的生命力标准设定为五十年，他说："任何一部优秀作品，传世之作，决不是专家、编辑和作家自封的，至少要经过 50 年的考验，才能看出个结果。"在六十多年后的今天，《创业史》等一批"红色经典"文学的史诗风范和气魄，让我们从作品中依旧能感受到其蕴含的深刻思想力量和艺术价值。

"红色经典"文学审美的当代价值

张　　静　　陈芳清歌　　赵伯飞*

摘　要："红色经典"文学具有深刻的审美意蕴，曾经承担着帮助国家构建意识形态、阐释自身存在合理性的政治使命，是宣传社会主流意识形态的工具。今天随着消费时代的到来，物质生活的丰富，人们的精神世界却开始变得空虚。"红色经典"文学成为党和人民用以缅怀英雄、纪念历史的时代作品，可以提升人们的民族认同感和社会责任感，从而进一步推动"中国梦"的实现。本文结合"中国梦"阐释"红色经典"文学的当代价值，从而激发人们对"红色经典"文学的关注和民族精神的学习。

关键词："红色经典"文学；价值；审美意蕴

"中国梦"寄托着中国人民的民族自豪感和强国富民的共同愿望，是实现我国民族复兴之路，是全部中国人的圆梦之路。自党的十八大召开，习近平总书记提出了"中国梦"这个重要的指导思想和执政理念，他将"中国梦"定义为"实现中华民族伟大复兴，就是中华民族近代以来最伟大梦想"，并且表示这个梦一定能实现。"中国梦"之"中国"，表示扎根中国民族传统，符合中国特色社会主义发展，不是妄图复兴封建社会兴旺的梦；"中国梦"之"梦"，不是一般意义的梦，而是指我国在发展社会主义建设的一个整体意识形态，具有极大的民族凝聚力，是中华民族为之奋斗的共同理想。因此，"中国梦"是立足于中华民族从传统观念向现代理念转型的国家思想意识形态和执政目标导向。综上所述，"中国梦"是一个多层次、多元化的广博概念，对个体而言，是实现富裕、走向幸福的"富民梦"；对集体而言，是摆脱"中国威胁论"的"强国梦"；对中华民族而言，是实现五千年文明觉醒的"复兴梦"；对世界而言，是兼济天下、包容共生的"和谐梦"。党和人民借用"红色经典"文学缅怀英雄、不忘历史，体现着极高的民族认同感和社会责任感，有助于推动"中国梦"的实现。

一、民族文化复兴的需要

习近平总书记在 2014 年 10 月 15 日于北京召开的文艺座谈会上强调："文艺是时代前进的号角，最能代表一个时代的风貌，最能引领一个时代的风气。实现'两个一百年'奋斗目标、实现中华民族伟大复兴的中国梦，文艺的作用不可替代。""红色经典"文学蕴含着深厚的"红色文化"，具有强烈的时代感召力和社会影响力。其中，"红色文化"指的是，在中国共产党的领导下，广大人民群体在探索中国特色社会主义道路建设发展中，在实现中华

* 张静，西安培华学院人文学院教师；陈芳清歌，西安电子科技大学人文学院研究生；赵伯飞，西安电子科技大学马克思主义学院教授。

民族伟大复兴的历史奋斗进程中，实现于客观世界和主观世界的一切物质与非物质的文化财富的总和。

（一）"红色经典"文学是建设社会主义文化强国的精神保障

十八大报告指出，"要坚持以人民为中心的创作导向，提高文化产品质量，为人民提供更好更多精神食粮"。在革命战争年代和社会主义建设时期，"红色经典"文学作品构建了一个年代的集体记忆，是那个时代的文学的潮尖。今天，随着新一代青年人理想信念的逐步缺失，一些人对斗争岁月的艰苦历史表示遗忘与不屑。"红色经典"的重温和改编便显得尤为重要，它不仅能够唤醒整个中华民族的"红色记忆"，而且能教育中国人树立正确的价值观和精神追求。务实是在我国千百年农耕文化影响下形成的一种民族精神。"红色经典"文学所表现出的核心精神体现了我党廉洁从政教育所要求的务实、为民、清廉。廉政是德孝之美，是忠信之美，是礼义之美。"红色经典"文学中英雄人物身上坚定的革命理想和社会主义信念是干部廉洁从政的精神支柱，他们在阶级斗争中表现出的艰苦奋斗、自强不息精神是当今干部廉政教育的基本要求，而依靠群众、关心群众的行为准则是党员干部做一切事情的根本出发点。

习近平总书记在文艺座谈会上指出，"中华优秀传统文化是中华民族的精神命脉，是涵养社会主义核心价值观的重要源泉，也是我们在世界文化激荡中站稳脚跟的坚实根基。要结合新的时代条件传承和弘扬中华优秀传统文化，传承和弘扬中华美学精神。"党的十八大报告还指出，"文化是民族的血脉，是人民的精神家园。要建设优秀传统文化传承体系，弘扬中华优秀传统文化。""红色经典"文学中蕴含的"红色文化"承载着中国人民身上所具有的优秀民族文化特质，它是中华优秀传统文化的重要组成部分，向我们展示了中国文化的独特魅力。英雄人物身上所表现出的真善美，以及他们为追求革命胜利而体现出的种种精神品质和优秀传统作风，代表着"红色经典"文学中深厚的文化资源。此外，"红色文化"包含着的爱国主义、民族主义、英雄气概等精神文化，是十分宝贵的教育资源，有助于引导中国人民在当今时代发展社会主义精神文化建设，不断产生思想觉醒。

党的十八大报告还提出，增强全民族文化创造活力是建设社会主义文化强国的关键。"红色文化"的传承和创新要坚持中国特色社会主义文化发展道路，以爱国主义为核心的民族精神和改革创新为核心的时代精神引领创新。对于"红色经典"文学来说，去政治功利化，适当使英雄人物人性化，不但尊重了原作、尊重了历史，还有效传播了社会主义主流意识。同时，重温"红色经典"有助于丰富人们的精神文化生活，增强全民族文化创造活力，"红色经典"文学高度凝结了中国几千年来的优秀民族文化精神，当今社会对这一系列作品所作的适当改编、再版、重播、翻拍，有助于为中国传统文化源源不断地注入时代活力，从而推动"红色文化"的创新发展。只有这样，才能做到切实解放和发展文化生产力，加快民族文化复兴的步伐。

在当今社会环境下，"红色经典"已经"不只是一种文学现象，更是一种大文化现象，其思想文化方面的大我意识、群体原则、英雄理想、济世情怀、道义为本、精神至上等元素，其艺术审美方面的史诗意识、阳刚气质、崇高美、悲壮美、民族化大众化风格等元素，都值得认真总结提炼，并且应当把它们置于丰厚的传统文化艺术的背景之下，在开阔的世界文化艺术格局当中去考察"。

（二）"红色经典"文学是建设社会主义核心价值观的重要途径

党的十八大向党和全国各族人民提出了"倡导富强、民主、文明、和谐，倡导自由、平等、公正、法治，倡导爱国、敬业、诚信、友善，积极培育和践行社会主义核心价值观"的要求。马克思列宁主义、中国特色社会主义、爱国主义为核心的民族精神和改革创新为核心的时代精神以及社会主义荣辱观是构成社会主义核心价值体系的重要组成部分。社会主义核心价值体系是一个庞大的框架，它的提出是我国关于社会主义文化建设迈出的重要一步。重温"红色经典"文学、弘扬"红色文化"有利于增强马克思主义的指导地位，有利于坚定中国特色社会主义道路，有利于培育爱国主义精神和民族文化精神，有利于树立以"八荣八耻"为主要内容的荣辱观。

习近平总书记 2014 年 2 月 24 日在中共中央政治局第十三次集体学习时的讲话说道："培育和弘扬社会主义核心价值观必须立足中华优秀传统文化。牢固的核心价值观，都有其固有的根本。抛弃传统、丢掉根本，就等于割断了自己的精神命脉。博大精深的中华优秀传统文化是我们在世界文化激荡中站稳脚跟的根基。""红色经典"虽然主要表现的是革命时期的历史事件和人物精神，但是它的形成过程与社会主义核心价值体系的形成过程却是一致的，即融合党的自我探索与反思以及人民群众的大力支持，具有十分深远的现实意义。"红色经典"文学的社会现实意义，就是社会主义核心价值体系——"富强、民主、文明、和谐、自由、平等、公正、法治、爱国、敬业、诚信、友善"这 24 个字在文学领域的展现，它具有社会主义核心价值体系的引领优势。

二、道德理想树立的要求

我国主流意识形态将"红色经典"文学作为特殊时期历史事件叙述的合法想象，因此，它极力维护"红色经典"所表现出的核心精神，并要求在当今社会重新树立革命战争年代的价值观。"红色经典"文学充斥着爱国主义、民族主义精神，英雄人物身上所表现出的坚强、勇敢、勤劳、乐观、诚信……展现了广大无产阶级的崇高形象和道德情操，有助于激发广大人民关于那段历史的革命情愫，从而向他们弘扬现代社会逐渐缺失的民族信仰，以树立正确的道德理想。

（一）"红色经典"文学是社会主义荣辱观的具体体现

社会主义荣辱观是以"八荣八耻"为核心的荣辱观，是对中华民族传统美德的提炼和升华，是公民道德建设的重要标尺。俗话说，只有知荣辱，才能辨美丑。一个荣辱不分的人，必定是道德缺失的人。"八荣八耻"提倡的热爱祖国、服务人民、崇尚科学、辛勤劳动、团结互助、诚实守信、遵纪守法、艰苦奋斗，均是"红色经典"文学中英雄人物身上的美好特质。而危害祖国、背离人民、愚昧无知、好逸恶劳、损人利己、见利忘义、违法乱纪、骄奢淫逸这几项失德行为在叛徒、特务、地主的行为言语中反映得淋漓尽致。社会主义荣辱观是在中国共产党多年来的实践中总结提炼的，而"红色经典"文学正好记录了这段革命历史和社会主义建设史。由此可见，"红色经典"文学所蕴含的"红色文化"和社会主义荣辱观有着高度的统一性，社会主义荣辱观是当今社会对"红色文化"的时代解读。

习近平总书记曾说道："中华文明源远流长，蕴育了中华民族的宝贵精神品格，培育了中国人民的崇高价值追求。自强不息、厚德载物的思想，支撑着中华民族生生不息、薪火相传，今天依然是我们推进改革开放和社会主义现代化建设的强大精神力量。""红色经典"中的一个个英雄人物充分向我们展现了共产主义理想、爱国主义精神、全心全意为人民服务等我党优秀革命道德，而在今天，这些高尚精神被总结成了以"八荣八耻"为核心的社会主义荣辱观，对公民道德素质教育、引领社会风尚方面有着极其重要的作用。主要体现在以下三个方面：一是"红色经典"文学是社会主义荣辱观建设的思想素材，江姐就是"以服务人民为荣，背离人民为耻"的榜样；朱老忠是"以辛勤劳动为荣，以好逸恶劳为耻"的典型；林道静则以用学习马克思列宁主义精神的实际行动向我们证明"以崇尚科学为荣，以愚昧无知为耻"。二是"红色文化"为我国人民树立社会主义荣辱观起到了价值引领的作用，"中国共产党自诞生之日起，就以实现中华民族之荣、血洗中华民族之辱为己任"。"红色经典"文学中的英雄人物向我们很好地展现了他们这一高尚的价值取向，进而成为人们实践"八荣八耻"的引路灯。三是精神动力作用。"红色经典"文学是我国文学领域的经典之作，我们有义务将它弘扬和传承，而在这个过程中，重温革命英雄人物崇高精神的行为不断教育着我们树立正确的道德理想，牢固树立以"八荣八耻"为核心的社会主义荣辱观。

小说中朱老忠是一个典型的勤劳、务实、善良的农民英雄，他鄙弃华而不实，脚踏实地地追求丰富有意义的人生。《保卫延安》中的周大勇曾表示，我军能打胜仗，那是因为凭借着毛泽东军事思想和人民群众。在《红岩》第二十五章，江姐在狱中坚定地表示，改变贫穷、落后的面貌，建设一个崭新、富强的国家，是一个壮丽的事业。我们的革命，对世界、对人类，将来应该作出更多的贡献。这些革命英雄在斗争最艰难的时刻，心中依旧挂念着党和人民，将共产主义事业看得比生命还重。一批英雄虽然倒下，但整个中华民族站起来了！叛徒甫志高家里请佣人、喝茶讲境界，这种与无产阶级革命者身份严重不符的生活追求，暗示了其日后对革命的必然背叛。相比之下，工人阶级出身的陈松林对"香片？龙井？乌龙茶？"的应答，表现了一个真正的共产党人应有的境界。在这些英雄人物身上，我们看到了"以热爱祖国为荣""以服务人民为荣""以艰苦奋斗为荣"……这些都是践行以"八荣八耻"为核心的社会主义荣辱观所要求做到的。

（二）"红色经典"文学是有效培养大学生主流价值观的重要渠道

随着消费时代的发展，信仰缺失、价值扭曲、功利拜金已经成为大学生群体面临的严重思想问题。这些问题如果不加以矫正，将会在青年人人格完善的关键阶段产生恶劣影响，严重者将会走上犯罪和自我毁灭的道路。因此，加强对大学生的思想教育已经成为教育部门迫在眉睫的关键任务。而"红色经典"文学中反映出的社会主义信仰、爱国主义精神、民族凝聚力对于加强大学生思想意识教育有着极大的价值意义。

"红色经典"文学对大学生群体具有审美教育功能，首先，"红色经典"有助于学生们了解历史，从而增强他们的民族凝聚力和社会责任感。大学生们充满激情与热血，很容易对一个事物产生极端的崇拜。因此，正确了解"红色经典"，对于激发他们的爱国情绪和民族情结有着巨大的引导作用，只有通过学习那段艰辛的斗争历史，才有助于他们产生崇拜英雄、仇视敌人和同情同胞的崇高情怀。其次，提升大学生的人文素养是"红色经典"文学的第二个教育功能，这些作品是中华民族的文化遗产，是珍贵的语文教材、历史教材和思想教育教材，它对于学生们增长见识、丰富才干有着重要作用。最后，青春激情是青年人身上独特的、最宝贵的财富，《林海雪原》中的杨子荣、《青春之歌》中的林道静、《红岩》中的江姐……他们对革命的激情和对党和人民的献身精神，能够很好地教育大学生不浪费短暂的青春，将光阴投入到学习和为社会主义现代化事业奋斗中去。

对于新一代的大学生来说，互联网、电视是他们了解"红色经典"的主要渠道，而通过阅读原作学习的人很少。因此，相关教育部门首先应该注重引导大学生进行原作阅读，毕竟原作中蕴含的丰富内容不可能完全展现在影视剧中。作为教师应当选取适当的"红色经典"文学作品向学生推荐，定期组织学生做报告分享读书心得，促使其主动阅读。其次大学中应当开设"红色经典"影视鉴赏课。在教学过程中播放《青春之歌》《林海雪原》等改编电影，通过引导学生分析人物、鉴赏影片的方式，增强他们进一步了解"红色经典"，阅读原作的兴趣。最后，开展类似红色歌曲比赛、红色知识竞赛、改编话剧、参观红色基地等实践活动，让大学生们自己走进"红色经典"、演绎"红色经典"，更深刻地感受"红色经典"的魅力。

三、文化产业发展的方向

"红色经典"文学不仅仅是一种文化资源，因其具有良好的品牌效应，还是一种重要的经济资源。它所包含的"红色文化"可以被转化为文化产业，从而带来丰厚的经济利益。纵观我们身边，大量"红色经典"文学被翻拍成电影、电视剧，如2008年播出的《小兵张嘎》、2014年上映的《智取威虎山》等；延安、重庆等一批地区红色旅游资源被开发；大多"红色经典"文学作品被重印、再版……此外，还有许多和"红色经典"相关的绘画、音乐、视频、游戏等。由此可见，随着人们逐渐意识到"红色经典"文学的市场价值之后，它俨然成为我国文化产业的重要组成部分。

当今社会，"红色经典"文学在我国文化产业中的发展主要表现为影视剧的热播及红色旅游的发展。自1991年以来，中宣部组织实施的"五个一工程"已经评选了十三届，前十二届"除去理论文章和理论文献电视片外，共有304部红色经典文艺作品获奖，其中电影72部，电视剧131部，戏剧57部。"第十三届评选中又涌现出如《一号目标》《走过雪山草地》《听风者》等一批优秀革命历史题材文艺作品。这些影视作品在制作时，参照不同年龄段的审美需求，抓住中老年的"怀旧"心理、青少年的"猎奇心理"，从而吸引了不同年龄段的受众群体，取得较高的收视率。但是，"红色经典"影视剧创作者应该遵守以下三个原则，才能真正创作出脍炙人口的影视佳品。首先是坚定革命理想信念。理想信念是一个国家、一个民族凝聚奋发的精神动力，只有这样观众才能在观看中深化共产主义信仰；其次要弘扬以爱国主义为核心的民族精神。"红色经典"影视剧通过激昂的音乐、生动的画面，巧妙的将原作中的爱国主义精神宣传给广大人民群众；最后，树立艰苦奋斗的优良传统。只有在消费时代树立艰苦奋斗的民族精神，才能有助于人们树立正确的人生观、价值观，才能尽快实现"中国梦"这个伟大目标。

除了影视作品，红色旅游的兴起也是"红色经典"文学对我国红色旅游以及文化产业的发展起到重要的影响。红色旅游指的是人们在革命战争时期，人民在中国共产党的领导下反抗侵略、奋勇抗争、顽强拼搏，从而彰显爱国主义精神和民族精神的重大历史事件、重要英雄人物的历史文化遗迹去缅怀学习、参观游览的活动。据《中国旅游报》2015年2月6日报道《2014年全国红色旅游持续快速发展》，"据不完全统计，全国红色旅游景区景点全年接待游客预计达到9.07亿人次，同比增长15.39%，占国内旅游总人次的四分之一；红色旅游综合收入达2264.78亿元，同比增长14.06%；直接就业130.6万人，间接就业510

万人,同比增长 6.7％和 10.87％……78％以上的游客自费参与红色旅游,85％的受访游客对红色旅游兴趣浓厚。"通过分析报纸的调查显示,由于近几年"红色经典"影视剧热播,人们参与红色旅游的积极性得到提高。许多人希望能够通过红色旅游,一边欣赏绿色自然景观放松心情,一边学习红色人文景观所展现出的革命历史知识。这一诉求充分体现出了红色旅游景区的教育引导作用,它们不仅是培育社会主义核心价值观的重要基地,还是成为引导人民、教育人民的重要场所。同时,《中国旅游报》认为红色旅游已经成为推进旅游业改革发展的有力增长点,不断扩张的红色旅游产业链有效促进了餐饮、住宿、纪念品等红色旅游收入和投资结构,强力推动了我国文化产业的发展。

2015 年是"遵义会议 80 周年""中国人民抗日战争胜利 70 周年""陈云诞辰 110 周年""2016 红军长征胜利 80 周年"……这些纪念日有助于进一步推动红色旅游的发展。因此,从 2015 年开始,我国充分利用市场机制,加快文化产业对外输出,推动"红色经典"文学传承任务,保证"红色经典"影视剧高质量化,促进红色旅游国际化,只有这样,我们才能让"红色经典"文学永葆青春活力。

"高科技"的红色档案及当代价值

韦统义　夏永林　孙枝青*

摘　要：高科技是时代的，掌握时代高科技的先进阶级是推动时代前进的重要力量。在新民主主义革命时期，中共领导的人民军队中的知识分子群体，运用他们时代的"高科技"为中国革命建立了不朽功勋。挖掘这些浸没在历史深处的红色档案，阐释那个时代掌握着"高科技"的知识分子群体凝结的红色崇高的内涵，对于涵养社会主义核心价值观，增强社会主义核心价值观的价值深度和情感温度具有重要的价值和意义。

关键词：高科技；红色档案；红色崇高；社会主义核心价值观

一、时代的高科技及时代影响

高科技是时代的先进生产力和新社会的催化剂。从人类历史发展的纵向看，高科技是时代的和具体的，不存在跨时代的高科技，每个时代的高科技都是那个时代先进社会生产力的具体代表。作为时代先进社会生产力的代表，高科技不仅有力地重构着人类社会生产力的内在质素，也在深刻地改变着既有社会的内部基因。特别是高科技若为先进的社会阶级和先进的社会阶层所掌握，它就会为人类社会的进步提供更为强大的精神动力和智力支持，加速人类社会文明进步的步伐，实现历史的跨越。正如欧洲资产阶级用先进的蒸汽机——作为那个时代的"高科技"战胜了封建主的畜力双铧犁，迎来了资本主义在世界范围内空前的对旧秩序的颠覆性成果。这正是近代世界的欧洲经验以及欧洲经验世界化的体现。

在这股颠覆性力量的作用下，近代中国也呈现出让封建统治者震魄的三千年未有之大变局。当代表那个时代的先进生产力（相对于传统中国来说是当之无愧的"高科技"）被以各种形式引入中国后，中国由此孕育出了一个崭新阶级，并成为引出他们的各种生产关系的"潜在"掘墓人。"十月革命"一声炮响，他们自觉地成为旧生产关系和上层建筑的掘墓人，中国革命由此出现了大不一样的变化，成为世界无产阶级革命中不可阻遏的一股洪流。新中国由此而生，社会主义由此而始。中国新民主主义革命的历程表明，中国先进阶级的出现是由先进社会生产力孕育的，先进阶级中的先进分子特别是掌握着那个时代"高科技"的先进知识分子在中国新民主主义革命中发挥了中流砥柱的作用。

运用"高科技"为新民主主义革命服务，是我国先进知识分子群体的本质特征。鸦片战

---

* 韦统义，西安电子科技大学马克思主义学院副教授；夏永林，西安电子科技大学马克思主义学院教授；孙枝青，西安电子科技大学马克思主义学院研究生。

争以来，为实现中华民族伟大复兴，中国各阶级阶层尝试以不同方式实现救亡图存。但在轰碎这样一个旧世界建设一个新世界的实践中，只有代表中国先进生产力的先进阶级以及他们中的先进知识分子，建设和发展了一个崭新的新中国。在特殊的战场上，他们以热血和生命为中国人民的独立和富强建立了不朽功勋。由于特殊的原因，对于他们的历史功勋，有的到现在还无法见诸报端，无法让更多的大众了解这些血染的风采，以致他们彪炳史册的事迹浸没在历史的长河中，但他们在那个特殊战场所凝结的红色崇高，却始终阐释着共和国不变的价值追求。今天，站在中华民族伟大复兴的历史征途上，我们有必要在那些尘封的历史中，满怀敬意地去挖掘这些"高科技"的红色档案，为社会主义核心价值观不断输送永恒的养分。

二、新民主主义革命时期"高科技"的红色档案

在中国人民解放军的军史上和中国近现代教育史上，有这样一段永不消逝的"神话"。一个现代大学由"半步电台起家，中央苏区诞生，长征路上办学，延安精神孕育"而出。这段"神话"描述的就是由中共一手缔造的最早的红色军校——中央军委无线电学校训练班①。无线电通信，在 20 世纪 30 年代无疑是那个时代的"高科技"，当时的人们习惯于把这种长距离讯息传输的现代通信技术称为"千里眼"和"顺风耳"。"千里眼"和"顺风耳"在中国革命的早期年代，只能是国民党军队的专利，"高科技"还没有红色的档案。正是这个"军委无线电训练班"改变了这一切。1930 年底，红一方面军在中央苏区开展的第一次反围剿的战斗中，取得了龙岗大捷，缴获敌军电台一部②。运用这半部电台以及红军中掌握这种"高科技"的知识分子，中央红军创立了中共最早的红色军校——中央军委无线电学校训练班。他们将红色基因与"高科技"对接，由此为中国革命和中共军史创下了一个又一个第一，充盈着"高科技"为革命服务的红色历程。

开创了具有划时代意义的红色军队技术侦查革命。在人民军队的早期，敌情侦查活动基本还停留在地面、徒步、目击、捕俘、派遣等阶段。面对越来越复杂的军事斗争，这些较为原始的侦察形式已远远不敷军事需要。朱德总司令和毛泽东总政委认识到"使我们更能封锁敌军的电台，侦察其行动……要看清无线电的工作，比任何局部的技术工作都更重要些"③。正是这种自觉，促成了军委无线电训练班的成立。1931 年 1 月 6 日，在赤坎村龚家祠，王净、刘寅④利用一部三灯收信机首次收到了国民党中央社发出的新闻。这是红军首次使用无线电接收信息，标志着我军无线电侦察工作的开端，开创了我军技侦工作的先河。1932 年总司令部侦察科科长曾希圣在曹祥仁⑤的帮助下，以异禀的天赋，很快突破了国民党军用明码通话的缺陷，掌握了价值连城的敌情⑥。为避免军事失败和防止军情泄

----

①中央军委无线电学校，依次名称变更为中央军委无线电通信学校（简称延安军委通校），中国人民革命军事委员会工程学校（简称军委工程学校），现为西安电子科技大学。

②发报部分损坏，收报部分完整，史称半部电台。

③《通信兵回忆史料（第一分册）》（2），北京：解放军出版社 1997 年版。

④王净、刘寅，均为中央军委无线电学校创始人，教员。

⑤曹祥仁，曾任中国人民革命军事委员会工程学校（现西安电子科技大学）校长（1949.11－1950.3），红三军团无线电报务训练班一期学员。

⑥曹冶、伍星：《红军破译科长曹祥仁》，北京：北京时代弄潮文化发展公司 2014 年版。

露，国民党军此后采用由外国专家改进的密码编制，但1933年2月，曹祥仁、邹毕兆①还是在无任何其他技术支持的情况下，硬是用"自己的大脑"在江西南丰成功地破译了国民党军的第一个特别本密码。从而，将我军的侦查从台情侦查为主的阶段，进一步发展到以破译密码为主的新阶段，创造了为获取敌人核心情报的新路径。同时，红二方面军的张有年和王永浚②等也将无线电侦查技术成功运用到革命军事斗争中③。由于军事效果显著，人民军队至此自觉地将其视为军事斗争的必要组成部分。

丰富和深化了"红色地下交通"的内涵，提高了地下红色交通的有效性。地下交通是中共在土地革命战争时期非常倚重的通信手段，它的存在为传递党的指示、护送党的干部以及购置革命根据地急需的物资和医药发挥了不可替代的作用。但没有现代通信技术支持的地下交通也存在着党的指示和军情传递较为缓慢、便捷性差、保密性较差以及易遭到敌人破坏且恢复较为困难和缓慢的问题。1933年2月，湘赣省委在给中央的报告中提到"中央交通去年11月被破坏一次……现在虽已恢复，但因交通缺少，交通站没有很好建立，与中央交通要一个多月才能往返一次甚至两个月一次"。因而，改造红色地下交通的内涵和形式，提高其安全性、有效性，已成为革命活动有效开展的重要条件。军委无线电训练班的同学们接到上级指示，开始积极运用"高科技"型塑红色地下交通。当中，最具代表性的就是中央军委无线电学校训练班二期学员李白（电影《永不消逝的电波》的主人公李侠的原型），受党派遣于1937年赴上海执行党的秘密电台工作。在克服汪伪特务麇集、工作环境极其险恶的条件下，用无线电波架起了上海和延安之间的"空中桥梁"，为党在抗日战争期间和解放战争期间秘密传送日伪和美蒋方面大量情报达11年之久，用生命和热血诠释了"电台重于生命"的红色崇高。

协助开创了运用广播将党的声音和胜利的消息传遍边区的新时代。如何将中共中央和中央红军的消息传达给外部的进步力量，宣传中共抗日的政策主张，以及戳穿国民党的谎言，始终是中共中央急于解决而未解决的问题，主要原因是受广播通信器材缺乏的制约。1940年，时任军委副主席周恩来从苏联带回一部广播发射机，才使口语广播成为可能。为实现广播的顺利开播，从设备的安装、调试和试播，延安通校及军委三局④的材料厂在人员、技术和设备等方面都给予了强有力的支持。仅在1941年，延安通校十五期学员就有15人次分配到广播电台。他们不仅提供技术服务和支持，还和通校学员自组合唱队，现场表演"五月的鲜花""游击战之歌""大刀进行曲""延安颂"等革命歌曲。不仅成功地将党情、军情、民情及时传递给大众，也将兄妹开荒等文艺作品在各解放区传唱开来。不仅坚定了革命军民的革命意志，也在困难时期丰富了革命军民的文化生活⑤。

将红色革命技术实践理论化，奠基解放军密码情报理论。曹祥仁，西安电子科技大学校史上著名的校领导，不仅是用"高科技"出色地为革命服务的实践者，还是将红色革命技

---

①邹毕兆，中央军委无线电学校训练班二期学员。

②王永浚，曾任教中央军委无线电学校训练班，任弼时称其为"密码脑袋"；1939年7月，毛泽东主席在奖给王永浚的大笔记本上亲笔写下了"在奋斗面前没有什么困难"的题词。

③《通信兵回忆史料（第一分册）》(2)，北京：解放军出版社1997年版。

④军委三局、材料厂和延安军委通校人员编制不完全固定，人员相互兼任情况较多，如孙俊人等。

⑤刘嘉相：延安时期的军委通校，西电往事（西安电子科技大学档案馆，http://info.xidian.edu.cn/info/1010/6540.htm）。

术实践理论化的最早实践者。从 1932 年协助曾希圣破译国民党军的军事情报后，曹祥仁在以后不同革命历史时期，为中共领导的军队破译了国民党军的大量军事情报，以致毛泽东将其誉为红军长征的"走夜路的灯笼"、对革命有大功的人①；周恩来曾说"在江西和长征路上侦察工作起着很大作用，关系着全军生命性的问题，那时候曹祥仁同志立了很大功劳②。"曹祥仁在长期破译敌军情报的技术实践中，积累了丰富的实践经验。1941 年 7 月，他将自己的实践经验上升为理论，撰写了专著《密码学总论》。这是我军技侦工作第一部理论性著作，被认为是我军密码破译工作具有里程碑意义的权威性经典著述。与他同时，王永浚和李廉士、胡备文②也分别写出了破译学专著和无线电侦察专著。这是解放军情报史上具有奠基性和开创性意义的理论著作。解放战争时期，曹祥仁深刻地认识到单靠人脑是跟不上无线电通信技术发展的。因此，由他最早尝试将密码破译与数学应用结合起来，并在技术设备极其缺乏的情况下自制快速计算装置，尝试用机械计算的方法破译密码。通过不懈努力，他的创造性工作在辽沈战役中得到了林彪的嘉奖③。他说："二局的工作是决定战争胜败的关键"。

三、"高科技"红色档案中凝结的红色崇高

红色崇高是中共领导的革命军民在新民主主义革命时期在严酷的革命斗争环境下，用坚定的革命信仰、无畏的革命奉献精神、持久的艰苦奋斗的革命作风以及积极的革命乐观主义情绪凝结成的支撑中国革命从胜利走向胜利的伟大爱国主义精神。红色崇高既有革命军民的共像，也有红色军民在不同的革命年代、革命环境以及革命工作中的具体表征。作为那个时代"高科技"的掌握者，军委无线电训练班以及其后延安通校中的军中知识分子，用他们的智慧和热血诠释了属于他们的红色崇高。

"电台重于生命"。这既是李白烈士终生的座右铭，也是中央军委无线电学校及中央军委无线电通信学校全体将士共同的革命坚守。电台作为那个时代的"高科技"，对于人民军队来说是可遇而不可求的"奢侈品"。它对于确保人民军队不间断的指挥，侦查发现敌人的行踪以及传递党的声音具有无可替代的作用。他们深知电台对于革命和军队的巨大价值。无论是在长征途中，还是在祁连山下；无论是在战线前沿，还是在地下敌后，他们都自觉地将"电台重于生命"作为自己的座右铭。以特有的方式将"人在阵地在"的革命豪情，具体而热烈地予以阐释。

"前线高于一切"，甘为幕后英雄。千里眼、顺风耳的特殊工作形式，的确不需要通信官兵直接进行战场拼杀，但在另一个看不见的战场，他们却在不断地与敌人进行智力、毅力和能力的较量，破译反破译，侦察反侦察，干扰反干扰。他们的每一次成功，意味着革命战友在前线战场就会少一点牺牲、多一点主动。因而，"前线高于一切"的崇高使命，对于他们，就是每一分钟的坚持和每一次坚定的呼叫，就是为前线的光荣履责。基于他们的"丰功伟绩"，毛泽东、朱德、周恩来、刘伯承、贺龙等都曾对他们的工作给予过高度的评

---

①曹冶，伍星：《红军破译科长曹祥仁》，北京：北京时代弄潮文化发展公司 2014 年版。
②胡备文，中央军委无线电学校训练班四期学员。
③张光喻：《无名伟业——读〈红军破译科长曹祥仁〉有感》，载《党史博览》2015 年第 9 期。

价。刘伯承元帅更是认为"没有通信联络，就谈不上军队指挥"①。其实，作为幕后英雄，他们经常不是在幕后，而是在军事斗争最前沿。特别是当革命斗争处于最困难的情况下，越是困难，他们就越要向前。经常是总部领导或军部领导刚刚下达完最后一道军事命令，他们发出最后一个电码，还未来得及收拾电台设备，敌人的追兵就已经赶到身前。为保电台不落敌手，他们中的很多人为此献出了宝贵的生命，践行了自己"电台重于生命"的庄严承诺。

以高度的革命使命感"土法"创新。电台，对于早期的人民军队来说无疑是个极其陌生而又稀贵的东西。有时为了获得一个真空管，甚至会牺牲几个甚至更多的地下交通员的生命。为了把每一个真空管用好，用到极致，使电台不间断地传出党的声音，这些军中的"知识分子"以高度的革命使命感进行艰辛的"土法"创新。其实，他们中很多只经过小学和私塾文化教育②，但就是在这样的知识条件下，他们以对党和革命事业的高度忠诚加上特有的智慧，以打破密码学发展基本规律的方式创造性地破译了敌人的密码③；在没有现代化学工业的边区，他们土法制造了无线电接收机专用的电池以及制造电池的化工材料④；在没有现代电子工业的边区，他们在简陋的工作环境和条件下自己装配无线电装备和能用于野战的军用电台。正是他们的"土法"创新，震惊了在延安边区的美军官兵，改变了他们对中国人民军队和边区人民政府的认识，帮助边区政府、军民争取到了可贵的支持⑤。正是这种革命乐观主义和"土法"创新的精神，使他们成为革命坚如磐石的千里眼和顺风耳，为革命执着地去追寻划入天际的那一个个电码。

高精的技术，红色的魂。在为实现中华民族伟大复兴的历史征程中，有多少仁人志士舍小家为大家，舍弃个人的幸福与安危去拯救民族的危难。在军委无线电训练班中，在延安通校的窑洞中就活跃着这样一群掌握着高科技的"又红又专"的技术人才。他们在追随民族大义之前，无不过着优越舒适的生活，顶着社会艳羡的光环。但这都无法阻挡他们实现对民族大义的追求，因为在他们的灵魂深处是那永不褪色的红色的魂。在这个永不褪色的革命行列中，有王铮、钱文极、孙有余、力一、孙俊人、罗沛霖、申仲义、许永和、周建南、胡白天、刘进……

四、"永不消逝的电波"是滋养社会主义核心价值观深沉的蜜巢

电影"永不消逝的电波"是以李白烈士为原型的反映红色崇高的艺术创作。作为艺术创作，它既是对掌握"千里眼""顺风耳"的军中知识分子的红色崇高的刻画，也是对中国革命中所有先进知识分子的群画。作为红色崇高的经典呈现，它们共同构成了滋养社会主义核心价值观的深沉的蜜巢。

"永不消逝的电波"为滋养社会主义核心价值观提供了无比鲜活的案例。"高科技"为新民主主义革命服务，是中国先进阶级中的知识分子为民族奉献的特有方式和内涵。正是有

---

① 《通信兵回忆史料(第一分册)》(2)，北京：解放军出版社 1997 年版。
② 曹冶，伍星：《红军破译科长曹祥仁》，北京：北京时代弄潮文化发展公司 2014 年版。
③ 这已经远远超出了密码学的基本规律，即密码学的能力一般是和科技发展及经济水平成正比的。
④ 《通信兵回忆史料(第一分册)》(3)，北京：解放军出版社 1997 年版。
⑤ 张光喻：《无名伟业——读〈红军破译科长曹祥仁〉有感》，载《党史博览》2015 年第 9 期。

他们强大的智力支持，在新民主主义革命时期，中国革命向世界呈现出了一幕幕惊人的奇迹。这些奇迹的发生不是偶然的，而是奠基在一个民族强大的"心力"的基础上的。这种"心力"，在不同的历史困难时期可以表现为"自信力""凝聚力""意志力""创造力"和"战斗力"，有时又是它们共同的集合和激发。近代中国由落后的旧中国到欣欣向荣的新中国的历史巨变，无疑是这些"心力"的集中爆发。这些"心力"就是伟大的"长征精神""延安精神""抗战精神""两弹一星精神"。"永不消逝的电波"缘起于瑞金，成长于长征，壮大于延河，服务于"两弹一星"，正是这些伟大精神的孕育者、亲历者和传承者。"永不消逝的电波"为滋养社会主义核心价值观提供了无比鲜活的案列，筑起了滋养社会主义核心价值观深沉的蜜巢。

"永不消逝的电波"为滋养社会主义核心价值观提供了不灭的集体记忆。发生在为国家独立、为民族富强的革命战争年代的"永不消逝的电波"很快就近一个世纪了，历史虽已逝去，但作为那个时代"高科技"的掌握者为国捐躯、为民族奋斗的史诗并没有随着历史的远去而远去，而是始终作为我们民族的精灵常存在我们民族深沉的集体记忆的深处，成为支撑我们民族凝聚一切力量，战胜一切困难，坚信祖国必胜的洪流。这种集体记忆，是华夏文明几千年家国情怀熏陶的结果，更是"国家兴亡，匹夫有责"担当精神的荟萃。

"永不消逝的电波"为滋养社会主义核心价值观提供了不变的价值坐标。"永不消逝的电波"发生在为实现中华民族伟大复兴最为困难的历史时期。艰巨的历史使命，艰涩的历史条件，艰难的历史过程，没有也不可能动摇中国人民、中共党人为实现中华民族伟大复兴的坚实脚步。这种坚实，来自于一个有着几千年文明的民族百年来的历史夙愿，来自于这个民族百年来的历史自觉。今天，当我们走在实现中华民族伟大复兴的征途上的时候，也许我们还会遇到许多这样那样的困难，但我们坚信由"永不消逝的电波"型塑的价值观，始终是我们不变的信条，始终是我们坚持中国道路、弘扬中国精神、凝聚中国力量的价值原点。

基于历史虚无主义的大学生红色基因传承对策

李方圆[*]

摘　要：将从红色基因传承的角度看历史虚无主义思潮的批判和从历史虚无主义思潮批判的角度看红色基因的传承结合起来，探索了高校如何克服历史虚无主义、传承红色基因的路径和措施，包括教学改革、管理创新、文化营造等方面。

关键词：历史虚无主义；红色基因；价值观

历史虚无主义作为对我国影响广泛而持续的一种社会思潮，以否定中国共产党的历史和中国近现代史为核心，扰乱了大学生对党史和近代史的正确认知，消解大学生对红色文化的认同，冲击大学生对红色文化的传承。欲提高大学生对红色文化的认同和传承红色文化，除从正面加强对红色文化的教育引导之外，还应从反面消解阻碍大学生传承红色文化的因素。本文从重视调查大学生受历史虚无主义影响程度、加强对历史虚无主义传播途径的管控及提高大学生抵制历史虚无主义的自觉性三个层面来阐述应对历史虚无主义冲击大学生传承红色文化的对策。

一、构建调查体系，建立信息收集分析体系

没有调查研究，就没有发言权。任何政策或策略的制定都不能脱离实际，否则制定的政策或措施就无法有效地发挥作用。当下中国社会发展迅猛，科技日新月异，尤其是以互联网为代表的数字技术，正在加速与经济社会各领域深度融合，人们的生活学习方式也发生了极大的变化。根据2017年8月4日，中国互联网络信息中心发布的统计报告显示，截至2017年6月，中国网民规模达到7.51亿，其中手机网民达到7.24亿，占比达到96.3％。[①] 大学生作为当今社会最活跃的群体之一，思想开放、包容性强，对社会新鲜事物勇于尝试。随着时代的发展，大学生获取信息的方式在不断改变，历史虚无主义的表现形式、依附载体和传播途径也在不断变化。因此，欲做好大学生思想政治教育，首先要加强对大学生思想状况的调查。只有了解大学生每一个阶段对历史虚无主义的认知状况、受影响程度和了解途径等方面的信息，才能准确地判断出大学生受影响的现状，因而依据具体情况，制定出符合大学生需要和能被大学生接受的对策，从而达到对大学生思想政治教育的最佳效果。

高校要想及时有效地掌握大学生的思想动态，应建立完善的调查体系和信息收集分析

　＊　李方圆，西安电子科技大学马克思主义学院研究生。

　①全球互联网普及率来源于 http://www.internetworldstats.com/stats.htm。

体系。高校应将对大学生的调查以班级和学院为单位形成常态化机制，对收集来的数据从学校、学院和班级三个层面来分析，时时把握不同学院、不同年级、不同班级大学生的思想动态。根据数据显示，及时调整教师教学内容和学校学院的管理方式，使高校的思想政治教育更具针对性和实效性，从而更好地消解历史虚无主义对大学生的影响，使大学生能够增加对红色文化的认同，更好地传承红色文化。

二、加强对历史虚无主义传播途径的监管

近年来，借助互联网技术发展，新媒体应运而生且发展迅猛。新媒体让信息传播变得更快捷，深入社会的各个方面，在信息发布和获取上扮演着越来越重要的角色。但由于新媒体平台种类繁多，数量庞大，国家对这些平台的管理相对滞后，造成一些平台发布信息的质量参差不齐，也为历史虚无主义的传播提供了可乘之机。历史虚无主义利用各种名目掩盖其真实目的，扩大受众，扰乱大学生对红色文化的理性认知。因此，加强对历史虚无主义传播途径的管控尤为重要。

（一）加强对历史虚无主义网络传播渠道的监管

1. 加强对历史虚无主义网络传播"圈子"的治理

随着互联网的发展，网络与人们的生活联系日益紧密，尤其是大学生对网络的依赖日益加强。由于大学生自由时间相对较多，很大一部分学生活跃于各种类型的网络平台。在网络环境中言论相对较自由，围绕党史、国史、军史、英雄人物的奇谈怪论层出不穷。虽然有些言论在网络传播中引起人们的关注形成"显性"问题，各方媒体进行积极正面回应，及时拆穿历史虚无主义的真面目。但是还有一部分言论，其面目更加模糊，隐蔽性更强并且传播范围呈现一定的"圈子"特点，这些言论只在一定的范围发酵、传播，没有形成网民围堵的"显性"问题。对此，也应引起高度的重视。根据问卷调查来看，此类的言论多见与微信朋友圈、微信公众号、微博等这种私密性较强一些的圈子，要加强对网络历史虚无主义的治理，必然离不开对这些圈子的治理。因此，应加强对各类圈子中涉及党史、军史及英雄人物相关信息的过滤、监控和清理，对于蓄意编造和传播历史谣言、诋毁革命领袖和英雄人物的言行，要及时澄清并依法惩处，不让历史虚无主义在网上"任性"，最大限度地确保新媒体不为历史虚无主义传播提供空间和渠道。

2. 充分发挥意见领袖的引导作用

随着网络技术的发展和新媒体的兴起，在各式各样的社交平台上产生了一大批意见领袖。这些意见领袖不仅拥有众多粉丝量，而且发布的消息内容极易得到人们的关注和认同。在网络平台，历史虚无主义传播的速度、广度和深度受意见领袖影响显著。这些意见领袖，若是受到历史虚无主义的影响，认同其中的某些观点，则容易成为历史虚无主义传播的"放大器"；若是能够及时拆穿历史虚无主义的真面目，并及时阻断其传播，则可成为应对历史虚无主义的"防火墙"。因此在抵制历史虚无主义这一大是大非问题上，我们应善于发现、培养一批具有丰厚历史知识、熟悉网络传播的意见领袖，使他们能够认清历史虚无主义的真面目，面对否定中国近代革命、否定中国共产党的历史和社会主义建设成就、否定革命英雄人物、戏说恶搞革命英雄人物时，能够认清事情的本质，反驳错误言论，做到态度鲜明，敢于发声，善于发声，引导网络舆论导向，引导人们的认知，维护网络环境的

健康有序，并且把新媒体建设成为传播正确历史知识，反驳错误历史言论，应对历史虚无主义影响的新阵地。

（二）规范红色文化中典型事件和人物的改编

红色文化是中国共产党在革命战争年代及国家建设特殊时期形成的新文化。中国共产党在革命战争年代及国家建设时期，涌现出大量可歌可泣的英雄人物、先进个人及先进事迹，这些典型事件和人物都是红色文化的核心内容。这些典型事件及人物因具有强大的精神召唤力、感染力和沉重的历史沧桑感，是红色文化作品改编创作的焦点。随着人们生活水平的提高和科技进步，红色影视剧不断释放出它的独特魅力，使得红色影视改编走红。红色影视剧因具有文字和图片所不具备的优势，可以从视觉、听觉等方面给观众以更直观和更真实的体验，具有强大的感染力，让观众更全面地了解当时的历史事件和历史人物，所以影视剧对人们的历史认知影响相对较大。当今大学生都是出生在20世纪90年代以后，生活在和平幸福、生活物品丰富的年代，对革命年代的生产、生活缺乏了解，而红色影视作品中展现的革命历史岁月正好给了答案，使他们对革命历史和英雄人物有较多地了解。红色影视作品适度改编无可厚非，但是，近年来影视剧改编中出现的问题不断增多，如回避现实、无中生有、凭空杜撰出很多虚假史实等，有的甚至为迎合观众制造看点，扭曲人性、编制大量人性阴暗面，掩盖人性真善美的画面，有些红色影视作品对革命年代人们的精神品质进行扭曲，肆意渲染所谓的人性的复杂性，还有很多红色影视剧通过增加新奇、刺激的故事吸引受众眼球。习近平总书记曾指出："一个有希望的民族不能没有英雄，一个有前途的国家不能没有先锋。"而这样的影视作品不仅不能维护英雄形象，相反却给英雄抹黑，误导大学生。

国家应当出台相应的政策规范红色影视剧的改编，在红色影视剧审批过程中严格把关。同时政府可以呼吁社会组织参与到改编红色影视剧的监督中来，发挥广大人民群众的力量，对有错误的红色影视剧及时上报，使监管更全面。只有充分利用各方面的资源才能使红色文化中人物和事件的改编向健康的方向发展，为人们创造高质量的优秀影视作品，让历史虚无主义无处藏身。

三、提高大学生抵制历史虚无主义的自觉性

随着社会的发展，历史虚无主义的形式也不断地演化，其传播形式越来越隐蔽，依附的载体更加多样化，因而在抵制历史虚无主义对大学生的影响方面仅靠加强网络监管，切断历史虚无主义的传播途径是不够的，这只是一种治标的办法，不能从根本上解决问题。若想从根本上抵制历史虚无主义必须加强大学生红色文化教育，让大学生形成抵制历史虚无主义的自觉性。

（一）建立大学生红色文化教育体系

1. 建设红色校园文化

大学要承担起文化传承的职责，打造富有生机活力的校园文化，将红色文化渗透到校园文化中，在潜移默化中影响大学生，使大学生在思想上接受红色文化，在行动上主动传承红色文化，进而实现引领大学生精神世界的构建。红色文化融入校园文化涉及很多方面，本文主要从以下两个方面来阐述。

其一，改进校园环境建设。古语云："久入芝兰之室而不闻其香，久入鲍鱼之肆而不闻其臭"。红色文化包含着我党我军波澜壮阔的革命历史和可歌可泣的英雄史诗，体现了中国人民不屈不挠的抗争精神，是中华民族的宝贵资源，对于开展大学生思想政治教育，提高大学生政治素质和道德素质具有重要价值。高校深度开发红色文化，将红色文化融入校园文化建设。校园是大学生学习和生活的主要场所，校园文化建设对大学生产生潜移默化的影响。学校可以利用重要的时间点建设校园环境，如三月学雷锋月、红五月、七一建党节、八一建军节等，为学生提供更多的机会了解革命历史了解红色文化。同时学校可以利用校园雕塑、展示栏、电子屏、教学走廊和公寓楼道等地方，张贴红色文化相关事迹的海报等，让红色文化、红色故事融入到学生生活环境中，在无声中达到教育目的。

其二，加大对红色社团的支持力度。社团是丰富大学生校园生活，提高高校办学水平重要一部分。虽然目前高校中红色社团数量不少，但是真正能将社团办成有品牌、有影响力的却不多。首先高校应该加大对红色社团的重视度，为红色社团指定专业教师。社团的性质使其自身发展带有一定的局限性，但学校可利用自身的优势对社团进行正确的引导和管理，以提高红色社团活动的品质，将红色文化教育始终贯穿社团活动始终，让大学生在活动中感受到红色文化的魅力。其次，高校应该加大对红色社团的经费投入力度，让红色社团有持续经费支持，为开展各式活动提供物质保障。

2. 创新红色文化教育活动

目前高校都认识到红色文化的重要性和红色文化对大学生思想教育的重要价值，因此也积极开展相关活动以加强大学生红色文化教育。但是高校开展红色文化教育的形式往往较为单一，如唱红歌、知识竞答、观看红色影视剧等。这些活动虽然一定程度上可起到作用，然而随着社会发展，当今大学生的认知特点也在不断发生变化，因此红色文化教育活动形式也应该实现创新。

其一，创新活动内容。过去，高校进行红色文化教育，开展红色文化教育讲座以邀请知名学者为主，现在可以打破传统，邀请一些抗战时期的老革命来校开展讲座，讲述他们的亲身经历和感受。这种与亲历者面对面的形式更具有说服力和感染力，能增加红色文化教育的有效性，让同学们更真切地了解红色文化。另外，改变以往只是参观革命圣地的形式，变参观为体验。红色文化是一种贵在亲身体验和感受的内在指向性文化形态，单纯的说教不足以使大学生形成共鸣并产生深刻的认同。学校开展的一些参观纪念馆或者革命圣地学习的活动，由于人多加上讲解能力有限，学生对革命的艰辛和红色文化的精神领悟得并不够深切，若是将参观变为体验将更能提高大学生参与的积极性，同时在体验的过程中能更真切地体会到当时的艰辛。例如开展重走长征路、革命老区生活体验、社会实践进老区等活动，让学生真真切切地体验革命的艰辛和感受红色文化内在精神价值。

其二，丰富红色文化网络教育形式。在当今大学生的学习和生活中，网络与大学生的联系日益密切。随着网络上各种社交平台的兴起，大学生在网上花费的时间越来越长。网络教育可以弥补年级课程设置差异造成教育不足和不及时的缺点，已成为大学生红色文化教育的重要途径。学校、学院应加强对网络红色文化教育的研究，建立红色文化网站，同时在大学生经常进入的平台，如微信公众号、知乎、微博、校园论坛等建立学校的红色文化教育板块，将学生专业和特色有机结合起来；联系大学生实际生活和认知特点，找准现实空间与网络空间的结合点，增强网站的互动性，引发大学生的兴趣，提升网络红色文化教育的有效性。同时高校可以通过推进红色网站建设，设置英雄人物事迹专栏，专门发表一些关于英雄人物的事迹，上传经典红色影视剧，可以开设学生投稿专栏，号召大学生积极参与，引发同学们学习红色文化的兴趣，自觉学习红色文化，用红色文化引领校园文化健康发展，从而为大学生提供网上精神栖息地。

3. 建立健全红色文化教育评价和反馈机制

红色文化教育的反馈机制和评价机制是确保红色文化教育有效性的保障，同时也是及时调整红色文化教育方式方法的依据。在高校开展红色文化教育的过程中，一方面要加强红色文化教育工作的评价，主要包括对红色文化教育者工作能力的评估、教育过程的评估、教育成果的评估；另一方面加强对大学生的评估，主要包括对大学生一定时期内思想道德表现进行评估、对大学生红色文化认知状况进行评估、对大学生接受红色文化教育的效果进行评估。如通过对班级或某个专业进行整体评估，对先进个人或集体进行表彰，同时可以通过反馈机制了解大学生认知特点、红色文化认知现状和红色文化教育过程中存在的问题，从而及时调整大学生红色文化教育的方式方法，进而达到更好的教育效果。

（二）充分发挥思政课对红色文化教育的主渠道作用

1. 创新思政课的方式方法

思政课以理论讲解居多，因此教师应创新教学的方式方法，避免简单枯燥无味的叙述。教师教学应以学生为主体，深入了解学生的认知特点和对课程的需要程度，调整课程的侧重点，创新教学方法。首先，教师在教学过程中，充分调动学生的主动性，如通过开展辩论、演讲等形式让学生参与到教学过程中来。其次，教师也可以变换上课的地点，如利用博物馆、历史名迹等场所进行教学，充分发挥场景和实物的真实感，使学生在感受真实的历史场景中加深对理论的理解，真切地体会革命的艰难、先烈的伟大以及国家一路走来取得伟大成就的艰辛。再次，教师在讲解《中国近现代史纲要》《马克思主义基本原理概论》等课的过程中，应转变讲解方式，避免对革命中先进事迹和先进人物单一讲解，将英雄人物塑造为完美的、伟大的形象，使得英雄人物被神圣化。要改进思政课老师教学的方式和方法。老师应对英雄人物和革命事迹进行全面客观的讲解，同时可以结合影视资料或者采用同学讲解与老师讲解相结合的方式进行，提高同学的参与度，让大学生由被动接受转为主动学习。

2. 拓展思政课的教学内容

思政课与专业知识课有所区别，思政课的内容并不是一成不变的，其内容随着社会的发展和国家政策而有所改变。因此，教师不仅要有扎实的马克思主义理论储备和较高的政治水平，还要与时俱进，树立终身学习的理念，及时更新自己的知识结构。教师在教学的过程中应该结合学生生活和社会现状引用一些鲜活的事例，如社会上的热门人物、焦点事件和榜样人物结合等。这些都是学生比较感兴趣的内容，可以提高大学生的认同度，达到更好的教育效果。另外，在思想政治理论课中，可以根据当下历史虚无主义的一些表现，增加一些解读历史虚无主义思潮的专题，将历史虚无主义思潮与其他相关思潮比较，加强对社会思潮的析评，批驳历史虚无主义思潮中所涉及的错误内容和错误理念，增强大学生辨别历史虚无主义思潮本质的能力。在思政课中也可以有选择地开展红色文化专题教育，对网上虚假言论及时向学生澄清，对于革命事件全面客观讲述，使大学生在学习的过程中坚定对社会主义主流意识形态的认同。

（三）充分发挥日常思想政治教育的主阵地作用

大学生的思政课是大学生思想政治教育的主渠道，但因大学生的专业、年级、学科之间的不同而在课程设置方面存在差异，对学生的思想状况缺乏及时有效的掌控。因此应当充分发挥日常思想政治教育的主阵地作用与主渠道的思政课紧密结合，拓宽大学生教育渠道，创新教育方式，达到教育目的。

其一，将班会和周点名与思政课紧密结合，实现主渠道与主阵地的优势互补。班会和周点名在各年级、各专业都是对学生进行常规管理的重要活动，与思政课相比，班会和周点名活动时间分布均匀，周期稳定，大学生在校期间一直存在，不会因年级变化而变化。因此可以充分利用这一段时间对社会中出现的突出问题或者是历史虚无主义针对的事件或人物，及时在课堂上讲解，组织同学进行深入讨论，消除学生的疑惑，使学生看待问题更加理性、客观，更能认清历史虚无主义的真面目，提高抵制历史虚无主义的自觉性。

其二，创建网络交流平台，延伸教育的时间和空间。传统思想政治教育受时间和空间限制，而运用网络平台可以打破时间和空间限制，充分利用课上课下时间，随时随地进行思想政治教育，高校可以构建思想政治教育理论课平台和红色文化网站，如在校园微博、公众号、校园官网上定期推送相关内容，唤起大学生对红色文化的认知和认同，也可以设置学习交流平台，鼓励大学生分享红色文化知识或者故事，从而营造一个良好的虚拟文化环境，提升大学生思想觉悟和思想政治教育的实效性。

校史视野中西电向现代大学转型的轨迹考察

韦统义　孙枝青　肖　群[*]

摘　要： 西安电子科技大学的前身军委通校是中共最早创建的学校之一。在西电校史中曾有着"半步电台起家，中央苏区诞生，长征路上办学，延安精神孕育"的红色辉煌，也有为"嫦娥奔月""送信"的高科技创举。从报务员培训班起家，西安电子科技大学走过了不平凡的三个转型时期，克服了其早期的"现代大学基因缺陷"，发展成为我国现代电子信息高科技人才培养的高地，塑立了我国现代教育史和中国人民解放军军史上的一座丰碑。基于档案和历史的视角审视西电向现代大学转型的轨迹，是西电进行"三一流"建设的重要历史借鉴。

关键词： 西电；校史；现代大学；转型；三个时期

一般认为，1810 年由德国人威廉·冯·洪堡按照研究和教学相结合创建的柏林大学，是现代大学的开端。对于中国现代大学的开端，多数专家认为起源于十九世纪末二十世纪初，通过借鉴西方大学办学理念和大学制度建立起来的。中国早期著名的大学有北洋大学、北京大学和清华大学等。与这些大学的源流不同，中国有一类大学是中共在革命战争年代为满足革命战争需要和新中国成立初期为保家卫国而创建的"大学"。独特的源流，尽管使她们的早期存在"现代大学的基因缺陷"，但从创生之日她们也继承了红色的基因。基于红色的基因，她们不断地修复着先天基因的缺损，为新中国的诞生、社会主义的建设不断创造着不朽的辉煌。如哈军工（现为国防科技大学和哈尔滨工程大学）、南炮校（现为南京理工大学），特别是曾在中国人民解放军的军史上和中国近现代教育史上，创造出永不消逝"神话"的西军电。"西军电"由"半步电台起家，中央苏区诞生，长征路上办学，延安精神孕育"而出。在她八十多年的风雨历程中，从南国的红都瑞金，到北国的革命圣地延安；从太行山的峡谷溪流，到广袤的八百里秦川，辗转大半个中国。她一路走来，也在一路播撒为革命奋斗和建设奉献的高科技火种①。今天，她已成为培养我国电子信息领域领军人才的重镇之一。"西军电"的历史虽已成为过去，但西安电子科技大学的历史正在走向辉煌。我们有必要，也有责任探索她是怎样从一个师傅带徒弟的训练班涅槃为现代大学的历史规律，探索中共独立创建并领导其转型为现代大学的历史规律，为西电"三一流"建设提供历史的智慧。

---

* 韦统义，西安电子科技大学马克思主义学院副教授；孙枝青，西安电子科技大学马克思主义学院研究生；肖群，西安电子科技大学马克思主义学院讲师。

① 韦统义，等：《"高科技"的红色档案及当代价值》，载《兰台世界》2016 年第 20 期。

一、从训练班到工程学校的历史转变

西电的历史最早可以追溯到1931年1月在红都瑞金成立的无线电训练班。学校成立之初就受到了毛泽东的重视，他亲自上了第一堂政治课。1931年11月定名为军委无线电学校。学校的办学宗旨主要是为红军培养无线电通信技术人员。教师主要来自红军内部的技术人员和中共在上海秘密培养的收发报人员，如王铮、刘寅和曾三等。学员主要从红军部队中选拔一些初小毕业和高小肄业的战士，最低限度是须粗识文字及有些常识的战士①。尽管师资匮乏和学员知识素质较低，军委无线电学校始终牢记办学使命，因材施教、创新教法，不断为革命事业培养合格的通信人才和师资力量。在长征前，学校先后为红军培养了近200名无线电通信技术人员，其中就包括电影《永不消逝的电波》中的男主角李侠的原型李白烈士。

从长征路上、抗日烽火和解放战争的隆隆炮声中一路走向军委工程学校。1934年10月军委通信学校以红星第三大队的代号，开始了著名的两万五千里长征。人在征途中，学在征途中。这是军委通信学校长征路上办学的真实写照。对于学校长征途中学员们在行军时还背着小黑板学习收发报程序和英文字母。周恩来赞扬说："行军路上办学，这是件新鲜事，将来革命胜利了，你们要告诉后代，说红军在几十万敌人的围追堵截下，在敌机不断轰炸的间隙学习电台技术，这可是相当宝贵的传统教材啊"。在艰险的长征路上依然坚持办学，既是中共对现代军事通信技术的重视，也是对军委通信学校办学的肯定。这种坚持为学校未来进一步发展壮大强化了基础，保留了发展的空间。长征胜利后，一俟稳定，军委通校即扩大为"电信工专"，这再次体现了中共对现代军事通信技术和学校的重视。在中央军委的高度关怀下，学校开始组织扩大办学规模，学员人数和举办专业显著增加；同时学校着力提高办学层次和加强师资力量建设。为此，中共将几十位在延安参加革命的高级知识分子安排在延安通校任教。如孙俊人、罗沛霖、陆亘一、程明升、周建南、孙有余、钱文极、傅英豪等。他们的到来，使延安通校的师资力量显著提高，相应的办学目标、授课内容有了很大进步，相关学术研究活动也开始起步。这些进步主要体现在增加了技术课的内容，而不是仅仅教授报务内容；开设机务班和高级机务班；举办专题技术报告会，交流学术；购买国外先进的无线电技术书籍，追踪无线电技术发展；并于1945年在裴庄成立技术研究室，研究无线电设备和帮助工厂解决技术问题②。此外，颇为引人注目的是使延安通校的师资力量显著提高举办无线电研究班。其时，两位外智分别是燕京大学物理系主任班威廉教授和经济系导师无线电业余爱好者林迈克。他们采用美国大学的正规教学方式，在两年的教学时间里，使学员"完全达到最高级大学水准"。这是班威廉教授回国后在他的《新西行漫记》中的结论。他甚至还说："教育这些青年是愉快的事情，进步速度可以与任何第一流大学相比而无愧色"。经过土地革命、抗日战争和解放战争战火硝烟的洗礼和锻造，新中国成立前的华北电专已经成长为我军培养通信技术骨干的专科学校，完成了从一个训练班起步到专科学校的历史性跨越。

---

①李立，董建中主编：《光辉历程》（一），西安：陕西人民出版社2006年版。

②李立，董建中主编：《光辉历程》（一），西安：陕西人民出版社2006年版。

二、从专科学校向 20 所全国重点大学的华丽转身

西电的光荣革命历史传统就是坚决听从党的指挥，不断适应国家的发展需要。从塞北重镇军电立校，到内迁西安、支援军队科学技术发展一分为二，再到脱下军装服务国民经济建设。西电的发展历程始终印证着她红色的基因。

转向正规本科大学的军委工程学校。随着解放战争走向胜利的脚步，中国共产党的工作重心也逐步从农村转向城市。1949 年 3 月中央军委通令"拟即举办一所机要通信干部学校……并附设高级研究机构"。聂荣臻代总参谋长决定以"华北电专"为基础在张家口筹办军委工程学校。在党的领导下，军委工程学校经过首任校长曹祥仁等人的精心筹建，1949 年 11 月 27 日举行了隆重的开学典礼①。毛泽东主席亲笔题写了"全心全意为人民服务"的题词。为实现中央军委赋予的办学目标，学校着力从师资、专业、教材、招生、学术研究等方面加强建设，努力探索现代大学的办学规律，努力完成向现代大学的转型。强大的师资力量是办好大学的关键，这是现代大学的办学规律，也是中共兴办大学的基本思路。学校成立后，首先抓住师资建设这一关键，面向全国聘请正副教授达到 15 名，并将大连工学院电信系全系师生并入军委工程学校。该系教师中有我国电子雷达方面的著名专家毕德显教授和胡征教授②。这次合并，被西电著名的老校长保铮院士认为是西电专业队伍建设道路上的关键一节③。其次，为实现学校师资、技术力量追赶世界先进水平，中央军委为学校引入了苏联卡拉乌洛夫少将带领的苏联专家团队，这是西电校史上的第二次引入外智。其后，在中共中央组织部的直接关照下，学校又先后从地方大学引入了蔡希尧、叶尚辉、谢希仁、汪茂光、吴万春、樊昌信等学校未来的知名学者。引进外智，人才强校。学校引进外智、人才强校建设一直持续到二十世纪六十年代。这一时期，学校从地方院校先后调进了 60 多位讲师以上、业务能力比较强的教师，充实到学校的教师队伍中。这些教师中包括肖国镇、陈开周等西电著名教授。现代大学不仅是大师云集的场所，更是按照专业教育规律进行组织化和规范化的教学机构。1953 年，根据办学需要和现代大学办学的组织模式，学校构建了院系组织架构，组织学校的教学和科研工作，设有指挥工程系、无线电工程系、有线电工程系和雷达工程系等，从专业和教学组织的规范化方面向现代大学并轨。现代大学的重要的功能之一就是知识生产、创造和技术发明。在成立后的短短几年，军委工程学校就以其惯有的攻坚精神，初露现代大学的锋芒。学院首先按照知识生产创造的发展规律，有组织、有计划地翻译出版苏联优秀电子学教材 21 种，弥补国内短缺；在逐步掌握高层次人才培养规律的基础上，将学校的办学层次引向高端，取得高层次人才培养的突破，毕德显、朱增赏教授和陈太一、李祖承副教授招收了 6 名研究生。为繁荣和增进学术交流，鼓励科研工作，学校不仅设立了科学研究部，统管全校的科研工作，而且在 1956 年 5 月召开了校第一届"科学讨论会"，发表论文 15 篇。科研成果是现代大学学术研究的重要标志和体现，也是新兴大学逐步走向成熟的标志。经过学校将士几年的刻苦攻关，学校取得了一系列的发明成果，带动我军通信水平跨入现代化阶段，如 1955 年研制成功我国第一台

---

① 李立，董建中主编：《光辉历程》（一），西安：陕西人民出版社 2006 年版。
② 李立，董建中主编：《光辉历程》（一），西安：陕西人民出版社 2006 年版。
③ 龙建成主编：《岁月如歌》，西安：西安电子科技大学出版社 2010 年版。

"塔型管空腔振荡器"，1957 年研制成功"十厘米微波信号发生器"等标志性成果。西电塞外的十年是走向正规大学的十年，也是奠基学校学术研究的十年。

在快速发展中整顿提高的西军电。1958 年军委工程学校贯彻中央决定内迁西安（始称西军电），并于 1959 年 3 月被国务院确定为全国首批 20 所重点大学之一。内迁西安使学校的办学条件和办学环境得到了显著改善，为西军电的发展壮大创造了良好的外部条件。当然，时为军校的西军电不可避免地也会受到当时全社会冒进政策的影响，突出地体现为违反办学规律超过办学条件地扩大招生规模，突击编选教材等跃进活动，但从整体上看西军电还是基本走向了现代大学的发展轨道。特别是 1962 年学校明确规定科研工作要以教学为中心，以提高学术水平和教学质量为目的，以理论研究为主，兼顾装备及科学技术。[①]这些回归学术和教学的政策规定，结出了丰硕的果实。1958—1966 年间学院取得各项科研成果 123 项，其中还创造了许多新中国的第一。如 1958 年研制成功我国第一部测雨气象雷达，拉制成功纯度达 99.9% 的半导体锗单晶等。尽管在中国人民解放军军史上西军电曾留下过浓墨重彩的历史伟绩，但听党的话、贯彻国家需要的本色始终未变。为支援国家经济建设，1966 年西军电转为地方学校，结束了 35 年的军旅生涯。

三、在改革开放落实知识分子政策中走向人才强校

改革开放是决定中国当代命运的关键历史抉择，它对中国社会产生了广泛和深远的影响。其中，中共关于科学教育方面的诸如恢复高考、向科学技术进军、"科学技术是第一生产力"等重大科学决策，更是深刻地改变着中国众多高校的历史轨迹和知识分子的命运。西电紧紧抓住改革开放的历史机遇，从根本上改变着学校的内在气质，向现代大学完成最后的转变。回归知识分子强校的现代大学之路。1978 年十一届三中全会后，在向科技进军的政策引导下，中国高校逐步开始回归知识分子强校的现代大学之路。这一时期，比较突出的兴校之策就是落实党的知识分子政策，提拔启用知识分子，提拔任用年轻的知识学人。1979 年，西电培养的著名学者保铮（后任西安电子科技大学校长，中国科学院院士）出任系主任。他的任命打破了西电校史上教学单位领导任命的常规，第一次由知识分子出任系主任[②]。其后，学校不断加大知识分子政策的落实力度，不断打破常规，先后由胡征、王一平、保铮等三位知识分子走上了副院长的领导岗位。1984 年在党的"革命化、年轻化、专业化"政策的导引下，保铮这位曾因追求学术，主动从副院长岗位上退下来的知识分子，再次被破格任命为西北电讯工程学院（1988 年更名为西安电子科技大学）院长。专家治校、人才强校，是现代大学的办学规律，也是党按照现代大学发展规律，优化知识分子政策使然。其后，西电先后破格提拔多位学术上有创见、办学上有思路的年轻知识分子走向教学、科研领导岗位，共同推动西电向现代大学的正确方向发展。如梁昌洪、段宝岩（工程院院士）、郝跃（中科院院士）等。

优化办学理念，拓宽学科面，提高办学层次，构建现代大学办学体系。长期的军事院校办学体制，塑造了西电鲜明的校园军事文化。这是西电在需要攻坚克难时能够精诚团

---

① 李立，董建中主编：《光辉历程》（一），西安：陕西人民出版社 2006 年版。

②《保铮："以人为本"在高校关键是建设一支优秀的教师队伍》，西安电子科技大学档案馆网站，http://dag. xidian. edu. cn/info/1041/1908. htm。

结、克服困难的法宝。在和平时期如何更好地利用这个法宝，进行科学研究的攻坚克难，是改革开放后西电的管理者们面对的一个现实和重大的问题，毕竟学术研究需要自由的思想空间，不同于军事斗争的服从命令行动统一。在这种历史传统与办学规律的冲突中，保铮院长认为："部队的纪律性强是好事，不过用它来管理教学是不行的。学术要求自由，因人而异，不能够被统得那么死。""管理上要从严，但教学上要搞活。因此，那些诸如晚上必须去办公室、晚上必须按时熄灯的政策，我都把它废掉了"。① 这是西电办学理念上的重大变革，也是遵循教育发展规律的一个重要转向。它的突出成效是改革开放以来，西电培养的本科生院士校友有 7 位，高居全国第十一位。西电自军委工程学校以来就是一个行业特色鲜明的大学，这既是优势，也是劣势。优势在于，可以利用专业相关性强的核心优势在专业领域获得重大突破；但相应地也会由于学科面过于狭窄影响学校协同创新、思想观念容易僵化保守以及校园文化单一的问题。于是，学校本着有所为和有所不为的原则，拓宽与电子关系密切的学科面，如机械学的电子机械，以及西电有特色、有积累的边缘交叉学科，如兴办新兴的科技英语专业和工商行政管理专业。现代大学不仅要有浓厚的学术研究文化，还要有高层次研究可持续的承载体系。这也正是西电在这一时期有意识的培育高层次人才的正确发展导向。二十世纪八十年代初期，学校只有两个博士生导师，胡征教授和保铮教授。博士点也只有通信与电子系统学科。此后，西电通过不懈的努力先后在电子机械学科和电路、信号与系统学科拿到博士点。以这些高水平博士学科点为基础，西电的研究生培养出现了重大突破，也形成了相互促进的良性循环。目前，西电已拥有 13 个博士学位授权一级学科，并在全国第三轮一级学科评估中有多个学科名列全茅。

科研导向积淀现代大学学术之魂。以培养军事工程技术人才为目标，解决军事技术实际问题为导向的军委工程学校和西军电，牢记使命，始终把强化和培养学生的技术操作能力作为主要工作去抓。随着西电从军事院校到地方院校的转型，特别是党和国家工作重心的转移，西电的服务对象和发展导向必须要有重大的转变，必须要适应国家经济建设的需要，必须要适应与世界先进大学接轨的需要，必须要适应我国人才培养高端化的需要。满足这些需要，究其本质就是要把西电建设成为一个工程技术类的学院，还是要建设成为一个高水平的研究型大学？这是西电发展走向的关键抉择。保铮校长提出："要抓科研，教师不能光搞教学，教学以外还要搞科研"，他甚至提出"要教学科研并重。"他认为必须要提高教师的认识水平，使大家认识到"提高科研水平本来就是高水平大学的任务之一。""教师只有通过科研才能不断提高学术水平，以及提高分析问题和解决问题的能力。教师这两个能力不高，怎么能教出高水平的学生？"他坚持学校要"重点培养学术精英。"要"按照国家要求，派遣访问学者出国"，在教师队伍建设方面，"选一些苗子，就是从教师里面挑选一批人，进行特殊培养。""进行重点培养。"正是这些前瞻性的做法，他们中涌现了梁昌洪、葛德彪等知名学者。长期的学术积累和科研导向，结出了丰收的硕果。西电先后入选国家"211 工程"项目重点建设高校、国家"985 优势学科创新平台项目"、首批 35 所示范性软件学院、首批 9 所示范性微电子学院和首批 9 所集成电路人才培养基地等反映我国学术和创新研究最高水平的大学建设项目。今天，在面对新世纪全球大学激烈竞争的大潮下，西电

---

① 《保铮："以人为本"在高校关键是建设一支优秀的教师队伍》，西安电子科技大学档案馆网站，http://dag.xidian.edu.cn/info/1041/1908.htm。

正以深厚的学养、浓厚的学术创新文化、强烈的学术报国的使命感进行"三一流"建设,以实现"特色鲜明、研究型、开放式,国内一流、国际知名的高水平大学"的远大目标。

　　走过漫长的 85 年,今天的西电已经成为反映我国教学科研一流水准的"211"重点大学和"985"建设平台学校;虽然"报务"早已成为学校专业发展史上的过客,但西电始终没有忘记毛泽东主席对西电"千里眼"和"顺风耳"的赞誉,更将这个赞誉化为勇立新科技革命浪潮风头的动力,为国家"大射电望远镜"新"千里眼"做基,为国家"嫦娥奔月"新"顺风耳"做媒……走过漫长的 85 年,可以说西电的发展历史就是坚持党的领导、适应革命需要和国家建设需要的历史,也是西电用她红色的基因,弥补其早期"现代大学的基因缺陷"的历史,实现向现代大学转型的历史。走过漫长的 85 年,站在西电校史上教学科研和各方面建设的历史高处,当代的西电人可以自豪地告慰西电的早期创立者王铮、刘寅和曾三等老师,学长李白、邹兆毕、胡立教等校友,西电不辱使命,未来会更好!

陕甘宁边区红色体育大众化的生成及当代价值

韦统义　康顺岐　孙枝青*

摘　要：体育政治化是红色体育的重要的内涵，这源于近代中国耻辱的集体记忆和抗日战争战场的直接经验。体育政治化为红色体育的大众化铺垫了政治、文化和社会情绪。陕甘宁边区红色体育以高度的体育政治功能为目标，采用领导集体垂范、土洋结合、学校示范、群众参与等方式，形成了独具特色的大众化体育，凝聚了人心，强化了民力，移了风易了俗，为人民军队培养了大批体魄健康的后备力量。陕甘宁边区红色体育大众化的实现对于当前我国从精英体育到大众体育的转型具有重要的借鉴意义和价值。

关键词：陕甘宁；红色体育；大众化；生成机制；意义

红色体育在我国的出现具有深层的社会历史背景和价值。现代体育是社会现代化的突出标志，它的产生和发展是以工业化社会的发展为背景和依据的，满足了人们由工业化社会剩余产品大量出现，而产生的对社会闲适的需要。现代体育经过了由精英体育到大众体育的发展过程，并在大众化的过程中逐步发展成为现代社会的一种重要产业。我国的现代体育是随着近代闭关锁国的大门被逐渐打开而传入的，作为一种舶来品，它不同于我国传统体育的精气神。因而，建立在贫弱国力以及不同文化气质基础上的我国现代体育一开始就表现出与西方现代体育的位差，并被一些"西方中心论"者，斥之为"东亚病夫"的国度。在这种偏见中艰难发展的我国现代体育，可以说从一开始就已经包含着深层的争取国家平等的政治化内涵和民族尊严的价值坐标。以中华民族先锋队代表的身份出场的中共，将这种价值追求以红色体育①的形式展现出来，从根本上反映和代表了人民大众国家富强、民族振兴和民族尊严的合理政治诉求。

一、体育政治化是红色体育的重要内涵

现代体育是由近代大工业生产支撑的消费社会的重要生活方式。由于不同国家走向工业化的方式和时间不同，社会生产力存在显著的梯度差，进而，也使不同国家的现代体育发育和发展水平，呈现出整体性的差异。旧中国作为一个"外源后发"的老旧大国，在引入由先进社会生产力支撑的现代体育时，自然无法与那些"内源先发"的西方先进国家相比

---

*　韦统义，西安电子科技大学马克思主义学院副教授；康顺岐，西安体育学院副教授；孙枝青，西安电子科技大学马克思主义学院研究生。

①　毛泽东：《在中华苏维埃共和国第二次全国苏维埃代表大会上的讲话》，载《苏维埃中国（中国现代史资料编辑委员会翻印）》1957年版，第235-305页。

较。发育迟缓、进展乏力是旧中国发展各种包括现代体育等新事物的基本形态。因而，围绕这个老旧大国在政治、经济、文化、社会、军事等方面的被帝国主义"污名化"和"屈辱化"以及由其民众去"污名化""屈辱化"的过程，就成为近代中华民族与帝国主义矛盾斗争中的重要内涵。体育的政治化表征和体育政治化意涵的内在建构就是其历史发展的必然。

"东亚病夫"的民族集体记忆是近代中国体育政治化最根本的原因。"东亚病夫"，这个近代"污名化"中华民族的称谓是帝国主义列强依仗其经济社会发展的先发优势，以及建基于"西方中心论"上的偏见。它不仅是对中华民族体魄上的蔑称，也是对中华民族文化的"污名"。"东亚病夫"成为中华民族近代以来"耻辱"的民族集体记忆的重要内容。这个耻辱的集体记忆，时刻挑动着中华大众的神经，也激励着中华大众不断地去用各种方式洗刷这种耻辱。既然"祸"从赢弱的体魄而出，那么，强健民族体魄，振兴民族精神就应是爱国的社会阶级、阶层的共识。在这其中，首推毛泽东那震撼心魄的呐喊："近人有言曰：文明其精神，野蛮其体魄。此言是也。欲文明其精神，先自野蛮其体魄；苟野蛮其体魄矣，则文明之精神随之。"①显然，这种呐喊反映了我国现代体育发育和发展的背景条件，是明显不同于西方现代体育孕育的环境条件的，这也就从根本上决定了中国发展现代体育的意旨不同于西方所宣扬的"不涉政治"的价值内涵，而是具有鲜明的政治意涵和政治功能。体育是"强"人，更是救国。

抗日战争战场上的直接经验是中国体育政治化的直接动力。把体育上升到政治的层面，是由我国特殊的国情和特定的国际背景决定的；并在不同的历史时期，有着不同的内涵和诉求。如果说在新文化运动时期，发展体育是强健民众体魄、振奋民族精神的话；那么在抗日战争时期，它则直接地表现为培养健康体魄的民众，争取抗日战争的伟大胜利。这个目标来自于抗日战争战场上血与火的直接经验。对于红色体育的这一功能，朱德总司令这样说道："从华北我们军队与敌人的作战中，使我深深感觉我们在体力上是逊于日本很多的。回到后方，看到机关学校办事人员多文弱多病，动作迟缓，精神不振的样子，这种感觉更为强烈。用这种体力去跟敌人竞争，不论在战场上，在工作中，或在学习中，我们都要吃亏一着的。"②同样提出这种认识的还有来自抗战一线的贺龙。他提出："体育运动军事化"，强调部队开展体育运动，要突出军事项目，让体育活动富有群众性、战斗性，直接为抗战服务。③叶剑英作为八路军总参谋部领导显然对此更具有全局和宏观的认识，1942 年他说："没有'铁汉'般的体魄，是受不了战斗的锻炼的；没有'金刚'般的钢筋铁骨，是杀不胜日本鬼子的。"④

将体育政治化和大众化，是中共全面全民族抗战路线的体现和反映。面对兵强马壮、武装到牙齿的日本法西斯军队，采用什么样的抗战路线，中共和国民党政权存在着政策分歧。在中共看来，唯有全面的和全民族的抗战路线才能真正地救国、救民。发动民众，武装民众，使之能战，既是中共的抗战路线，也是当时中国在敌强我弱的战略背景下的现实之举。武装民众，不能仅有政策思想的宣传和民众抗日思想觉悟的提高，还要有能够支撑

①二十八画生（毛泽东）：《体育之研究》，载《新青年》1937 年第三卷。
②《解放日报》1942 年 9 月 2 日。
③《解放日报》1942 年 9 月 1 日。
④《新华日报》1942 年 9 月 9 日。

到前线抗日的强健体魄和必备的军事素质。为此，1937 年毛泽东在延安召开的第一届抗战动员体育运动大会上说："我们现在只有一个方针，这个方针就是坚决打日本！立即动员全国民众，工农商学兵，各党各派各阶层，一致联合起来，与日本帝国主义作殊死的斗争……我们这个运动大会，不仅是运动竞赛，而且要为抗战而动员起来。……在与敌人长期斗争中取胜，所赖于比敌人更能动手动脚，……尤须有体育运动以锻炼我们的身躯"，这应该是中共对全面抗战路线与体育政治化、体育大众化之间的关系进行全面的最早的深刻论述。它为陕甘宁边区红色体育大众化构建了理论和思想基础，也为红色体育大众化进行了生动的文化和社会情绪铺垫。

二、陕甘宁边区红色体育大众化的生成机制

红色体育，是近代中国在应对殖民侵略的过程中在体育层面的外在表征和内在价值建构，意在唤醒人民大众，强健民族体魄，凝聚民族力量，振奋民族精神，实现国家富强。红色体育将体育政治化，其目标的实现内在地需要人民大众须以各种形式广泛参与和积极自为。也就是，没有大众化的体育，也就不可能从根本上实现红色体育的政治目标和政治内涵；没有政治化的体育，在国贫民弱以及社会生产力发展水平极端低下的情况下，也不可能产生真正的大众化的体育。

抗日战争时期，以毛泽东为代表的中共成功地将体育政治化和体育大众化进行了辩证地互促。在抗日战争初期，中共深刻地认识到在敌强我弱的战略背景下，必须要以全面和全民族的抗战路线来取得对法西斯的最后胜利。支撑全面抗战路线的基本路径就是要以大众化的红色体育培养健全体魄的爱国者，以体育的政治化统领大众化的体育为抗日民族大义服务，体育大众化为体育政治化构建坚实的民众基础。简而言之，就是将体育的政治目标融入中共领导和反映人民大众需要的红色体育中加以整合，形成功能鲜明的红色大众化体育和全民参与的社会空间；通过红色大众体育的政治渗透、政治宣示，达到凝聚民心、强化民力的政治动员功能，为抗日战争的伟大胜利提供源源不断的人力支持和精神支柱。为实现红色体育大众化，中共在陕甘宁根据地探索出了一条独具特色的生成机制。

建立在政治、军事目标基础上的红色体育目标导向。为挽救民族危难，中共创造性地将"抗日、民主"的大众诉求融入体育的内涵，并将其作为大众体育发展的目标导向，引导大众体育的正确发展方向。为实现上述目标，就必须要处理好体育的单纯性和体育的政治化的关系，以及体育政治化的目标导向性。为此，毛泽东在陕甘宁边区"八一"运动会开幕式的讲话中，开宗明义地提出："我们这个运动大会，不仅是运动竞赛，而且要为抗战而动员起来。"[1]此后，他又曾不止一次地重复："锻炼体魄，好打日本"[1]的政治主张。在明确大众体育发展导向的基础上，陕甘宁边区将军事训练和体育活动相互融合在机关体育、学校体育、军事体育和群众体育中[2]，将陕甘宁红色大众化体育为抗日战争服务推向高峰。

建立高度自觉基础上的领导集体的身体力行。在地瘠民疲封闭的陕甘宁发展现代体育对于民风保守的当地民众来说，无疑是困难的。它不仅有来自社会生产力低下的约束，还有习惯传统、社会舆论以及社会观念的影响。如何引导民众打破各种束缚，积极参与体育

---

①《新中华报》1937 年 8 月 2 日。

②《陕甘宁边区教育资料．小学部分（上）》，北京：教育科学出版社 1981 年版，第 40－48、102 页。

锻炼、强健体魄。中共和边区政府领导人创造性地发展出一套行之有效的方法。首先，从舆论宣传上积极地全面地形成声势；其次，中共领导集体不仅利用各种场合积极宣传，而且积极垂范；再次，基于农业生产活动的特殊性和现实性，创造性地将体育锻炼融入生产生活中，使之出之于民，不远离于民，让老百姓在他们熟悉的空间尽情展现他们的体育才能和体质潜能。他们中让人耳熟能详的就有毛泽东的冬泳，周恩来是陕甘宁边区著名的纺纱能手，任弼时是中央机关篮球队著名的中锋，王震身先士卒开大荒。他们的言行激励着如李位、尹光普等普通军民不断地创造开荒新纪录①。

构建土洋结合全民参与的社会体育空间。体育具有娱乐的功能，但建立在现代工业化社会基础上的现代体育，要彰显的价值内涵和娱乐情趣，显然与中国传统体育和传统娱乐活动有所不同，更与其时陕甘宁边区发展现代体育的环境和条件是迥异的。尽管二者存在诸多的不同，但强身健体、娱乐大众的功能却是一致的。求同存异、土洋结合构建全民参与的社会体育空间，就是陕甘宁边区发展大众体育的创新之道。构建土洋结合全民参与的社会体育空间，陕甘宁边区的典型做法就是在每年多次的节日运动会中②，增设一些反应民俗和地方特色的传统体育运动和地方性的体育运动项目以广泛吸引民间各界积极参加。如节令性的民间传统体育项目扭打腰鼓、秧歌、闹社火、踩高跷、跑旱船、荡秋千等，习武性民间传统体育项目武术、举石、角力，以及具有军事教育功能的骑兵打仗、抓特务、夜间放哨等游戏；贩菜和卖馒头的小贩参加篮球比赛；贩马的参加赛马的比赛。大众体育的社会空间的形成，是陕甘宁边区军民全面参与和开展体育活动的必要条件，也是红色体育大众化繁荣发展的基本体现。

建立在移风易俗基础上的社会体育整合。现代体育的发展是克服工业化生产日益使人"单面化"的发展而产生的，并日益被人们所接受和乐道。现代体育孕育的"土壤"显然有别于我国传统体育孕育发展的"黄土地"。落后的社会生产力和落后的社会生产方式，不仅约束的是人们的头脑，也是对人们手脚的约束和人的体魄的可能性的约束。与旧有的社会生产方式相适应的是前人传留下来的旧的社会风俗、社会习惯和旧的社会观念。如在北方漫长的冬季中，由于无法开展农业生产活动，人们养成了"猫冬"的习惯，及其他不良嗜好。它们不仅使人精神萎靡，也使人的体质机能因长期不经受生产和体育磨练而衰退明显。参与体育运动不仅仅在于增强人们的体质，更能在体育运动的开展中探知人的体魄如何可能和可能怎样，进而改变人们的认知方式和对生活的态度和观念。在陕甘宁边区，边区政府通过多种多样的红色体育活动，吸引和组织各界民众自发地开展移风易俗的体育活动，在提高人们体质的同时，也在型塑着人们新的可能的生活方式。特别是随着大批留苏归国人员和西方人士来到边区，反映西方文化元素的交谊舞也在延河两岸流行开来，极大地拓展了人们交流的方式、交流的空间和生活的方式。红色体育大众化不仅深刻地改变着边区的社会风俗和人们的体育观念，更深刻地重构着边区民众人力资本的内在质素和健康环境，有力地支持了抗日战争的伟大事业。

---

① 金希明：《革命战争时期的陇东中学体育》，载《甘肃体育文史》1986 年第 6 期。
② 黄正林，等：《抗战时期陕甘宁边区的体育事业》，载《甘肃高师学报》2002 年第 6 期。

三、陕甘宁边区红色体育大众化的当代借鉴意义

红色体育大众化在陕甘宁边区的成功开展，不仅振奋了民族精神、凝聚了民心，更为抗日战争的伟大事业提供了强大的人力资本支持。从体育的无涉政治，到体育的政治化，再到体育的大众化，是红色体育对"单纯"的体育进行意涵的重构和价值的再造。这是共产党人智慧的体现，也是中共党人将体育事业与拯救民族危难创造性的完美结合。尽管历史早已翻开了新的一页，但中共在过往时期红色体育大众化的历史性创造，仍旧散发着难以被历史所消释的芬芳，仍旧有许多值得我们学习和借鉴的传奇，仍旧有许多使我们坚持中国道路、弘扬中国精神、凝集中国力量的传世法宝。

体育大众化是构建民族人力资本的重要路径。翻开历史漫长的画卷，没有哪一个强大的国家和民族是建立在精神萎靡、体魄羸弱的基础上的；相反，任何一个强大的国家，都是以强健的民族体魄屹立在世界民族之林的。这既是世界经验，也是近代中国的民族之痛。强健的民族体魄是构建强大的民族人力资本的基础，以及由此而形成的一个国家的长期竞争优势，这是国强的根本。强健的民族体魄无不以健康的精神为引导，以各种广泛和深入开展的大众化体育为基础，没有大众化的体育，也难以形成大众的健康。红色体育大众化给我们的重大启示和借鉴意义在于，即使在困难的物质环境和物质条件下，也可以实现体育的大众化；即使有再好的物质环境和物质条件，我们也不能忽视体育的大众化。这个历史经验，来自于我们沉重的民族集体记忆和惨痛的抗日前线。

陕甘宁边区红色体育大众化的实现是中共革命实践智慧的体现。在一个长期以小农经济为主要生产方式的国度，普遍的贫穷和愚昧是制约社会发展、进步的重要因素。如何唤起民众革命和进步是一个长期而艰巨的任务。中共在长期的革命实践中，特别是在陕甘宁边区的革命实践中，始终立足于中国农民的实际，将宣传和自身的躬行进行无缝的结合，以自身的率先垂范来吸引和带动农民大众，从而实现革命的目标。陕甘宁边区红色体育的大众化也充分践行和体现了这种实践智慧。它给我们的重大启示和借鉴意义是它立足于中国实际、立足于中国现实的民情是实现中国大众体育发展的根本之途；体育精英走出象牙塔，走进民间社区的生动示范是大众体育发展的重要催化剂。

体育政治化不是体育的历史常态，但也绝非是体育的失态。西方社会在现代体育的发展过程中，的确明确提出过体育的非政治化。但非政治化的体育仅是口号，而不是历史事实。如果简单地将其当成一种历史事实，那么我们就无法理解1936年的柏林夏季奥林匹克运动会杰西·欧文斯的遭遇到底给世界传达了什么？又对世界掩饰了什么？以及政治斗争的舞台延伸到1980年的莫斯科夏季奥林匹克运动会和1984年的洛杉矶夏季奥林匹克运动会。在和平的年代，我们不过分提倡体育政治化和渲染体育的政治功能，但如果就此忽视甚至无视体育的政治功能，那也是自废武功。红色体育大众化给我们的重大启示和借鉴意义在于运用体育达到和实现政治化的目标和功能有着意想不到的积极效果；在特定的历史时期，体育政治化所实现的凝聚民心、强化民力、强健民众，始终是支撑一个强盛民族的不竭之源。

教育教学篇

红色文化融入大学生核心价值观教育研究述评

刘建伟　胡忠慧[*]

摘　要：对红色文化融入大学生社会主义核心价值观教育的研究现状进行了梳理，分析了学者在红色文化融入社会主义核心价值观教育的可能性和必要性、红色文化融入社会主义核心价值观教育的方法、红色文化融入教学活动和校园文化建设发挥价值引领功能等方面的研究成果及存在不足，在此基础上提出了未来需要深化研究的领域，包括红色文化涵育社会主义核心价值观的学理分析、红色文化涵育社会主义核心价值观方法实施效果的评价、红色文化融入教学活动和校园文化建设的契合性以及红色文化融入社会主义核心价值观教育的长效机制等。

关键词：红色文化；社会主义核心价值观；大学生；述评

部分学者阐释了红色文化与社会主义核心价值观的内在联系，分析了红色文化对于培育和践行社会主义核心价值观的意义和价值，探讨了红色文化融入大学生社会主义核心价值观教育的方法、途径。本文对学者的相关研究进行了梳理、归纳和分析，在此基础上提出了深化红色文化融入大学生社会主义核心价值观教育研究的若干方面。

一、红色文化融入大学生社会主义核心价值观教育的可能性和必要性

红色文化是在新民主主义革命和社会主义建设时期，由中国共产党领导人民创造的，以马克思主义为指导同时创造性融合中外文化思想所产生的一种先进文化形态，而社会主义核心价值观是我们党凝聚全党全社会价值共识做出的重要论断，是社会主义核心价值体系最深层的精神内核和凝练表达，是现代化和中国梦实现的根本精神动力，二者的内在联系是什么呢？目前，学术界基本上有三种观点：其一，过程同步说。认为中国共产党为中华民族崛起和振兴而奋斗的红色之路，"就是一条社会主义核心价值观得到培育、发扬和创新之路，也是社会主义核心价值体系教育内容不断充实、丰富和发展之路"[①]。其二，内容共性说。认为红色文化在实践中形成了以人为本、人民民主、公平正义、社会和谐等核心价值理念，而这与社会主义核心价值观的基本内容"在本质上是一致的"[②]。其三，目标一致说。认为红色文化蕴含浓郁的民族精神、爱国主义精神、自强不息精神和开拓创新精

---

*　刘建伟，西安电子科技大学马克思主义学院教授；胡忠慧，陕西省延安市安塞区中学教师。

①肖灵：《红色文化与大学生核心价值观教育》，载《江苏高教》2013年第1期。

②李祖平、安小文：《红色文化自觉与社会主义核心价值观全覆盖》，载《成都理工大学学报(社会科学版)》2015年第1期。

神,"这与社会主义核心价值观是完全契合的,两者的目标一致"①。三种观点从不同的层面揭示了红色文化与社会主义核心价值观的内在关系,论证了红色文化融入大学生社会主义核心价值观教育的可能性。

红色文化融入大学生社会主义核心价值观教育不仅具有可能性,而且还有必要性。概括起来,主要有三种代表性观点。

其一,价值导向论。当前,一方面随着全球化、市场化、信息化的发展,中西方文化交流、融合、碰撞的广度和深度空前,不同程度地消解了大学生对主流价值观的崇奉,导致大学生价值选择趋向多样化;另一方面,中国正处于社会转型期,各种社会矛盾重叠、集中出现,其解决的速度、效能与大学生的预期有一定差距,这也导致部分大学生在个别社会事件的影响下对执政党执政的合法性、政府治理的正当性和司法的公正性等产生怀疑,进而动摇或者改变自己的价值观。在各种因素的影响下,新时期大学生的价值观培养面临前所未有的挑战和困难。有学者认为红色文化为大学生价值观教育提供了重要渠道,因为它符合我国价值观的主流取向,所呈现出的"忠于党、忠于革命的信念",所表现出的中国共产党人的人生价值观和利益观具有"可延续性","为大学生提供了正确的价值导向,为开展大学生核心价值观教育提供了正确的导向"②。

其二,教育资源论。红色文化内容丰富,包括"人、物、事、魂"等四个方面,以物质化形态和非物质化形态呈现。很多学者认为,红色历史资源可以转化为社会主义核心价值观教育资源,丰富社会主义核心价值观教育的形式。如有学者指出:红色文化中折射出的革命先辈们的崇高共产主义理想、坚定革命信念和高尚爱国情感等价值追求,为大学生社会主义核心价值观的培育提供了深厚的"教育内涵";红色文化中所包含的革命历史事件、革命英雄人物、革命道路、革命精神、革命遗址等,为大学生社会主义核心价值观的培育提供了鲜活的"教育素材"。③

其三,精神动力论。红色文化是超越时空的先进文化,蕴含着厚重而丰富的革命传统,具有现实性、直观性、形象性、感染性等特点。有学者指出,"在价值观念、道德追求方面,形成了大公无私、严于律己、公而忘私、无私奉献、舍身忘己、献身革命、先人后己、艰苦奋斗、自力更生等价值观念"④,是大学生正确世界观、人生观、价值观养成的源泉,是大学生不断追求进步的精神动力。

总体而言,目前学术界研究中国优秀传统文化与社会主义核心价值观教育的多,研究红色文化与社会主义核心价值观教育的少。本质上,优秀传统文化、红色文化与社会主义核心价值观是一脉相承的,优秀传统文化是社会主义核心价值观的土壤,而红色文化则是社会主义核心价值观的根系,红色文化与社会主义核心价值观具有天然的内在联系,其所蕴含的红色精神与社会主义核心价值观具有一致性、契合性和互补性。以社会主义核心价值观为基本参照重新审视红色文化资源的时代价值,能够更加全面、深刻地理解红色文化

① 江颉:《红色资源融入大学生社会主义核心价值观教育探析》,载《广西教育》2014 年第 1 期。

② 肖灵:《红色文化与大学生核心价值观教育》,载《江苏高教》2013 年第 1 期。

③ 潘松文:《红色文化之于大学生社会主义核心价值观培育的价值及运用》,载《学校党建与思想教育》2014 年第 21 期。

④ 韩延明:《红色文化与社会主义核心价值体系建设研究》,北京:人民出版社 2013 年版,第 10 页。

的丰富内涵、红色精神的特质，特别是红色文化在价值涵养、价值引领方面的独特优势。将红色文化蕴含的丰富历史资源，结合时代特征、当代国情和学生需求创造性转化为大学生践行社会主义核心价值观的教育资源，对于增强大学生社会主义核心价值观教育的亲和力和感染力，提高大学生社会主义核心价值观教育的针对性实效性具有重要意义。

二、红色文化融入大学生社会主义核心价值观教育的方法

红色文化是涵育社会主义核心价值观的天然载体，但"应然"并不等于"实然"，要真正将红色文化融入大学生社会主义核心价值观教育并产生应有之效能，则必须在输送介质和工具手段上做努力，其中方法的灵活运用是关键。邓小平就曾指出："政治工作的根本任务、根本的内容没有变，我们的优良传统也还是那一些。但是，时间不同了，条件不同了，对象不同了，因此解决问题的方法也不同。"①红色文化要融入大学生社会主义价值观教育，既要赋予传统方法以新的表现形式，又要根据新情况不断创新教育方法，并且对各种方法实施后的效果进行检验和反馈，进而确定系列科学而有效的方法集。目前，学者论述的相关方法有：

一是，理论灌输法。理论灌输法是马克思主义理论教育的基础方法，也是我们党长期开展思想政治教育工作所坚持的基本方法。红色文化要融入大学生社会主义核心价值观教育，前提是让大学生了解红色遗址、红色故事、红色精神以及社会主义核心价值观的相关知识，而这就需要做知识和理论的讲解和阐释，就需要理论灌输的方法。当然，方法的运用方式要革新，要避免传统的"一言堂""满堂灌"的纯粹知识单向输出形式，而是"对其加以调解和控制，以增强灌输的实效性和吸引力"②。具体而言，包括灌输法与其他方法的"嫁接"与"新生"、传统灌输法与现代信息技术的圆融结合等。

二是，实践体验法。实践是认识的来源与目的，是人的思想形成发展的源泉，也是检验认识正确与否的唯一标准。欧内斯特·芒德尔深刻地指出："广大群众通过与社会主义者交往而获得的与他们对资本主义现实的日常体验不同的、具有决定作用的经验，显然是从社会主义者的实践中，而不是从他们的理论中感受到的。"③将红色文化转化为大学生的情感认同、价值认同并升华为行为认同，则必须发挥社会实践的作用，让大学生在亲身体验中感知红色精神的道义力量和时代价值。综合相关学者的观点，实践体验法应用于红色文化融入社会主义核心价值观教育方面主要体现在：通过亲身参观红色遗址、红色精神展览馆、革命纪念馆等，了解红色文化的发展脉络、演变历程及精神体现，感受红色文化蕴含的力量，将感性认识逐渐上升为理性认识并嵌入自己已有的价值生成结构。这种方法的优点是有助于将大学生对红色文化的认知上升为对红色文化的情感认同进而上升为对红色精神的自觉实践，但是存在的问题是社会实践活动的组织难度大、成本大、风险大，而且很难保证全员参与。

三是，榜样示范法。不同时代的榜样人物及其故事"具有感染、激励、号召、启迪和警

---

①《邓小平文选》(第 2 卷)，人民出版社 1994 年版，第 114 页。

②安小文、李祖平：《试论红色文化融入社会主义核心价值观建设的方法与价值》，载《佳木斯大学社会科学学报》2014 年第 3 期。

③(俄)戈尔巴乔夫，等：《未来的社会主义》，北京：中央编译出版社 1994 年版，第 135 页。

示功能"①,对处于价值观形成期的大学生具有示范和引领作用。红色文化的重要载体是红色故事,而红色故事的灵魂是英雄人物,英雄人物的事迹超越时空具有永恒魅力,是天然的价值观教育资源。将红色榜样人物融入大学生社会主义核心价值观教育,就是遵循大学生的成长规律、价值接受规律和思想政治教育规律,将英雄人物及其故事通过通俗易懂的方式阐释,并运用恰当的技术手段表现出来,进而实现与社会主义核心价值观教育的同频共振,做到入脑、入心。当然,榜样人物的选取不是没有标准的"大杂烩",而是要坚持多样性、针对性和正面性的原则,并注意将榜样人物的价值示范生活化、大众化,让大学生觉得榜样人物不是高高在上,而是触手可及、人人可做,从而真正接受英雄人物所渲染的精神并自觉追慕、践行。

四是,价值澄清法。价值澄清法与传统的灌输法不同,它不是教师或者管理者将正确的价值简单复制、输出给学生,而是从学生存在的错误认识、混乱思想出发,通过教师的引导和师生互动,帮助学生认清楚各种社会思潮的表征、本质,进而从混乱的价值中解脱出来,自觉认同社会主流价值观。在以红色文化为载体进行社会主义核心价值观教育的过程中,运用价值澄清法就是将各种混乱的认识、错误的观点和容易引起争议的问题通过理论阐释、课堂讨论和演讲论辩的方式,帮助大学生在各种社会思潮中牢固确立正确的认知、形成稳定的理性认识。这是一种非常重要的方法,它有利于引导学生形成对主流价值观的认同,提高学生的价值判断和价值选择的能力。

五是,媒介传播法。网络和新媒体的海量性、及时性、互动性、多样性等特点决定了其在价值传播中的优越性,并成为红色文化涵育社会主义核心价值观的新渠道、新方法。目前,相关的研究主要集中在两个方面:其一,建立主题教育网站并开展师生互动。建立专门的校园红色网站,"通过开展红色网络论坛、红色影视欣赏、红色在线歌曲、红色网上祭英烈、建设红色网上纪念馆等高雅、健康的主题活动"②,深入挖掘红色资源并结合时代要求和学生需求以形象化、立体化的方式呈现出来,增强内容的吸引力和延伸性,提高表现形式的灵活性和多样化。有学者还提出,为了保证学生能够自觉浏览网站、加强学习,要求他们定期登陆网站并留言互动,并"利用操行分这把尺子"③来约束。这种方式的优点是将可量化的学业要求纳入红色文化教育之中,通过构建可操作、可评价的约束机制引导和督促学生了解和学习红色文化,缺点是强制性的方式往往容易引起学生的逆反心理,在学生的隐性抵抗中趋于形式化。二是利用新媒体开展嵌入式教育活动。QQ、微博、微信、移动校园 APP 等新型媒体已经成为大学生日常交流的主要工具,将红色文化融入新媒体是大学生价值观教育的新常态。有学者梳理了一些学校的做法,如开通红色旋律互动 QQ 群、红色旋律主讲教师微博、红色旋律主讲教师 E-mail、红色旋律投稿 E-mail、红色旋律微信、红色旋律飞信等。④

学者提出的方法众多,亦具有建设性和可操作性,但是目前还存在两个方面的不足:

---

① 廖宇婧:《论依托红色资源开展大学生理想信念教育》,载《江汉大学(社会科学版)》2012 年第 1 期。

② 陈俊:《红色文化引领大学生核心价值观教育的实效性分析》,载《山东青年政治学院学报》2014 年第 4 期。

③ 王爱华:《红色文化与思想教育》,成都:西南交通大学出版社 2012 年版,第 85 页。

④ 段宏、刘建民:《论新媒体视阈下河北红色文化的高校德育功能》,载《新闻知识》2013 年第 8 期。

其一，建议性方法的提出缺乏实施效果的检验和评价，方法的适应性缺乏科学性分析，离具体操作尚有一定距离。比如，榜样示范法是一个好的方法，但是榜样人物的示范性作用如何时代化则缺乏原理性阐释；其二，经验性方法的论述缺乏一般性规律的提升，对于具体经验的可推广性缺乏深入的剖析，尚停留在一般性论述层面。另外，各种方法如何有机配合形成协同效应，亦乏有论述。

三、红色文化融入教学活动发挥价值引领功能

（一）红色文化融入课堂教学

课堂是一个具有仪式性、权威性的理论灌输场所，是大学生熟悉并乐于学习知识、接受教育的地方。深入挖掘红色历史资源并转化为社会主义核心价值观教育资源融入课堂教学是大学生思想政治教育的应有之义，也是培育和践行社会主义核心价值观的客观要求。很多学者对此做了探索，归纳起来主要在两个方面。

（1）红色文化融入思想政治理论课。如何从红色历史文化中寻找合法性根源并汲取力量，融入思想政治理论课教学帮助学生树立正确的价值观，是很多学者探讨的重要课题。经过研究，他们认为，首先教师要具有传承红色文化的"事业心和使命感"，认真梳理教材中关于社会主义核心价值观的内容，并将之与红色文化的传播有机结合起来。其次，要把握红色文化、社会主义核心价值观教育和思想政治理论课程三者之间的契合点，创造性地将红色文化融入课堂教学之中。"尤其在《中国近现代史纲要》与《毛泽东思想和中国特色社会主义理论体系概论》这两门课程中，教师应当通过红色文化的形成、发展过程来阐释培育社会主义核心价值观的必要性、紧迫性和重要性。"[1]有学者还详细地论述了红色文化资源与具体课程的结合点，如《思想道德修养与法律基础》中爱国主义和红色文化的结合，《中国近现代史纲要》中红色文化资源与中国革命过程的结合，《马克思主义基本原理概论》中红色文化资源与群众路线的结合，《毛泽东思想和中国特色社会主义理论体系概论》中红色文化资源与党的理论路线的结合等。最后，要充分发挥高校知识资源优势，抓好"红色教材"编写工作。

（2）开设红色文化特色选修课。红色资源遍布全国各地，成为各大高校竞相利用的教育资源。如临沂大学在全校大一本专科学生中开设了《红色文化与沂蒙精神》课程，把红色文化当作高校思想政治理论课教学的有机组成部分，形成了自己的特色。

目前，红色文化融入课程教学方面论述较为欠缺的是专业课方面。可能部分学者潜意识里认为价值观教育是思想政治理论课、党课等课程的专属领域，与专业课没有多大关系，这是一种误解。实际上，专业课中的价值观教育因为能够和职业选择、职业规划以及职业素养结合起来，具有利益相关性和隐蔽性，更容易为大学生所接受。比如，很多文史方面的专业课如果能够灵活地将专业课知识的讲授与红色经典的传承结合起来，在专业技能的培养中注重专业品格的塑造，在职业规划的引导中注重职业素养的提升，让诚信友爱、公平正义、爱国进步等价值成为大学生专业学习和职业选择中自觉的追求，那么这种教育方式对大学生的思想冲击力更大。

---

①于安龙、刘文佳：《论红色文化与大学生社会主义核心价值观教育》，载《教育评论》2014年第10期。

（二）红色文化融入社会实践教学

目前，学者论述的社会实践教学方面的做法主要是两类：一类可以称之为体验式模式，即是"通过组织大学生参观革命遗址、讲革命故事、唱红色歌曲、看红色经典、重走革命道路等红色主题教育活动"①，建立一批爱国主义教育实践基地，让大学生的情感在实践体验中得到升华。亦有学者将此模式概括为"一听、二看、三练、四讲、五做"模式②。一类可以称之为服务式模式，即是大学生根据所学专业开展针对性的志愿者服务活动，在奉献中体会爱国、正义、团结、友善等价值，如师范院校大学生可参与"老区支教"工程、医学院大学生可参与"老区支医"工程、农业院校大学生可参与"老区支农"工程等，以此了解社会、磨练意志、提升品质。

总体而言，红色文化融入教学活动发挥价值引领功能的研究还停留在一般性论述上，尚缺乏深层次的分析。比如红色文化融入思想政治理论课发挥价值引领作用的独特优势在哪里，与当代大学生的接受心理、思想政治理论课的教学重点难点结合点在哪里，采取怎样的形式更能发挥应有的作用，在这方面学者论述的较少。另外，红色文化引入社会实践教学，如何避免运动式的形式使之制度化、常态化，如何更好地与社会主义核心价值观的不同层面要求结合起来，也缺乏相应的深刻论述。

四、红色文化融入校园文化建设发挥文化育人功能

"人创造环境，同样环境也创造人。"③一所大学输出的文化是大学生灵魂深处不可或缺的一部分，是影响他们价值养成的无形力量。将红色文化融入大学生社会主义核心价值观教育必须重视校园文化建设的作用。目前，学者的研究主要体现在两个方面。

一方面，将红色文化融入校园物质文化建设中。校园物质文化环境又称为校园硬环境，是校园文化的外在表现形式，它包括学校建筑及其造型、布局，教学科研生活场所的装饰、布置，校园生态环境的设计，以及校旗、校徽、校服等。这些看得见、摸得着的物质元素蕴含着丰富的文化内涵和自然美感，大学生长期浸染其中而不觉。将红色文化元素融入校园物质文化之中，发挥对大学生的价值熏陶作用，可以通过"结合当地人文历史、学校校史校情，在校内适当的地方建立红色文化广场、红色文化纪念馆、陈列馆，树立相关红色文化标语、标识、宣传栏，建造红色文化雕塑、'英雄墙'等"④，借以增强对大学生的视觉震撼和心灵震撼。当然，红色元素融入校园物质文化建设，并非是将校园文化建设成单一红色色调，更非是将红色色调毫无依据地胡乱装饰，而是应该坚持三个基本原则：其一，契合性，即与学校的校史、本地区的历史文化和学校的发展理念相一致；其二，协调性，即人文景观和自然景观、教育功能和欣赏功能相结合；其三，典型性，即校园雕塑和建筑的设计要具有代表性，能够集中体现学校的办学传统、治学理念和价值追求。

---

①杨洋，赵宏岩：《红色文化在大学生思想政治教育中的有效运用》，载《产业与科技论坛》2014年第19期。

②王爱华：《红色文化与思想教育》，成都：西南交通大学出版社2012年版，第63页。

③《马克思恩格斯选集（第1卷）》，北京：人民出版社1995年版，第92页。

④顾正虎，龚成：《红色文化在大学生核心价值观教育中的传承与创新》，载《徐州师范大学学报（教育科学版）》2011年第3期。

另一方面，将红色文化融入校园精神文化建设中。校园精神文化又称为校园软环境，它是校园文化的核心和灵魂，反映了一所学校的历史传承、精神面貌和个性品质。红色文化融入校园精神文化即是找到二者之间的最佳结合点，通过开展形式多样的主题教育活动将红色文化资源转化为教育资源影响大学生的理论认知、政治认同和价值认同。具体的表现形式是多样的，可以是策划以红色文化为主题的辩论赛、征文赛、摄影展、知识抢答赛、红歌百人大合唱等赛事，开展主题班会、团组织生活会以及红色文化艺术节等校园文化活动，也可以"邀请有关历史学家、革命老战士进校园，开展专题讲座"①。通过与学生的平等交流和对话或者学生自我教育的方式，增强大学生对红色文化蕴含的历史价值、时代价值的思考。目前，学者对红色文化融入校园精神文化建设发挥价值塑造功能的研究主要在组织活动或者讲座方面，对如何总结经验形成长效机制关注不够。另外，校园文化建设包括互相联系、相互影响的物质文化、精神文化、制度文化和行为文化四个层面，如何确立四个层面在红色文化融入大学生社会主义核心价值观教育中的各自功能及相互衔接机制，也缺乏系统性的论述。

五、结论

目前，学者对红色文化融入大学生思想政治教育的研究较多，对融入社会主义核心价值观教育的研究较少，红色文化融入大学生社会主义核心价值观教育的相关研究尚处于起步阶段，成果零散而不系统、不深入。习近平强调："一个民族、一个国家的核心价值观必须同这个民族、这个国家的历史文化相契合"②，要"把红色资源利用好、把红色传统发扬好、把红色基因传承好"③。红色文化是中国特色社会主义文化的优秀基因和理论来源，是社会主义核心价值观教育独具优势的载体，深化红色文化融入大学生社会主义核心价值观教育的研究具有重要意义。未来需要强化研究的是：

（1）红色文化融入大学生社会主义核心价值观教育的学理阐释。《关于培育和践行社会主义核心价值观的意见》要求："深入研究社会主义核心价值观的理论和实际问题，深刻解读社会主义核心价值观的丰富内涵和实践要求，为实践发展提供学理支撑。"④目前，学术界已有的研究侧重于红色文化融入大学生社会主义核心价值观教育的具体对策方面，也就是"如何做"，对于其逻辑前提"为什么要做"则缺乏学理性考察。未来研究应该注意的是：运用马克思主义学说中的经济基础与上层建筑、社会存在与社会意识原理、价值观理论，剖析红色文化与社会主义核心价值观在理论渊源、实践基础等方面的一致性，揭示红色文化涵育社会主义核心价值观的文本和实践依据；分析红色文化所蕴含的精神追求、精神特质与社会主义核心价值观在国家、社会和个人层面的契合性、互补性，揭示红色文化涵育社会主义核心价值观的历史和逻辑基础；综合运用马克思主义学说、价值哲学、社会

---

①聂勇：《化皖西红色文化资源为优秀思想政治教育资源》，载《鸡西大学学报》2010 年第 6 期。

②《习近平在北京大学师生座谈会上的讲话》，载《人民日报》2014 年 5 月 5 日。

③《习近平视察新疆军区某红军师时说：要让红色基因代代相传》，人民网：http://politics.people.cn/n/2014/0429/c1024-24958691.html.

④《中共中央办公厅印发〈关于培育和践行社会主义核心价值观的意见〉》，载《人民日报》2013 年 12 月 24 日。

心理学的原理，构建指导红色文化涵育社会主义核心价值观实践的理论遵循。

（2）红色文化融入大学生社会主义核心价值观教育的方法及效果评价。学术界提出了红色文化融入社会主义核心价值观的诸多方法，但是仅仅停留在一般性阐释方面，对于这些方法及其实施的针对性以及有效性则缺少考量。下一步在研究中需要增强红色文化融入大学生社会主义核心价值方法提出的"问题意识"和方法实施的"效果意识"，构建科学而规范的效果评价体系。方法的评价包括评价的主体构成、评价的标准、评价的指标体系及效果检验等内容。在评价主体中，要以大学生的自我提升感知为主；在评价原则中，要紧紧围绕价值影响进行；在评价指标中，要善于把红色文化融入大学生综合素质体系和学业质量标准并细化。尤其重要的是，要重视网络平台的作用，"运用网络传播规律，弘扬主旋律，激发正能量，大力培育和践行社会主义核心价值观，把握好网上舆论引导的时、度、效"①。探索线上与线下相结合，线上常规教育和主题教育、一般教育和特色教育相结合的渠道，构建集红色资源挖掘、红色经典阐释、红色文化传播、红色精神宣讲、红色文化学习互动于一体的主题教育网站，开展网上"红色课堂""红色经典欣赏""红色故事大家讲""时代红色故事"等活动并进行效果评价，进而总结一般性经验并推广是学术界应该深入阐述的问题。

（3）红色文化融入课程教学和校园文化发挥价值引领功能分析。红色文化融入课程教学和校园文化建设并非是生搬硬套或者硬性嫁接，而是基于科学性和可操作性基础上的有机融合，这就需要深化红色文化融入课程教学的案例分析，分析红色文化融入具体课程的契合性，找到红色文化能够发挥其优势的结合点。比如，红色文化与党课教育相结合，就是要梳理红色文化资源中有趣味性、有感染力的事例按照理想信仰教育的要求进行再加工、再创造，并有机嵌入课堂教学之中，进而"通过清晰可辨、并不遥远的历史上的真人真事，使人们明了社会主义道路不是虚幻的、社会主义核心价值观不是遥不可及的"②，增强大学生的制度自信、理论自信和价值自信。另外，还要深化红色文化融入校园文化建设的规律研究，探索红色文化、学校校史与校园文化之间自然而不突兀的衔接方式。

（4）红色文化融入大学生社会主义核心价值观教育的长效机制构建。红色文化融入大学生社会主义核心价值观教育是一项长期性、系统性、创新性工作，健全的机制是其获得实效、永葆生机和活力的根本保障。避免"运动式""政绩式"的工作方式，确保红色文化融入大学生社会主义核心价值观教育的规范化和常态化，必须深入思考如何遵循马克思主义大众化规律、价值传播规律和青年认知规律，结合时代特征、现实矛盾和大众心理，创新利用红色文化将社会主义核心价值观人格化、形象化、具象化的形式、方法，探索运用法治思维、法治方式推动红色文化价值引领功能制度化、规范化的方式、途径，形成将红色精神落细、落小、落实，更好地融入大学生学习生活和精神世界的长效机制。这一机制的核心应该是完备而有效的制度体系，健全而高效的组织体系，以及充裕而持续的经费支持体系。

---

①《习近平：总体布局统筹各方创新发展，努力把我国建设成为网络强国》，载《人民日报》2014年2月28日。

②何其鑫，等：《红色文化资源在培育社会主义核心价值观中的应用》，载《江西社会科学》2013年第10期。

红色文化为载体创新大学生思政课教学模式

刘建伟　夏永林*

摘　要：总结了西安电子科技大学依托红色校史创新思想政治理论课教学的做法，论述了西安电子科技大学以红色文化为载体创新思想政治理论课教学所取得的成绩，为高校深化教育教学改革、提高思想政治理论课教学的针对性和实效性提供了参考。

关键词：红色文化；思政课；"两个转化"

西安电子科技大学前身是 1931 年诞生于江西瑞金的中央军委无线电学校，是中国高校中仅有的少数几所具有红色文化基因的重点大学。它自成立起便与中国革命史和中国共产党通信史紧密相连，在中国革命的关键节点上发挥了技术服务国家和人民的独特作用，被誉为"千里眼""顺风耳"，红色影片《永不消逝的电波》剧中主人公李侠的原型即是西电杰出校友李白，电视专题片《走近王诤》的主角王诤则是西电的首任校长。毛泽东同志先后两次为学校题词："全心全意为人民服务""艰苦朴素"并三次接见全校师生，更是党中央和中央军委关怀学校的见证。此外，周恩来、朱德、聂荣臻、邓颖超、彭德怀等老一辈革命家也曾多次关心学员业务发展和学校办学。可以说，西电八十余年的办学史就是传承红色精神、办人民满意大学的奋斗史，它蕴含着丰富的红色历史资源，承载着独特的红色符号、红色文化和红色精神。今天，"全心全意为人民服务"已经成为学校的办学宗旨，而"艰苦朴素"成为西电精神的重要表述，红色文化传承和创新成为学校办学的一大特色。

习近平强调："要激活中华文化红色基因"。中央《关于进一步加强和改进新形势下高校宣传思想工作的意见》指出："完善以教学效果为核心的质量评价体系，大力推进教学方法改革。"近年来学校立足于立德树人、培养红色传人，以思想政治理论课教学质量提升工程为载体，以提高思政课教学的针对性实效性为主线，以实现"两个转化""四个自信""四个认同"为目标，深入挖掘红色校史资源并创造性转化为思政课教育资源，提高了思政课教学的效果。

一、挖掘红色文化资源，构建立体、丰富、多元的教学资源库

（1）以学术为基，为教学改革提供理论支撑。成立西电红色教育研究中心，深入挖掘西电八十余年办学历程中所承载的红色符号、红色文化和红色精神，分析党史、校史、学科发展史多维视角下西电红色校史的时代价值和意义，探寻西电红色校史涵育社会主义核心价值观发挥价值引领、价值塑造功能的学理性基础和长效机制，为红色校史融入思想政

* 刘建伟，西安电子科技大学马克思主义学院教授；夏永林，西安电子科技大学马克思主义学院教授。

治理论课教学提供理论指导和学理遵循；学校将红色校史"进教材、进课堂、进头脑"为主旨的思想政治理论课教学质量提升工程，列为全校首个校长基金项目予以重点支持，资助经费 50 万元，校长郑晓静院士亲自担任课题总指导。

目前，相关研究获得国家社科基金特别委托项目、陕西省社科基金重点项目、西安市社科规划重点项目、陕西省大学生延安精神教育研究课题重点项目、陕西省社科联重大理论与现实问题研究项目等资助，有力地推动了红色文化及其价值引领功能的研究。近几年，规划出版《永不消失的电波——西电红色校史》《西电红色记忆——人物篇》《西电红色记忆——故事篇》《红色文化传承与社会主义核心价值观教育》《中华文化传承与中国梦》等研究成果。

（2）以网络为平台，建立西电红色校史电子档案馆。整理老一辈革命家、科学家的口述资料及实物资料，建成覆盖音频资料、照片资料、文字资料和研究资料四大版块的资料库，形成包括"半部电台起家""永不消逝的电波""长征路上办学"等重大历史事件，王铮、李白、张露萍等杰出人物事迹，毛泽东、朱德等老一辈革命家与西电等内容的专题网络资料库和网站。建立西电红色传承主题教育网站"西电往事——永不消逝的电波"，通过"网络化""故事化""时代化"的方式全方位展示红色校史蕴含的精神气质、道义力量，在全校师生中弘扬红色教育传统。学校专门召开纪念毛主席对学校题词"全心全意为人民服务"65 周年研讨会，探讨在新时期如何办好人民满意大学的办学宗旨。

二、转化红色文化资源为教育资源，创建思政课教学新模式

将西电红色文化资源创造性转化为思想政治理论课的教学资源，对教学资源库的资料按照课程性质、教学要求和学生期望等进行再加工，有选择地有机融入思想政治理论课中，创建"1234"思政课教学新模式。

（1）一个主题。以"三个着眼于"为立足点开展红色文化融入思政课的教学改革，服务大学生成长成才。一是着眼于思政课教材体系向教学体系、知识体系向信仰体系转化；二是着眼于增强大学生的道路自信、理论自信、制度自信和文化自信，引导大学生坚定理想信念，自觉践行社会主义核心价值观；三是着眼于培养大学生具备成长、成才、成人所需的政治理论素养、道德情操和道德品质，做中国特色社会主义事业的合格建设者和接班人。

（2）两个阵地。红色校史资源转化为思政课教学资源并非是生搬硬套的拿来主义，而是在坚持科学性、时代性和针对性的统一基础上合目的性的再加工、再创造过程。它以课堂教学和社会实践教学为主要阵地实现"三进"，做到认知—内化—践行的完美统一。

课堂教学中，首先确立红色校史资源梳理、编辑的三个原则，包括：典型性原则，就是要选择有代表性的"人、物、事、魂"进行编辑；契合性原则，就是要将校史资源合目的性，抓好其与思政课教学的结合点；感染性原则，就是要通过校史材料的再加工、再创造突出其所蕴含的正能量。其次，通过集体备课和专题讨论的形式，将红色校史教育资源有机嵌入各门思想政治理论课，并按照教学重点、难点和热点要求撰写教学大纲、教学方案，力争做到不交叉、不重复、不牵强。最后，通过多种教学形式将教学目标和要求贯彻到课堂教学过程中。通过不断探索，编写了红色校史融入本科生四门思政课的教学大纲、教学方案，编著了《红色校史融入思想政治理论课案例研究》《红色校史融入大学生思想政治教育

征文集》《中国梦与中国特色社会主义概论》《中国梦大学生读本》等，在《人民日报》《光明日报》《中国教育报》《高校教育管理》等报刊发表了 10 多篇相关文章。

社会实践教学中，组织了"大学生关注的'中国梦'十大议题""大学生对习近平系列讲话精神学习和认知状况""梦想与道路——身边的中国""传统文化、红色文化与价值引领"等系列主题调研活动，规划出版《梦想与道路——身边的中国"大学生优秀社会实践报告文集》《"红色文化与价值引领"大学生优秀社会实践报告文集》；开辟了延安中央军委三局旧址、中央军委无线电通信学校（学校前身）旧址、全国青少年井冈山革命传统教育基地、西安八路军办事处等多处红色文化体验基地，开展了"瑞金情""长征志""重走红色办学路""走进梁家河、踏寻红色路"等"红色之旅"主题社会实践活动。成立了家电维修服务队、青年志愿者服务队、爱心社、信息技术 120 等 100 多个大学生社会实践服务队，深入城市乡村开展形式多样的科技文化服务活动。

（3）三个环节。"授课、互动、实践"凸显研究型教学特色。具体而言：

其一，课堂教师主导讲授环节。指在教学活动中以教师讲授为主，通过将教材体系转化为教学体系，彰显理论自身魅力和应用价值。具体而言，将教材内容转化为若干专题的课堂教学内容，然后将红色校史承载的"人、物、事、魂"通过教师的有机融入起到画龙点睛的作用，让学生在可亲近、可触摸中感受理想信念的力量、爱国求是的价值、艰苦奋斗的豪情。

其二，课堂学生主体多元参与教学环节。指在课堂教学过程中，教师专门拿出一定课时开展多种形式的课堂教学活动，体现学生的主体性、主动性和参与性。该教学环节充分尊重学生的主体地位，通过搭建学生便于参与、乐于参与的平台，围绕红色校史承载的"人、物、事、魂"展开课堂讨论、案例分析、情景模拟等，增加互动交流，调动学生的参与热情，让学生在不知不觉中增进对教学内容的理解。

其三，社会实践环节。构建政府、学校、企业、社会等合作育人的机制，实现学生参与社会实践的长效化。通过打造"目标共同、机制共建、资源共享、责任共担"的实践育人共同体，培育主题鲜明、形式多样、行之有效的红色文化主题调研、考察、学习等精品项目，为学生创造了解历史、熟悉民情、知识报国的途径，在亲见亲闻中不断审视自己的价值判断和价值选择并自觉地推进主体间共识、压缩"认同间距"，将理性的政治认同融入自我的生活当中。

（4）四个保障。"课件、资料库、团队、教改"齐头并进。一是在课程教学体系建设方面，围绕课程教学目的和要求，完成教学大纲修订，任课教师根据个人学科背景组成教学小团队，完成课堂教学内容设计，制作多媒体教学课件；通过集体备课、讨论交流、强化教学活动执行力。二是在教学资料库建设方面，各小团队分工完成相应专题教学资料搜集、整理和及时更新，集体共享。三是在教学团队建设方面，结合教学改革实践，凝聚锻炼队伍，积极营造老中青相结合、传帮带促成长、教学科研相互促进、激励考核评价机制明确、教学相长的氛围。四是在教学改革项目申报方面，依托教学团队教学实践和教学研究，以研促改，不断推进教学改革发展。

三、实施中华文化价值教育工程，传承"中华优秀文化红色基因"

学校于 2013 年组建了终南文化书院，旨在培养理想信念坚定、德性修养高尚、人文素养深厚、人格健全完善的民族精英和行业领袖。学校高度重视书院的发展，校长郑晓静院士担任书院院长，校党委书记陈治亚教授担任书院理事长，建立了理事会和院务会的组织运行机制，并配套设有专门教学设施和活动场所。书院组建了文化导师团，聘请50余位国内外知名专家学者与杰出校友担任文化导师，面向全校创办人文研修班，开展中华文化价值教育工程，开设红色经典课程，举办专题讲座，培养红色传人。

（1）构建以经典教育为核心的红色文化传承体系。包括开设"红色文化经典导读"课程，系统讲读红色文化的精义并阐发其现代价值，提高大学生的理论素养；创建"名人名家报告会""华山学者论坛""博雅讲坛"等报告体系，从红色文化传承、社会主义核心价值观培育、道德修养养成等角度阐发红色文化的当代价值，增加大学生的价值自信；举办"读书沙龙"，师生共同研读红色经典，激发学生自主探索的精神；开展"艺术传唱"传播经典，以学生喜闻乐见的方式将红色经典以诵唱、器乐、舞蹈、书法等形式展现出来，打造了《红旗颂》《长征组歌》《瑞金之星》等一批具有西电特色的高雅文化品牌，提升学生的审美情趣。

（2）构建以对话形式为特色的精神价值引领体系。举办"信仰对话"活动，通过邀请老战士、老教授以亲历者的身份与学生展开互动式交流，或者党史、校史研究者就现实生活中与网络媒体上大学生普遍关注的热点难点问题展开明辨式对话，使学生在互动交流中增进对红色精神的理解、认同；举办"道德对话"，结合红色故事、红色人物，就"爱国""敬业""诚信""友善"等社会主义核心价值观的个人层面要求展开情境式对话，就"慎独""自省""成己""成物"等中华传统美德展开切己式对话。通过系列"对话"活动使学生明辨是非、坚定理想信念、崇德向上，增强道路自信、理论自信和价值自信。书院学生创办《信仰》电子杂志，定期发行，提升了学生的正知正念与正能量，涵养了社会主义核心价值观。

（3）构建以培育工程为载体的红色文化教育体系。以弘扬中华优秀传统文化为主线、以培育社会主义核心价值观为导向、以红色教育为特色，实施了"中华优秀文化传承工程""社会主义核心价值引领工程""学生党员先锋工程""青年马克思主义者培养工程"等系列"铸魂工程"，分众化、针对性地培养红色文化传人。

（4）构建以网络传播为平台的红色文化弘扬体系。通过网上"西电红色故事会""西电红色人物志"等形式，传播红色文化和红色精神；通过网上"励志访谈""优秀红色传人""身边的好校友"评选等形式，选树学生中的优秀典型，用榜样的人格魅力和感人事迹教育影响学生；建立"西电小喇叭""西电学堂""红旗飘飘"等学生自媒体平台，用"校园化""网络化""故事化"的生动形式，讲述和传播社会主义核心价值观。

四、学生评价及社会影响

（一）学生评价

通过设计问卷对必修过思想政治理论课的五届6000名学生进行调查，发现96.23％的学生对红色校史引入思想政治理论课教学表示认同，89.16％的学生认为红色校史引入思想政治理论课教学确实提高了教学的针对性和说服力，91.48％的学生认为红色校史引入思想政治理论课能够增加对思想政治理论的认同，94.12％的学生在阅读红色文化传承主题网站后表示受教育，86.84％的学生认为红色文化主题社会实践活动能够增进价值自信。

新华社记者对学生的访谈，从侧面说明了红色校史引入思想政治理论课的效果。原文为：数学与统计学院14级研究生刘加会认为，老师把校史穿插于课堂教学中，让自己觉得教学案例离自己特别近，有亲近感，更容易接受，也更容易有共鸣。通信工程学院 13 级学生张宏杰在观看完《走近王净》纪录片后，说："老校长的奋斗历程让自己明白了校歌中的那句话'与共和国同行'，觉得中国梦、西电梦和个人梦是一致的，对自己震撼很大。"终南文化书院 13 级学生邢志伟在参与社会实践调研后，感慨良多："只有亲身实践才能更深刻地理解核心价值的内涵和意义，才觉得要跳出自己狭隘的认识站在国家和民族的角度看待核心价值观。"（新华社西安 2015 年 1 月 7 日电，"西安电子科大：传承红色文化，创新育人模式"）

（二）相关成果

（1）理论成果："中国梦和中国特色社会主义理论体系创新"获得 2013 年国家社科基金特别委托项目立项，"中国道路的文化价值根基研究"获得 2014 年陕西省社科基金重点项目立项，"社会主义核心价值观引领当代中国社会思潮的运行机制研究"获得 2014 年陕西省社科基金立项，"大学生对社会主义核心价值体系认同的机理、现状和优化对策研究——基于西安市部分高校的调查"获得 2013 年陕西省教育科学"十二五"规划课题立项，"高校运用延安精神涵育社会主义核心价值观的学理支撑及长效机制研究"获得 2015 年陕西省大学生延安精神教育研究课题重点项目立项，"自媒体时代高校基于底线的包容性意识形态建设研究——基于西安市部分高校的调查"获得 2015 年西安市社科规划基金重点项目立项，"陕西省红色历史资源创造性转化为社会主义核心价值观教育资源的路径和推进方式"获 2015 年陕西省社科联重大理论与现实问题研究立项。总发表论文 20 多篇，著作5 部。

（2）教改成果：规划出版《永不消失的电波——西电红色校史》《红色校史融入思想政治理论课案例研究》《红色校史融入大学生思想政治教育征文集》《中国梦与中国特色社会主义概论》《中国梦大学生读本》《西电红色记忆——人物篇》《西电红色记忆——故事篇》《红色文化传承与社会主义核心价值观教育》等，在《人民日报》《光明日报》《中国教育报》《高校教育管理》等报刊发表了 10 多篇相关文章。教改成果获得西安电子科技大学教学成果奖一等奖一次、二等奖两次，获得优秀教材奖两次，教改论文获得中国电子教育学会优秀论文特等奖，2011 届陕西高校思想政治教育研究优秀论文一等奖，2012 届陕西高校思想政治教育研究优秀论文二等奖和 2014 年陕西省校园文化建设优秀成果一等奖，西安电子科技大学"中华文化价值教育工程"2015 年 2 月获得教育部礼敬中华优秀传统文化特色展示项目。

（三）社会影响

（1）《挖掘红色教育资源加强社会主义核心价值观教育》入选教育部思想政治工作司社会主义核心价值观教育典型案例，教思政司函[2014]54 号。

（2）《中华文化价值教育工程》入选教育部全国高校"礼敬中华优秀传统文化"特色展示项目（教思政厅函[2015]3 号），2014 年 9 月 24 日《光明日报》以《青青校园传统文化"活起来"》为题进行了专门报道。

（3）教育部网站专题报道："西电构建"1234"思政课教学新模式"；新华社专题报道："西安电子科大：传承红色文化，创新育人模式"；中国社会科学网专题报道："把红色文化融入大学生核心价值观教育中"；陕西省教育厅网站专题报道："西安电子科技大学开展红色文化传承与核心价值观教育工程"；中国青年报专题报道："让红色基因融于青年血液：95后大学生激情演绎《长征组歌》"；中国科学报专题报道："西安电子科大把红色文化基因融入核心价值观教育"。还有人民网、新华社《半月谈》、陕西日报、西安日报等媒体进行了报道。

文化认同危机下西电红色文化育人机制探析

曲建晶*

摘　要：描述了红色文化认同的当代危机，剖析了存在的原因，在此基础上提出了对策，即：建立红色文化资源的科学整合机制；创新红色文化的教育模式；构建红色文化的传播机制。

关键词：文化认同；红色文化；立德树人

西安电子科技大学是中国高校中仅有的少数几所具有红色文化基因的重点大学。它地处陕西，具有得天独厚的红色资源优势，而且它在发展进程中积累了丰富厚重的红色资源。它于1931年创办于江西瑞金，前身是中央军委无线电学校。学校自成立起经历土地革命、抗日战争和解放战争的洗礼，与中国革命史和中国共产党通信史紧密相连，在中国革命的关键节点上发挥了技术服务国家和民族的独特作用。学校83年的办学史就是传承红色精神、办人民满意大学的奋斗史，承载着红色文化、红色精神和红色符号。

近年来，面对当代大学生的德育问题，西安电子科技大学深入挖掘红色历史资源并创造性转化为立德树人的教育资源，创新红色育人新形式，把学校历史和发展现实相结合，把革命传统和时代精神相结合，把党和国家的殷切希望与大学生的成长需求相结合，实施了红色校史"进教材、进课堂、进头脑"的思想政治理论课教学质量提升工程，取得了突出的成效。对于文化认同危机下的研究运用红色文化资源育人的实现机制探索具有重要意义。

一、文化认同危机的大背景

随着全球化时代的来临，文化认同上的失落与冲突，已经成为现代社会的普遍现象。经济全球化造成原有国界及旧有结构的消弭，随之而来的跨国迁徙更是重塑了原有的社会及政治结构，原有的文化认同受到巨大冲击和影响。在中国，社会结构深刻变动、利益格局深刻调整、价值取向日趋多元，人们思想观念的独立性、多元性明显增强，统一思想、凝聚共识的难度和挑战在加大。

我们所强调的文化兴国、强国，都必须构筑在文化认同的精神基石之上。"文化认同"是人们在一个民族共同体中长期共同生活所形成的对本民族最有意义的事物的肯定性体认，其核心是对一个民族的基本价值的认同，因为它是凝聚这个民族共同体的精神纽带，是这个民族共同体生命延续的精神基础。而文化认同危机的出现导致出现政治观念模糊、

---

*　曲建晶，西安电子科技大学经济与管理学院辅导员。

价值取向迷茫、信仰缺失、个人主义思想膨胀等倾向，如果这些成为当代大学生的集体人格，他们将成为没有灵魂的空壳，失去了归属感，这不仅加剧社会的不稳定因素，更影响着中国未来的发展。

二、红色文化的认同危机

红色文化作为植根于中华民族深厚文化沃土的先进文化，其重要作用不言而喻，但是随着那个特殊时代的日渐遥远，红色文化已经很难引起当代大学生心灵的共鸣，红色文化认同存在一定程度的危机。

（一）当代大学生红色文化认同危机的表现

一是在消费社会对物质的追求在一定程度上压制了社会主体对历史的回顾和对现实、未来的思考。生活是不断物化的过程，物质追求裹挟着当代大学生的精神世界，在很大程度上淡化了红色文化历史记忆，从而导致了当代大学生对红色文化的陌生甚至疏离。在当代大学生的眼里，红色文化生长的时代已成为尘封的历史，那样"艰苦"和"匮乏"的环境难以与当下的"幸福"和"丰富"生活相对接，红色文化成为一种抽象的符号表达而难以引起真正的共鸣。二是红色文化中所蕴涵的理想信念、勇于奉献、艰苦奋斗等崇高精神和价值尺度在后现代社会已经支离破碎。正如马克思对后现代社会所作的预言："一切固定的僵化的关系以及与之相适应的被尊崇的观念和见解都被消除了，一切新形成的关系等不到固定下来就陈旧了。一切等级的和固定的东西都烟消云散了，一切神圣的东西都被亵渎了。"①在后现代社会，曾经坚固的东西都被解构了，价值、意义、崇高、神圣等都被贬黜，价值标准的碎片化在一定程度上导致了大学生红色文化价值认同感的削弱。

（二）当代大学生红色文化认同危机的原因

导致当代大学生红色文化认同危机的原因主要有以下三个方面。

（1）后现代的意义解构。后现代是一个意义遭遇全面解构的时代。人们在无限多的可能性中自由随意地解构或建构各种价值观，在现代叙事中挑战所谓的崇高和权威，在游戏的方式中描绘和塑造"自我世界"和"他人世界"。在价值观的形成过程之中，后现代的解构功能正好与当代大学生未确定的价值观相对接，多样价值观的冲击致使他们对红色文化的价值取向难以达到一致与认同。

（2）全球化浪潮的冲击。在全球化背景下，西方的文化思潮、生活观念、价值标准等蜂拥而入，在一定程度上遮蔽了国人对自身传统的历史反思。西方文化尤其是美国文化的霸权主义严重制约了中国民族文化的生长空间，加之民族文化对当代大学生的浸润较少，因而，当代大学生的民族文化（包括红色文化）在一定程度上处于一种失语状态。

（3）红色文化定位的僵化。红色文化定位的僵化首先体现为内涵的过于意识形态化。多数研究者都把红色文化理解为一种与中国革命、中国共产党及其建立的红色政权密切相关的进步文化，是对中国传统文化的继承和发展，是和马克思主义理论相融合的先进文化。比如，钟利民和刘丽在《红色文化与中国当代马克思主义大众化》一文中认为，"红色文化是中国共产党领导下的中国革命和建设过程中形成的革命理论、革命经验和革命精神

---

① 《马克思恩格斯选集》（第一卷），北京：人民出版社 1995 年版，第 275 页。

凝结而成的革命传统，是社会主义先进文化的重要组成部分。"①诚如周武所说，"当一种文化被定于一尊的时候，这种文化便不可避免地趋向政治化和意识形态化，文化本身具有的批判功能和内在生命力逐渐衰退，成为政治任意摆布的道具，文化大革命就是这种趋向恶性发展的结果。"②如果仅仅强调红色文化的"红色"而弱化"文化"的因子，红色文化的感召力和正面价值将会大大减弱。其次是红色文化传播形式的行政化。红色文化的传播主要是通过政府至上而下的主导，它的传播主体虽然相当广泛的，但主要为学校、主流传媒、党团组织、红色文化基地、纪念馆等。红色文化通过行政手段渗透到政治、经济、文化和社会生活的各个方面，受播者被动接受，不仅不能产生共鸣，反而会带来心理上的逆反和抗拒。文化是需要长期积淀的，这种急功近利的做法直接影响到当代大学生对红色文化的吸纳。

三、三种实现机制

由于当代大学生出生于改革开放和经济全球化的新时期，远离红色文化的历史时空背景，很难对红色文化形成正确的认识，在情感上也难以接纳。加之大学生思想易于理想化，缺乏实践，看待问题有时好走极端，易出现种种不稳定性和反复性。因此，红色文化认同危机的应对，一定要紧紧围绕大学生的时代特点和思想现状展开。科学应对大学生红色文化认同危机，要结合时代特征和当代大学生的现实实践，才能促使当代大学生对红色文化产生真信、真学、真用的质朴情感，从而自觉吸纳红色文化的价值资源，自觉沉淀入人格。

（一）建立红色文化资源的科学整合机制

科学整合红色文化资源是实现其育人功能的必然要求。红色文化，与其他文化一样，首先是一种观念形态的先进文化，而不同的是实态文物是其载体。红色文化的产生和形成是一个长期历史过程，因此，它的物质载体具有时空上的多维性。其一，对观念形态的红色文化进行整合，把不同时期红色文化的思想观念纳入红色文化的科学体系，使红色文化成为全面系统的理论体系，让红色文化深入人心。其二，整合不同区域的实态红色文化资源，归入"点、线、面"的立体化结构，充分利用，相互补充，增强吸引力。其三，建立新的整合理念和整合思路，发展红色文化产业，创造红色文化的新型文化产业链。

（二）创新红色文化的教育模式

加强红色文化的宣传教育，有利于当代大学生正确理解社会主义核心价值体系，反之，建构社会主义核心价值体系有利于消解当代大学生红色文化的认同危机。因此，创新红色文化教育模式，深入挖掘红色文化的价值资源，有助于强化当代大学生红色文化的历史记忆。把红色文化列入学校教育的内容，运用弘扬红色文化的书籍、影视剧、革命歌曲和革命故事开展学校教学，把教育与实践结合起来，既可以把红色文化引入课堂教学，又可以组织各种方式的实践活动。同时，红色文化教育模式的创新要与当代大学生的接受心理相结合。对革命时期重要的历史人物的高贵品质、高尚情操的大力宣传，要使当代大学

---

① 钟利民，刘丽：《红色文化与中国当代马克思主义大众化》，载《老区建设》2009 年第 2 期。
② 周武：《革命文化的兴起与都市文化的衍变——以上海为中心》，载《社会科学》2009 年第 10 期。

生获得健康、高尚、美好的情感体验，进而陶冶心灵、锤炼意志；对革命时期重大历史事件的客观分析，使当代大学生获得理性、全面、辩证的思维方式，进而使之产生掌握史情、了解国情的兴趣，从而牢固树立共同理想。

（三）建立红色文化的传播机制

传播媒介是文化信息传播的中枢，具有重要的作用。在信息社会的今天，中国已成为一个名副其实的传媒大国。因此，建立"红色文化"的传播机制，抵御西方文化对我国文化安全的威胁，占领文化主阵地，使青少年能在健康的文化氛围茁壮成长，这正是社会主义和谐社会和科学发展观的本质要求。面对这一社会趋势，我国教育工作者积极拓展育人的有效途径，把它放在社会大系统中去作整体性考察。可以依托红色文化资源，构建"学校教育－红色文化资源－社会教育"的"三位一体"的育人范式，把家庭教育、学校教育和社会教育相结合，采用环境熏陶、媒体感化与家庭教育的三元教育结构。既可增强教育的生动性和历史感又可提高教育效果，使育人实现社会化，使学校教育与社会教育协调发展。

基于红色资源的社会主义核心价值观教育论

靳振华 *

摘　要：在全社会弘扬和践行社会主义核心价值观的大背景下，本文以西安电子科技大学为例探讨了高校如何充分挖掘红色资源进行社会主义核心价值观教育，创新红色育人的新模式。

关键词：红色资源；社会主义核心价值观；认同

党的十八大以来，习近平总书记围绕培育和弘扬社会主义核心价值观发表了一系列重要论述，指出"核心价值观是文化软实力的灵魂、文化软实力建设的重点"，并强调："青年要从现在做起、从自己做起，使社会主义核心价值观成为自己的基本遵循，并身体力行大力将其推广到全社会去。"如何通过行之有效的方式进行社会主义核心价值观教育是摆在教育工作者面前的一项重要课题。红色资源作为中国共产党领导全国各族人民所创造的优秀文化资源，应该成为思想政治教育的重要内容和载体。在当前形势下，充分挖掘红色资源的新内涵，创新红色育人的新模式，可以助力培育和弘扬社会主义核心价值观。

一、基于红色资源的社会主义核心价值观教育的理论支撑

价值观形成属于思想活动，是意识形态的范畴。根据思想政治教育的相关理论，基于红色资源的社会主义核心价值观教育存在如下优势和特点。

（一）红色资源的本质统一性

意识形态性始终是社会主义核心价值观的主导方面并规定其性质和方向。由革命精神、革命文化及物质形态的历史遗存等构成的红色教育资源，其和社会主义核心价值观一样具有阶级性和政治性，故能够服务于社会主义核心价值观教育。

（二）红色资源的价值丰富性

任何教育实践活动都要以一定的资源作为支撑，否则这一实践活动将成为无源之水，社会主义核心价值观教育也不例外。红色教育资源是中国共产党及其领导的中国人民在革命、建设和改革实践中共同赋予和创造的，它是民族精神与时代精神的价值典范，也是社会主义核心价值观的历史体现。

（三）红色资源的载体生动性

社会主义核心价值观教育的载体是指在教育的过程中，能够承载和传递教育的内容和

---

* 靳振华，西安电子科技大学物理与光电工程学院辅导员。

信息，能为教育主体所运用，促使教育主客体之间相互作用的一种活动形式和物质实体。[①]红色教育资源是具体的、生动的，能够体现和反映社会主义核心价值观的内容，可以作为社会主义核心价值教育的文化载体和活动载体。

（四）红色资源的环境真实性

社会主义核心价值观教育的环境是构成教育过程的要素之一，是教育的外部条件，是思想和观念发展的客观基础。环境既是教育活动得以顺利开展的条件，也是进行教育活动的重要内容。红色教育资源所构成的具有民族特色和时代气息的精神、物质环境，其真实可感的特点对核心价值观教育能够起到正面强化、导向和感染作用。

二、基于红色资源的社会主义核心价值观教育面临的现实问题

（一）社会发展对当代大学生理想信念的冲击

由于人生阅历有限，大学生易受外部环境的影响。伴随社会的快速发展，经济全球化、政治多极化、文化多元化等因素对当代大学生价值观的影响日益增强，导致部分学生价值观念多元化。加之，我国正处于社会转型期和矛盾凸显期，许多阶段性的社会问题也引发了大学生思想的波动，对大学生理想信念的坚定和正确价值观的形成带来冲击。

（二）时空距离对当代大学生红色认同的影响

当代大学生已全面进入 90 后，革命战争和建设初期的红色历史和他们的成长阶段相去甚远，许多红色遗迹也与多数学生的生活环境相隔较远。当代大学生只能通过书籍、网络和影视作品了解红色历史。另外，各类作品、言论对红色历史的描述诠释良莠不齐，也降低了当代大学生对红色历史的认同感。

（三）社会主义核心价值观教育实效性的不足

尽管当前社会主义核心价值观的教育备受重视，但由于教育方式方法合理性的欠缺，核心价值观教育并未收到良好效果。或表现为教育内容的空洞，教育者只是机械地讲授书本知识，而忽视了书本知识与大学生现实生活的联系，导致理论与实践的脱节；或表现为教育形式的单一，教育者只局限于课堂，内容陈旧，形式枯燥，缺少互动。有些尽管与文化活动结合，但是娱乐性过度、内涵不足。

三、基于红色资源的社会主义核心价值观教育的方法途径

（一）挖掘学校红色资源内涵

西安电子科技大学前身是 1931 年诞生于江西瑞金的中央军委无线电学校，是毛泽东等老一辈革命家亲手创建的第一所工程技术学校。毛主席曾两次为学校题词。学校诞生在苏区，参加过长征，又在延安继续发展壮大，经历了革命、战争、建设、改革的各个时期，积累了厚重的红色资源。学校作为学生成长成才的摇篮，主动挖掘自身红色资源，创新红色育人方法模式，必将使学生感同身受，提升自豪感。具体来说，一方面要加强校史教育。通过校史馆建设、拍摄校史纪录片、整理校友口述历史，使校史教育真实可感，通俗易懂。

---

① 张耀灿，等：《现代思想政治教育学》，北京：人民出版社 2006 年版，第 392 页。

另一方面要注重文化引领，通过设置主题雕塑，在教学楼、宿舍楼悬挂历史照片、知名校友画像等举措做好静态氛围营造。同时，利用公演《长征组歌》、红色文化论坛、红色观影等形式，以红色校史文化为载体，提升广大同学对核心价值观的内心认同。

（二）发挥地域红色资源优势

一方水土养一方人，作为孕育"延安精神"的陕西是中国革命的重要策源地。党中央在这里度过了 13 个峥嵘岁月，在全省 107 个县区中，革命老区（县级）占到 56 个，革命旧址、历史文物、红色故事遍布三秦大地。社会主义核心价值观教育应充分利用好这一红色资源，发挥好地缘优势。一方面可以利用暑期社会实践组织学生到延安、照金等革命老区或革命遗址参观学习，让同学们直观地接触到红色遗迹，触动他们的内心世界。一方面也可以邀请老红军、老八路"现身说法"，口述他们的革命经历，通过真实的故事和情感使同学们体会老前辈的革命情怀，提升他们的爱国热情。

（三）抓住红色教育节点契机

思想宣传工作的"时、度、效"很重要，基于红色资源的社会主义核心价值观教育也要把握好教育规律，抓住合适的时间节点进行教育。一方面要抓好青年节、建党节、国庆节等重要节日，进行主题鲜明、形式多样的主题教育活动。在开展活动的过程中，既要注重活动的针对性，又要善于借力，可以利用公共媒体和上级单位的宣传、活动，也可以联合相关单位共同策划活动，避免单兵突击、炉灶遍地。另一方面要善于捕捉一些"动态"的节点，如历史事件的重要纪念日、重要会议、重大事件的"进行时"，开展关联性强的学习活动，如学习党的十八大活动等。这样不仅可以促进学生了解时政，关心大事，还可以较好地培养学生的时代精神，使核心价值观教育收到良好效果。

（四）拓展红色教育传媒载体

随着信息社会和"大数据"时代的到来，人们的信息传递和接受方式已经发生了巨大转变，尤其是青年学生更是"每日必网""手机随身"。以微信、微博为代表的新媒体已经成为青年学生获取信息和日常交流的主要方式。因此，红色教育也要积极占领网络高地，实现和青年学生的有效沟通。一方面要精心设计红色教育的网络宣传内容，把红色故事、核心价值观知识做得有意思、有看头，比如利用微视频、网络漫画的形式来反映教育内容。一方面要创新网络教育的形式，变单一的信息推送为实时在线互动，以知识接龙、答题游戏等方式进行，提升学生的参与感，让他们在"漫不经意"间引发思考，触动灵魂。

利用延安两处遗址创造性传承西电红色基因

李 洁*

位于延安的中央军委无线电学校遗址和中央军委三局遗址与西电的发展历程紧密相关，是西电红色办学史中的重要组成部分。中央军委无线电学校又称"延安通校"，于1935年11月由来自瑞金的红军通信学校（西电前身）和陕北红军无线电训练班合并而成，校址设在延安，校长为吴泽光，政委是曾三。也就是在这所学校，当年培养了大批优秀的通信人才，为中国革命的胜利和社会主义建设做出了重大贡献。延安市文物局和革命纪念地管理局于2006年7月在中央军委无线电通信学校遗址设立了纪念碑，2014年6月，陕西省公布第六批省文物保护单位，中央军委无线电通信学校旧址名列其中。中央军委三局是中央军委无线电学校的领导机构，被誉为"通信工作的开山鼻祖"。2014年7月1日，中央军委三局旧址修复落成暨陈列馆开馆仪式在枣园镇裴庄村隆重举行，工业和信息化部、总参通信部、陕西省省委、延安市市委的领导出席并讲话。

西电是中国高校中少有的几所具有红色传统的学校，其辉煌的办学史与波澜壮阔的中国革命史紧密结合，承载着红色文化、红色精神、红色符号。毛泽东同志曾先后两次为学校题词、三次接见全校师生，更说明了西电在中国高等教育史上的特殊地位。今天，在建设特色鲜明、研究型、开放式，国内一流、国际知名的高水平大学的进程中，如何挖掘自身的红色历史资源，并将之创造性转化为教育资源，立德树人，打造具有西电特色的育人模式，对于我们弘扬西电精神、凝聚师生力量、形成办学共识，更好地创办人民满意的大学具有重要意义。基于此，针对延安两处与西电高度相关的红色革命遗址，我们提出以下建议。

第一，建立办学纪念碑。可以在中央军委无线电学校遗址另立办学纪念碑，碑文记载学校的发展脉络及在西电办学史、学科发展史上的地位，阐释其对于中国革命进程和通信学科发展的重大影响，揭示在艰难环境中办学所蕴含的红色精神及意义。具体的做法可以参照兄弟院校。汉中市郊的文家庙小学是抗战时期在西北建立的医学院遗址之一，西安交通大学医学院就是由此发展而来的。交大充分利用这一遗址资源，于118周年校庆之际在该小学建成医学教育抗战纪念碑，省教育厅、汉中市、交大领导出席并讲话，举行了隆重的揭幕仪式。这种做法对我们有借鉴意义。

第二，设立红色文化学习和传承基地。红色遗址作为革命历史遗存与纪念场所，是红色文化的重要载体，是中国革命史的重要见证，也是今天进行爱国主义、集体主义、社会主义教育的重要文化资源。把两处遗址开辟为红色文化学习和传承的基地，使之真正成为

---

* 李洁，西安电子科技大学马克思主义学院办公室主任。

西电师生学习红色历史的重要课堂，培养爱国情感的重要基地，传承西电精神的重要场所。可以组织师生分批次、定期到两处遗址重温入党誓词，聆听革命故事，瞻仰红色遗迹，开展主题教育。通过实施实践性、情景式、体验式的教育活动，使全校师生能够将红色精神的传承与社会主义核心价值观的自觉践行结合起来，增强价值自信、政治认同，更好地贯彻"全心全意为人民服务"的办学宗旨。

第三，挖掘红色校史资料。将红色历史资源转化为教育资源，前提和基础是深入挖掘、保护和利用历史资源。要与两处遗址上级管理机构建立良好的合作关系，组织相关专家赴当地展开合作，深入挖掘当地保存的档案资料，对之进行整理、编辑，并将之补充进西电档案馆、校史馆。在编写学校校史、学科史时，及时将新材料补充进去，并利用相关材料组织学者发表权威性文章，将西电办学史中的重大事件用学术的方式予以阐释，肯定西电在中国革命史的重大历史节点发挥的独特作用。

第四，加强相关宣传。两地可以联合举办相关研讨会，邀请党史专家、校史专家、文化学者一起研讨，深入研究两处革命遗址所承载的历史人物、历史事件和红色精神。另外，将相关的文字、图片、音频资料分类整理，链接在档案馆、思想政治教育网站，让全校师生在了解和熟悉校史的过程中更加深刻地理解西电精神的内涵，更加自觉地弘扬西电精神。

精神传承篇

我谈"西电精神"

肖子健[*]

摘　要： 本文划分 1931—1953 年从创建到新中国成立后正规化大学的辉煌年代、1953—1979 年的折腾曲折"寻梦"年代、1980 年至今的改革开放艰难转型的年代三个时期，论述了艰苦奋斗、自强不息的西电精神。

关键词： 西电精神；艰苦奋斗；自强不息

"人是要有一点精神的。"学校是培养人的重要场所，学校更是要有一点精神。

西电作为有 80 多年历史的老校，有光辉的革命传统，在瑞金起家，经过二万五千里长征，各个历史时期，历尽艰辛，备受折腾，始终不败，从曲折走向全面振兴，当然有自己的动力在里头。

西电人曾不止一次反思、总结何谓"西电精神"？提法尽管有些差异，但核心共识是显见的，那就是"艰苦奋斗、自强不息"。我力挺这样的概括。

西电精神并非现在才提出的"期待"，它应该是从自身历史实践中沉淀的一种属于集体的"既得"的力量，是贯穿历史又推动自身向前发展的正能量，一种可以"精神变物质"的力量。

为了不致"望文生义"而是"心知其意"，西电人应该再认识自己的历史。

西电的"大历史"，我想可划分为三个年代。1931—1953 年从创建到新中国成立后正规化大学的辉煌年代；1953—1979 年的折腾曲折"寻梦"年代；1980 年至今的改革开放艰难转型的年代。

在革命战争年代，1931 年我校从半部电台和培训班起家，到它的学生逐渐遍布军队、首脑机关、在帮助完成万里长征和历次革命战争，在前方、在敌后、在公开和隐蔽战线上，西电前辈创造了许多神奇故事，涌现了许多英雄人物，充满着艰苦奋斗自强不息的生动教材，令人永志难忘。

在和平建设年代，在正规化现代化军队（军校）建设中，我校作为首批全国二十所重点大学之一，又得到苏联专家团的帮助，条件比战争年代好得多了。但我想说的是，事情总有两面性。正由于我校是军中骄子，领导倚重，二十世纪五、六十年代西电历经多次政治运动的折腾，好在还没损伤基本的教学科研秩序。西电广大干部教工，正是用毛主席为我校题词"全心全意为人民服务"的精神，以艰苦奋斗、百折不挠的意志和军人作风，顶住各种政治"帽子"的压力，抚平政治运动的创伤，踏踏实实、不折不扣履行职责，在教书育人

＊　肖子健，西安电子科技大学马克思主义学院教授。

和军事通信科研任务上，出色地完成了任务。西军电学生的团队意识和踏实作风的声誉，正是二十世纪五、六十年代树立起来的。这时期西军电的学生，毕业后在我国军队或地方的通信事业上屡创佳绩。联想集团老总柳传志是61级毕业生，就是卓越的代表之一，他多次言及他成就事业的团队精神和务实作风，就是得益于母校的教育。

转型期好在先有懂政策的老干部领路，继而全面启用自己培养的知识分子挑大梁，走上改革开放转型的道路。我们转型的困难比其他学校更大更多：有适应计划经济向市场经济转换的共同问题，也有从军队学校转为地方院校并与地方全面接轨的特殊问题，还有适应领导归属体制多次变动带来的磨合问题，以及重新为学校定位、定型、定向以至定名等根本大计问题。学校还天天面对长期困扰的师资和经费两大瓶颈。由于历史欠账和"文革"流失，师资比起地方老大学不但数量缺，层次也低，不但少有教授博士也少副教授硕士，更遑论院士了。靠拨款的经费大部分成为人头费，用于改善硬件改善教工生活只是杯水车薪，于是又陷入人才再流失的恶性循环。为摆脱困境，学校甚至被逼到几度谋划"大迁校"，以求与发达省市联姻，从而自谋出路。但就在这种艰难境况下，我校仍先后调出一些优秀领导干部教师，支援新建的杭电、桂电、北京信息工程学院、深大等，这又是何等的风格和担当。在后来全国大学的"大联合"浪潮中，我校权衡利弊，最终还是从实际出发，坚持自己原有的规划蓝图，不跟风通过某种"捷径"，以求形式上的壮大。西电人深知以往的光环不再，深知先天后天的不足甚至命运不济，但仍珍惜历史光荣，求其在我，埋头追赶，终于在险些出局的情况下，拼进了全国211工程大学系列。历届领导班子也决不言弃，更不降低目标，坚持高标准办学，为创造新的研究型、开放式，以理工为主、多科综合的国内一流大学的大目标，分阶段、分步骤开拓前进。天道酬勤，在学校80周年之后，随着新校区的基本建成，新班子的锐意进取，我们已看到西电的进步在加快，在日新月异、在艰苦奋斗自强不息西电精神的传承中，西电的复兴充满希望。

最珍贵的是，30年转型期中我们的老字号产品——"西军电"学生的质量，始终誉满军、地电子科学技术产业界。多年来我们学生一次就业率，稳定在很高水平上。慕名而来的丰富生源，使我们招生录取线长期稳定在陕西省的前三位，我校在"文革"后培养的各类毕业生，已经在改革开放事业中，在电信界、军工界、航天界，在广泛高新产业中大显身手。"文革"后我校毕业校友当选国家两院院士的人数，在全国高校此项排名中进入前十。

西电的历史确实印证了，世上没有什么神仙和皇帝，振兴西电，一切靠西电人自己，靠我们的艰苦奋斗、自强不息，靠我们的"校魂"。

在军队拉练的路上，常听到这样的鼓动词：苦不苦？想想长征二万五。累不累？想想万恶的旧社会……作为已在西电工作生活了六十年的老西电人，我衷心希望西电人要不忘历史，在新的进军路上，也要这样加油：苦不苦？想想长征二万五。难不难？想想转型九十九道弯……

我的西电路

秦荻辉[*]

摘　要：叙述了自己在西安电子科技大学工作的历程，总结了自己在教育教学工作中取得的成绩和体会，为青年学生将个人的梦融入国家和民族的梦，谱写人生华章提供了借鉴。

关键词：科技英语；西电；教学；教材；专业

一、服从革命需要，听从组织调动，愿做"小小螺丝钉"

我于 1959 年 8 月从上海高中毕业考入"中国人民解放军通信工程学院"（这是我的录取通知书上的名称（现存校档案馆），代号为"7648 部队"，由通信兵部领导；1960 年元月更名为"中国人民解放军军事电信工程学院"，代号为"总字 411 部队"，由国防科委领导，电信工程系（即 2 系）592 班无线电专业（我们是学校从张家口搬到西安来后的第一届新生）；1960 年 8 月组织上把我编入 2 系 591 班学习，同年 12 月至 1961 年 2 月，我被抽调出来参与教师们编写晶体管教材，我负责翻译 1959 年美国出版的《TRANSISTORS（晶体管）》一书的有关章节；于 1961 年 2 月又把我编入 2 系 1 科 591 班（由于当时 2 系的学科大发展，在系下面又设立了"科"，设有科主任和科政委）。由于 1960 年学校大发展，一下子招了 4000 名学生，各类教师严重缺乏，于是从在读的二年级以上抽调尖子学生立即当基础课、专业基础课、甚至专业课教师，我于 1961 年 5 月 12 日上午上课时被抽调出来当"无线电发射机课"见习教师（当时 18 岁半）。后来由于中苏关系破裂，中央军委要求（哈）军工、（西）军电立即尽量从俄语教学改为英语教学，而学校没有那么多英语教师，我在高中学的外语是英语而我西电的英语老师又说我英语学得好，于是在 1961 年 7 月初领导就将我从 2 系"（接）收发（射）教研室"借调"（说借五年）到当时的训练部外语教研室当英语教师至今。当然自己还是表示愿意搞工科，因为我不喜欢文科。领导对我说："你要好好学习雷锋同志愿做小小的螺丝钉"，我懂得军人必须服从命令，领导谈完话后我当即就去了外语教研室报到并领受下学期两个大班（近 200 学生）的教学任务，在整个暑假期间认真地备了课。

文革中，各校砸烂了"基础课部"，我回到了 1 系（原来 2 系的 1 科，即现在通院的前身；西军电原来的 1 系是指挥系，1961 年迁走了），立即随同 1751 班赴无锡无线电厂开门办学，系领导同意我将来回到"收发教研室"，但还要承担 1 系一定的英语教学任务。"四人帮"垮台后，我从无锡返校，学校新领导让我回归外语教研室，这样我想重新搞通信工程的梦想彻底破灭了。

---

[*]　秦荻辉，西安电子科技大学外国语学院教授。

二、遵循毛主席给我校题词"全心全意为人民服务"的教导，一心扑在教学上

在校期间由于毛泽东思想的哺育及受到人民解放军这个革命大熔炉的熏陶，遵循西军电老政委王赤军将军所提倡的"活着是'军电'的人，死了是'军电'的魂"的教导，养成了艰苦奋斗能吃苦、一心为教学的精神。当时学校经常要我们教师学习毛主席的著作"在文艺座谈会上的讲话"，文艺要为工农兵服务，我想我就是要好好为学生服务，如何让他们尽快掌握好英语这个工具，这是我后来一直的追求。同时毛主席的"老三篇"以及"矛盾论"和"实践论"为我处事、做人及业务学习指明了方向（即思想上要树立全心全意为学生服务的精神、业务上要有不断提高自己的业务和教学水平的精益求精的精神、学习上要有愚公移山的精神，工作中要有团结同志、互助友爱的精神）。

我虽然体质较弱（上课时曾晕过多次），但我总是勇于承担教学任务，往往是课头多、学生多，任务重，从大专生到博士生都有我的教学任务，我认为这是一种锻炼、是提高自己的教学水平和能力的好机会。1961、1962年我教了近200名学生，他们的作业每次每本都批改，我对每个班建立了"学生档案本"，记录下每个学生作业中错误的地方（以及测验、考试的成绩），不断研究解决学生出错的原因及努力找出解决方法（由此我逐渐创造出了理工科学生很容易理解掌握的"功能图法""公式法""推导法""对比法"等）。虽然当时业务水平极差，但备课、上课认真负责，对学员充满热情，发现有讲错了的地方下次课上就立即公开纠错，所以在学员班上开"三结合会"（班干部、各课教员、学生组长及学生课代表）时我经常受到学生的表扬。

有一次在图书馆看到一本好书《Basic Electronics（基础电子学）》我就把它整本抄下来（当时没有打字机，更没有复印机）；把一些好材料我自己抽空刻成蜡纸油印给学生阅读。经过几十年的艰苦研究和实践，形成了自己一整套独特的教学方法及教学内容和教材，深受我校学生以及研究所工程技术人员和各类读者的欢迎（20世纪90年代我校博士生们把我教的内容称为"秦氏英语"）。我上课认真，辅导耐心，师生关系好，所以在我工作三年后的1964年被评为"总字411部队先进工作者"，受到部队首长欧阳文中将的接见。"文革"结束后1985年底教务处让学生无记名给老师打分，1系851班中我所教过的那部分学生每位都给我打了100分。2001年，我被派往酒泉卫星发射中心给他们的工程硕士生上课，当时发射中心司令原是我1961年刚开始任教时教过的1系611班毕业生刘明山将军，他亲临我的住处看望我、向我敬军礼，并设宴招待我。

我被学校评为"主讲教授"、校首届"特级教学名师"和校"师德标兵"（两次）的称号。我获得了"电子部优秀教师"、"陕西省优秀教师"（两次）以及"陕西省劳动模范"的荣誉；1992年获政府特殊津贴。我获得"优秀教学成果国家二等奖"一项（集体），省部级二等奖五项，校内一等奖多项。我被学校评为"科技英语学科带头人"。

三、继承我校"艰苦奋斗"的优良传统，立足长期在职进修，不断提高自己的业务水平

我从学习无线电专业转向搞英语教学，这难度是可想而知的，深知自己英语水平之差，真是"一穷二白"呀。由于当时英语教师极少而教学任务又重，根本不可能脱产进修，

只能在职自修。要提高教学质量就必须提高自己的业务水平，所以我每天上完课改完作业备好课后，就在办公室里自学到深夜（由此我得了严重的神经衰弱症至今，每晚只能睡两三个小时），外语教研室老主任常纹同志（上校）巡视时经常看到我一个人在大楼里学习，所以他特别喜欢我，加上我的教学受到学生的赞扬，由此他找我谈话不让我回班重新学习通信专业（当时通信兵部要求中途抽调出来当教师的同志原则上应该回班继续学习直到毕业）。为了扩大自己的英语词汇量，我把当时教研室里订购的《Peking Review（北京周报）》每期一页一页从头看到尾（那时还没有《China Daily》，只是在我 1981 年 5 月出国时才开始试办的），坚持了几年，见到不认识的单词就不厌其烦地反复查词典（有时也感到麻烦想偷懒不想查，但一想到这样是记不到单词的），并记录下来，一开始满篇都是生词，慢慢地就好了。同时我也到西安外文书店买了不少由北京外国语学院出版的《Simplified Novels（英语小说简写本）》；为了提高自己的听力，我当时买了一套英国出版的"灵格风"唱片、一台电唱机，还买了一台西安于 1959 年首次生产的"鞋盒式"电子管收音机，每天有空就收听我国对外电台"Radio Peking"（现在叫"China Radio International"）播出的各类节目（当时我们是不允许收听 VOA 和 BBC 的广播的，因为那时领导上把它们定为"敌台"），一开始只能听懂一些单词，然后能听懂一些简单句，后来能听懂大部分内容，在"文革"中也一直坚持着。"文革"结束后，我就先听 VOA 的"Special English Program（慢速英语节目）"，然后听正常速度的 VOA 和 BBC 节目，从中我还录了一些内容作为我校博士生的听力材料（主要是 Science Report"科技报道"）。为了学习语法知识，我借遍了校图书馆里当时的所有语法书（包括解放前的和解放后的；中文的和英文的），自己还买了美国的一套四本《A Handbook of Present-day English》，从中获取了很多知识，尝到了学习语法的甜头，对汉译英及写作特别有用，所以在"文革"中我自学日语、俄语、法语时也很注重学习语法。学习时，我牢记我国著名的汉语学家兼英语学家吕淑湘教授撰写的《如何学好英语》一书中提倡的学习英语要"五勤"，即眼勤（多读）、手勤（多查字典）、脑勤（多动脑子、多记忆）、耳勤（多听）、口勤（多说），同时要懂得"Learning English is a pretty tedious task no matter how good teachers and textbooks."（不论教师和教科书有多好，学习英语是一项十分冗长而乏味的任务）。

　　"文革"结束后，国家开始对外开放并派教师出国进修，我向领导要求去英语的发源地英国去学习正宗的英语，但没有得到这样的机会，而是在 1981 年 5 月电子工业部派我去日本东京参加了国际"Electronic Course（电子课程）"研修一年，我们班 7 个人来自七个国家（中国、新加坡、马来西亚、印度尼西亚、菲律宾、巴西和智利），使用美国教材《International Student Edition（国际学生版）》，教师用英语授课，课程有电路学、电子线路、计算机（模拟和数字）基础、电视技术（黑白和彩色）基础、半导体技术等，同时在松下公司的大阪工场实习电装（独立安装两种电子钟）两周和在横滨的日立工场实习电视机检修两周。我回国时把日本政府给予的生活费节省下来的 20 万日圆上交给了电子工业部。

四、发扬西电人奋发图强的精神，努力编写出国内一流教材及专著，为学校增光

　　为了提高自己的业务水平、提高教学质量，几十年来在搞好教学及行政工作的同时抓紧一切业余时间努力自学，毛主席说"不入虎穴焉得虎子"，到底英语科技文中哪些内容是中国学生难懂的、容易忽略的以及必须要重点掌握的呢？为此我阅读了大量的英美科技书

刊，整本整本书从头看到尾，结合学生们（特别是研究生）犯的错误及理工教师们向我问的问题及写作中的错误，抄录了大量的卡片资料并进行了分类整理。二十世纪八、九十年代好几个大年除夕都是啃着馒头吃着咸菜在写书（当时没有计算机），我不断把研究的成果写入到教案及著作中去。从"文化大革命"结束到 2014 年元月份为止我独自撰写出版了 30 多本教材和专著，约 1500 多万字（包括科技英语语法书、科技英语写作书、中级和高级科技英语阅读教程、四种科技英语教科书、一种听力教材及其他一些著作）；2013 年我和我的弟子们出版了《实用英汉技术词典》（约 352 万字），前后花了十年的时间进行编撰，该词典于 2014 年被国家出版总署评为"优秀"，也得到了国内著名英语专家的高度评价）。我拍摄了教学录像带三套共 180 学时、教学光盘一套 60 学时、合作翻译了三本电子书（英译汉和日译汉）。协助我国著名的有机化学家、清华大学的宁永成教授汉译英两本专著并分别于 2005 年和 2011 年由 WILEY-VCH 出版社出版。

为了提高我校的知名度，为学校增添光彩，我每本书在序言部分的作者下方都要写上"西安电子科技大学"。我的著作得到了国内著名英语专家、科技专家、学生及校外读者（包括台湾的读者）的高度赞扬（新加坡有大学也使用了我的教材）。我建立的"科技英语课程"在 20 世纪 90 年代初就被确定为陕西省重点课程，现在被评为陕西省精品课程。我主要在"科技英语语法"和"科技英语写作"两个方面的研究成果已处于国内领先水平，我编写的这两方面的教材成为"十一五"国家级规划教材，《科技英语语法》一书已被教育部评为国家"精品教材"；科技英语写作书也深受读者好评，如：清华大学的宁永成教授来信说："我拜读了您的写作书收获很大。这一段时间以来，我一直关心这方面的书，也陆续买了些，相比之下，您的书内容简练，切中要害，对提高科技英语写作水平收效最大。"家住上海浦东新区一位退休的、搞自动化专业的陈寄炎老教授来信说："窃以为本书是同类书籍中出类拔萃者，实非一朝一夕之功，应广为介绍使更多读者得益为好。"读者常莉红来电写道"老师，您好！我现在正在使用《科技英语写作高级教程（第二版）》这本书，感觉受益匪浅。"读者张瑞来电写道"亲爱的老师：您好，我最近看到了《科技英语写作高级教程》（第二版）这本书，觉得本书极好。"读者付明辉来电写道："尊敬的编者：您好！我在图书馆看到贵书后，对贵书爱不释手，遂买了一本。"一位名叫杨清凌的同学来电写道："秦教授：您好！我是成都信息工程学院的一大三学生，进入大三了，慢慢接触的外文资料和外文论文的机会就越来越多了。于是，就去找关于科技英语的相关教材，找了大半个图书馆，发现很少能够真真切切地贴近科技这词，基本都是延续以前英语教材的风格。近期阅读了您花费巨大心血编写的《科技英语写作高级教程第二版》大有收益。在国际学术日益频繁的今天，中国需要这样的书籍，来让中国了解他国的知识成就，与别国分享中国的科研成果。我觉得秦教授算是在为中国的科研与外国科研之间开启了一扇越来越宽的门。在此十分感谢秦教授。"2014 年初大连海洋大学外国语学院的艾米娜老师来电写道："秦老师：您好。下个学期我将讲授科技英语写作，拿到《科技英语写作高级教程》教材拜读后，感觉教材编写得真的很好，凝结了您多年研究的心血，感谢您把这么好的东西奉献给读者。"

2010 年暑假，北京外国语大学邀请我作为特聘专家给来自全国各地的大学英语教师用英语讲了一次"科技英语示范课"，深受中国科大等名校老师们的好评，认为我所讲内容对理工科学生特别有用，不少内容在其他的书中是找不到的，他们纷纷索要我的教案。有的兄弟院校请我去介绍了我们的科技英语课程；有的大学已经用我的教案开设了"科技英语课"。

五、脚踏实地努力办出名符其实的"科技英语专业"

1982 年 4 月我从日本回国后领导让我担任了基础课部外语教研室主任。1985 年 6 月学校成立了外语系，校长保铮院士任命我为外语系主任，根据我个人的知识背景，确定开办科技英语专业。根据"全国英语专业教学指导委员会"的意见，要求"各理工科院校的外语系要办出自己的特色，培养为国家社会主义建设所需的人才"，我决心要办出具有西电特色的科技英语专业。

1985 年至 1986 年，我校"继续教育中心"与陕西省"科技干部局"在西安电视台用我当时给我校理工科本科三年级学生开设的必修课"科技英语课"的教学录像带联合举办了"陕西省首届科技英语电视函授班"（仅入册登记参加考试的就有 8 千人），我受邀到省上多地上辅导课。该函授班的开办取得了极好的社会效益，提高了学校的声望，同时确立了我校"科技英语"的地位，获得了电子部高教司领导的认可。

在外语系刚成立之初的几年是我最艰苦的创业时期，一切从头摸索，既要确定我们与外语院校有所不同的、体现我校特色的教学计划和课程安排，又要在承担繁重教学任务的同时逐渐编写出具有我校特色的教材，经过二十多年的努力，我们终于办成了国内名符其实的科技英语专业，其特色明显，在教育部对我校英语专业评估会上获得了国内英语专家们的认同（有的学校仿照我们的模式，采用了我们的主要教材开办了科技英语专业）。

1999 年学校把外语系和社科系合并成立了人文学院，校领导任命我为首任院长，我于 2002 年 60 岁时卸任。由于我是"主讲教授"，所以推迟到了 2007 年退休。现任"陕西省研究生外语教学研究会"名誉会长。

纵观我在西电的一生，日子是过得艰苦的，除了工作、学习、写书之外我没有什么别的爱好。不过，经过几十年的拼搏，基本上实现了自己的愿望，为学校、为国家做了点滴有益的工作。我在校领导的大力支持下建立了我校的科技英语本科专业及科技英语硕士点（后来该硕士点国务院学位办把它改称为"外国语言学与应用语言学"），建立了"西安电子科技大学科技英语研究中心"。虽然我"被剥夺了"搞通信工程的机会，但我已经很满足了。

延安时期中央军委通信学校教学状况钩沉

——从通信兵相关档案看

王　欣[*]

摘　要：延安时期是我党和我军科技教育的拓荒时期。本文利用通信兵的相关档案，对延安时期中央军委通信学校办学状况进行了梳理，并归纳了其办学特点，从微观角度揭示了延安时期党和军队在科技人才培养方面的理念、原则、方针和政策。

关键词：延安时期；中央军委通信学校；教学

一、中央军委通信学校的前身

中央军委通信学校的前身最早可以追溯到我党我军在江西创建的无线电训练班。中国共产党重视无线电情报工作始于 1928 年，当时在上海，周恩来负责的中央特科就有交通部，也就是今天说的通信部。而最早有目的地培训无线电人员，则在 1931 年。在此以前，国民党的无线电台被红军缴获时，因不知其作用，多被战士砸坏或者埋掉，相关技术人员也都被释放。随着作战形式的变化，毛泽东和朱德逐渐认识到电台通信的重要性，从 1930 年 8 月起，他们多次下达命令，如 8 月的《向长沙推进的命令》、10 月的《总攻吉安的命令》以及 12 月的《红一方面军攻击进占龙岗之敌张辉瓒师的命令》等，均强调：对遇到的无线电机、电线等器具，概不准损坏，违者严究。在当时"红一方面军参谋处还举办了一次别开生面的展览，分批组织方面军总部机关和直属队的官兵到现场参观辨认"①，以防缴获的电台再次被破坏。对被俘的国民党军队电台技术人员，也给予优待，争取他们加入红军。第二次反围剿时期，红一方面军活捉了十八师师长张辉瓒，同时俘虏了王净等 10 名电台技术人员，并争取他们加入了人民军队。自此，红一方面军有了懂无线电通信的人才。1931 年 1 月 28 日，为了扩充红军的无线电技术人才，总司令朱德、政治委员毛泽东签发了《红军第一方面军命令》，从各军各团抽调战士参加无线电训练班，1931 年 2 月 10 日无线电训练班正式开课。

朱德、毛泽东签发的《红军第一方面军命令》，明确提出了无线电培训班开设的目的，即扩充无线电队伍，培养人才，以便使中央苏区与其他地区，一、三军团与红军其他军团

---

　*　王欣，西安电子科技大学马克思主义学院研究生，现为武汉大学马克思主义学院博士生。

①张进：《历史天空的红色电波》（上），北京：长城出版社 2013 年版，第 101 页。

的通信灵便；得到中央区之外、以致国外的政治消息；密切各军团的通信；封锁敌军的电台，侦查其行动。对学员的要求有：年龄在十四岁到二十三岁之间；学员要来自于工人、雇农、贫农的家庭；性别不作要求，男女均收；学历须有高等小学毕业或相当程度，最低限度为粗识文字及常识；性格要聪明、活泼、忠实、好学、无流氓习气。培训时间暂定四个月，学习课程为机务报务兼学。这些要求成为我军早期无线电培训学员选拔的蓝本。

第一期无线电培训班在江西宁都县小布村开办，训练班的负责人由无线电队队长王诤与政委冯文彬兼任。开班的时候，毛泽东勉励学员学好无线电新技术，为建立红军的无线电通信努力工作。朱德也寄语学员，为了全国人民的翻身解放好好干。训练班的教员由原来的电台工作人员兼任，他们有王诤、刘寅、吴汝生、韦文宫等。不久后，上海的培训技术人员曾三、伍云甫、涂作潮来到中央苏区，进一步充实了训练班教员队伍。第一期无线电培训班学员共 17 人，其中报务学员共 12 人，机务人员有 5 人。1932 年，训练班从江西宁都迁到瑞金。一些同志回忆："学员们虽然文化水平不高，但是都有着很高的政治觉悟、以最高的热情对待学习，不分昼夜攻克难关。"①一期训练班的学员也是我军自己最早成功培养的无线电通信人员。

从第二期起，训练班学员人数开始逐步增加，学校除设无线电队外，还增加了电话队、司号队、旗语队等。训练班进行至第三期时，无线电训练班正式更名为中国工农通信学校。

截至 1934 年的 7 月，培训班已经进行到了第十一期。同年 10 月，无线电学校的学生们跟随部队长征。长征途中，学校改为通信教导大队，校长刘光甫兼任队长、政治委员曾三兼任大队政治委员，编入军委纵队长征。1935 年的 6 月，红一、红四方面军在四川会师，通信大队与四方面军电训班合并。1935 年 10 月，中央红军到达陕北吴起镇，两个月后转到瓦窑堡。从创办培训班到长征胜利，无线电培训班共办十一期，培养各类学员（司号、旗语等）2100 余人，其中无线电通信人员 200 余人。学员在长征途中为红军的战略协同指挥、战胜张国焘分裂主义和取得长征伟大胜利提供了有力保障。

二、中央军委通信学校教育教学概况

延安时期，为了培养可以派往各个根据地、部队和侦察、情报部门的无线电通信技术人才，中央军委合并了军委通信学校与陕北苏区的无线电培训班，成立"中央军委通信学校"（简称"延安通校"或"通校"），校长为吴泽光，政委为曾三，教务主任为沈毅力。

（一）学员招收

通校开办时，陕北苏区红军无线电培训班已有两期学员在延川县永坪镇培训，因此，1935 年 11 月合并后的中央军委通信学校新开始的培训班被称为第三期，当时一、二、三期学员同时在学校学习。1936 年 3 月第四期正式开学，最后一期是撤离延安前的第十五期。其中，从第十期开始，招生名额和生源标准不断提高，尤其是第十二、十三期，被认为培训效果是最好的。1939 年，学校迁回延安后，王诤等领导决定："集中与分散相结合、报务与机务相结合、新生教育与老干部培训相结合，分出一部分到前方办校""调遣干部分别

---

① 朱仕朴：《中国革命战争时期军队通信教育史》，北京：电子工业出版社 2012 年版，第 75 页。

到大后方统战区和抗日前线电台工作。"①对应地，1941 年 11 月后，学校的工作重点转移到对通信领导干部和技术干部的轮训上。据统计，"抗日战争时期，各战略区、各部队的通信科长、副科长和无线电大中队长等通信干部，大都调回延安参加过轮训。"②1944 年后，通信干部不再完全由军委集中培训，而是由学校分派人员到各根据地开办培训班，但学校还保留了部分工作人员，直到学校跟随中央迁到张家口。

（二）办学条件

虽然延安时期有了相对稳定的办学环境，但是条件还是相当艰苦，学校前后迁址了 8 次。学校最早坐落在延川县永坪镇，1937 年迁到了三原县云阳镇，很快又返回延安盐店子，由于物质生活十分困难，又搬到鄜县（今富县）东村教堂里。因水源困难，学校又搬到同县的督河村，学校培训质量和效果最好的十一期、十二期和十三期前半期校址均在此地。1939 年 4 月，学校从督河村搬到保安（今志丹），7 月又迁到延安附近的川口。在川口一直待到了 1942 年，直到整风后的 1944 年才又搬回了盐店子。

学校的实际负责人王诤非常重视人才，在当时大胆地吸收、使用高级知识分子为党的无线电通信事业发展服务。罗沛霖、钱文极、申仲义等从上海交大来的高级知识分子，在没有其他单位安排的情况下，通校接收了他们，大大充实了学校的师资力量。此外，在毛泽东、朱德等领导人的关怀下，教员的津贴得到保障。从当时颁布的《关于无线电技术人员的津贴规定》看，教员的待遇是很好的，这稳定了学校的师资队伍。

在国民党对根据地实行物资全面封锁的情况下，通校教员、学员的生活学习环境非常艰苦，有时候没有固定教室，就以林荫做课堂，用门板、石块当桌凳，以大地做纸，树枝当笔练习写字、抄报。教材、教具非常简单，通校的培训班开始只有几个蜂鸣器，接 1.5 伏的小电池；到了 1938 年才有了两个振荡器，1938 年 5 月才建立起实验室，十一期以后的培训班，才能够组织学生进行电工和无线电的有关实验。

（三）课堂教学

通校最初两年依旧采用在瑞金时期的选拔学员方式，从各部队选调青年战士，课程也变化不大。抗日民族统一战线提出之后，全国的进步青年都涌向延安，学校的生源得以改善。从第十一期起，学员很多来自在抗大、陕公等学校学习过的青年知识分子和青年工人。另外，通校的实验室正式建立后，"主要任务，一个是保证实施教学所需的器材，一个是保证学员在教学过程中按教学计划的规定进行实习所需的器材。"③比如，教师讲欧姆定律，就让学员进实验室拿电阻、电池串联并联看看；讲发电机，要拿旧马达拆装实验等。实验室的设立，大大提高了学员的动手能力。

培训班的课程包括：数学、物理、无线电原理、收发报原理、装配维修技术、哈特莱式收报机应用等基础理论课程；政治经济学和列宁主义概论等政治理论课以及社会发展史等课程。教学进度根据学期计划由教员自己掌握。培训班刚开始的时候，教材大都是教员自

---

①中国人民解放军历史资料丛书编审委员会：《通信兵回忆史料（1）》，北京：解放军出版社 1995 年版，第 313 页。

②张进：《历史天空的红色电波》（上），北京：长城出版社 2013 年版，第 411 页。

③中国人民解放军历史资料丛书编审委员会：《通信兵回忆史料（1）》，北京：解放军出版社 1995 年版，第 347 页。

编的，比如电学教材由校长吴泽光编写，专业英语教材由沈毅力编写，收报课程甚至没有教材。1941年，燕京大学的两位英国籍教授班威廉、林迈可抵达晋察冀军区，参与了通校在那里主办的培训班的教学。他们带过去了部分教材，如斯坦福大学弗雷德里克·特曼编写的《无线电工程》、《无线电手册》，William. F. Osgood编写的数学分析教材《Advanced Calculus》等。《高频电子线路》《光学》等通信专业基础课教材则由班威廉亲自编写。此外，为了保证教员和学员能够了解到国际无线电技术发展前沿，王诤还通过各种渠道收集了上百本20世纪30年代末40年代初美国版的无线电技术教材。这大大提高了教学质量和教学水平。

（四）实践教学

（1）课堂实践。通校非常重视教学实践活动。在当时无线电器材非常难进入延安的情况下，王诤批准拿出20部美制15~20瓦的新机器要学员进行拆、装练习，"能下这样大的决心，是难能可贵的，也是很有远见的"①，因为新机器是非常宝贵的，如果哪个部队丢了一个电台，指挥员就要被撤职，电台人员烧坏一个真空管都会被关禁闭。通校教员对学生学习状况的考核，并不完全取决于理论考试，而是更看重学员对于知识的掌握与实际操作能力。

（2）课外实践。延安时期，因为无线电技术人才短缺，为了能让学员在毕业后能够快速上手、掌握技术，通校给他们安排了大量的课外教学实践活动，包括：延安通信材料厂实习、气象通信预报实习、通信社实习等。当时军委三局把"三局本部、通信材料厂、军委通校、新华广播电台等单位集中在裴庄、川口、盐店子、王皮湾的一条山沟里，是名副其实的电子一条川。当时全延安都没有电，唯独这条沟里，所有单位都有电，有用水煤气做原料的汽车发电机，有用煤做原料的20千瓦的交流发电机。有15千瓦的蒸汽锅炉带动的发电机。"②这方便了学员的实习和实践。

延安通信材料厂是属于军委三局领导的单位。根据通校学员回忆，1939年之后，装配、维修电台所必需的各种元器件、金属材料已经没有了来源，学员们在通信材料厂主要学习制造当时得不到的通信器材。收报机的零件，除了真空管，几乎全都是教员和学员们自己手造出来的；他们从油桶取材得到制造发报机需要的薄铁；用击落敌机的残骸和敌区得到的有色金属线充当铝材等金属材料。十三期之后，通校还专门设立机务班以方便通校学员去材料厂实习。另外，美军曾帮助培训一批气象观测通报员，部分通校学员入选。美方沿用理论与实践相结合的方式，很多学员在学习过程中掌握并能够使用SCR-284和V101发报机、操作简易的气象观测器，如空盒气压表、手摇干湿球温度表、手提式阿曼风速仪等。此外，通校的学员还参与了通信社电务处抄收国内外新闻的实践。

（五）教学效果

通校培养了我党我军一大批优秀通信工作者，对"冲破敌人对我革命根据地的封锁、

---

①中国人民解放军历史资料丛书编审委员会：《通信兵回忆史料（1）》，北京：解放军出版社1995年版，第302页。

②刘嘉相：延安时期的军委通校，西安电子科技大学档案馆网站：http://xyh.xidian.edu.cn/info/1065/2420.htm。

分割，加强党中央与各地党组织、根据地红军的联系，及时了解情况，指导革命行动"①起了很大作用。代表性的学员有让蒋介石、戴笠都为之震惊的"红色间谍"张露萍，还有黎东汉、曾庆良、钟夫翔、罗沛霖等一批优秀的情报和科技工作者，为中国革命和建设事业做出了突出贡献。

三、中央军委通信学校教学特点

（一）思想政治教育是灵魂

早在无线电培训班创办的时候，毛泽东和朱德就将思想政治要求植入学校的建设过程中。毛泽东和当时的总政治部代主任周以粟经常给无线电训练班学员讲形势政策，号召大家学好技术，为工农兵大众服务。朱德经常在晚上和电台人员谈心，为他们传播《共产党宣言》的真理，给大家讲解什么是阶级斗争和剥削。何叔衡到延安通校时也告诫学员："你们肩上背负着党和红军的期望。你们既要刻苦学好技术，又要努力学好政治，使自己成为红色的通信技术人员"②。王诤在《通信战士》发刊词中号召学员："通信战士应为了民族革命战争的胜利，为人类的彻底解放，贡献个人的一切。"③可以说，又红又专作为学校培养通信人才的基本要求和目标，一直贯穿始终。

通校每周给学员都安排政治报告课、形势讨论会或者是演讲会。根据学员的回忆：政委曾三"每周都给学员们上政治课，讲我党和红军的性质、任务，共产主义远大理想、马列主义。"④通校校歌在创作时，大家一致赞同将"政治坚定、技术精明、体格健康"⑤要求写入其中，强调是否具备坚定的政治信念，是衡量通信技术人员的首要准则。教员班威廉也认为，学员之所以能够在艰苦环境下完成学习无线电技术的任务并为国家担当，在于他们具有良好的政治觉悟，并以此为动力砥砺前行。

（二）良好教风营造是前提

延安通校的教员与学员关系融洽，既是师生，也是战友。当时教员与学员学习、生活几乎天天在一处，教员对学习吃力的学员都给予毫无保留、耐心细致的帮助。校长吴光泽经常利用晚自习时间到学员中指点学员发报手法。此外，全国各地的进步青年奔赴延安，这些有着不同学科背景以及在不同学术氛围下成长的优秀青年与学者加入通校后，活跃了通校的学习氛围。

通校对于人才的培养、储备非常重视。尽管办学条件比较差，但只要是有利于人才培养的教学要求，学校都尽最大可能的满足。通校因材施教，对不同学员采取不同的教学方法。比如对于老干部的培训，以实物教学为主，理论教学为辅，力求干中学。根据学员的

---

①中国人民解放军历史资料丛书编审委员会.《通信兵回忆史料(1)》，北京：解放军出版社1995年版，第11页。

②《红军的耳目与神经——土地革命战争时期通信兵回忆录》，北京：中共党史出版社1991年版，第157页。

③朱仕朴：《中国革命战争时期军队通信教育史》，北京：电子工业出版社2012年版，第167页。

④中国人民解放军历史资料丛书编审委员会：《通信兵回忆史料(1)》，北京：解放军出版社1995年版，第197页。

⑤朱仕朴：《中国革命战争时期军队通信教育史》，北京：电子工业出版社2012年版，第80页。

回忆，那时对学员的考勤很少，也基本没有考试，很多时候是由教员"悄悄地看学生抄收两分钟，再叫大家把抄收的报交上来计算成绩"①，这种方式既让学生没有考试的压力和紧张情绪，又能测出学生的真实水平。

通校教学模式的最大特点是把课堂教学和社会实践教学结合起来，做到知行合一。学员不仅在课上锻炼动手能力，练习收发报技术和手法，还参与了大量的课外教学实践活动，这有利于学员快速提升操作能力和创新能力。他们创造性地解决了材料来源问题，"最大限度地用木材代替非金属材料"②。他们经过多次试验，把存放多年的梨木做管筒绕上铜线、涂层蜡，可以做出完全符合要求的高频电路线圈。学员在通信社与广播电台社会实习时，不仅负责译文和抄收国内外新闻，还攻克了技术难关，帮助新华社首次实现面向国际进行广播，当时美国政府在旧金山就收到了来自延安的英文广播，还将延安红军的消息加入每日新闻通报中。

（三）良好的师资是关键

延安时期，通校师资在同类学校中算是雄厚的。在教员中，有从国民党解放出来的电台培训教师、技术人员，有党派去苏联学习无线电技术归来的教员，也有当时奔赴延安的进步青年教员，还有一些国外的教员。

珍珠港事件爆发后，任教于燕京大学的教授林迈可、班威廉夫妇在地下工作者的掩护下，先前往晋察冀军区，后到达延安，帮助培训学员。班威廉、林迈可采用美国大学的正规教学方式，要求严格而富有耐心。培训班分为甲、乙班，甲班由班、林两人直接用英语讲课，参加学习的同学有王仕光、韩克树等8人。甲乙班共同的必修课为高等数学、高等物理、电工物理（交流及高频）和无线电工程学4门课。选修课有高等微积分（即数学分析）、高等电磁学、光学、天线理论、量子论、相对论，每人选学1～2门。甲班学员整理出笔记并译成中文后再讲授给乙班。他们对于通校学员的学习情况给予了很高的认可，班威廉认为，训练班学员"进步的速度，可以比较任何第一流大学成绩毫不逊色""完全达到最高级大学的水准③。而林迈可通过比较大赞通校人才培养成效："日本的密码员仅仅在1941年2月破译了一次共产党的密码"④之后直到战争结束都再无收获，而国民党的密电码"日本人在整个战争时期对之了如指掌"⑤。

（四）良好的校园文化氛围是保障

虽然延安通校的生活学习环境是艰苦的，但学员们的精神生活却是丰富和充实的。延安通校的文娱科技活动十分活跃，"学校有俱乐部，各队有"列宁室"，有墙报、棋子、乐器。

---

① 中国人民解放军历史资料丛书编审委员会.《通信兵回忆史料(1)》，北京：解放军出版社1995年版，第139页。

② 朱仕朴：《中国革命战争时期军队通信教育史》，北京：电子工业出版社2012年版，第165页。

③ （英）班威廉·克兰尔：《新西行漫记》，北京：新华出版社1988年版，第109页。

④ ［英］林迈可：《八路军抗日根据地见闻录——一个英国人不平凡经历的记述》，北京：国际文化出版社1987年版，第66页。

⑤ ［英］林迈可：《八路军抗日根据地见闻录——一个英国人不平凡经历的记述》，北京：国际文化出版社1987年版，第66页。

全校只有一个篮球，但常进行比赛。"[①]在所有活动中，体育活动是开展最普遍、最受欢迎的，尤其是篮球和排球。学员每天吃过晚饭后都要打球；不打球的学员下棋、散步。夏季学员们一起去河里游泳，冬季去滑冰，还有各季节的田径运动会等。娱乐活动开展得也非常多，学员们经常观看鲁迅艺术学校和延安京剧院的话剧、京剧演出。通校还有自己的合唱队，每天课后组织学员学唱革命歌曲；学员还参演小型剧目的排练，演出过《飞将军》《血泪仇》等。此外，通校还经常安排学员参加三局的专题技术报告和科技讲座，比如徐特立作的边区自然科学教育问题报告、俞仲清主讲的日食科学知识报告，以及伽利略逝世 300 周年和牛顿诞辰 300 周年纪念大会讲座等。通校的体育、文娱活动给学员以健壮的体魄、充实愉快的精神生活，很多学员的回忆录中都提到通校的体育文娱科技活动是他们记忆中永恒的美好回忆。

---

①《红色摇篮——中国工农红军通信学校历史回顾》，北京：海潮出版社 2006 年版，第 187 页。

学者林迈可、班威廉与西安电子科技大学

王　欣[*]

摘　要： 2018 年的 10 月是西安电子科技大学建校的 87 周年，87 年让我们在感叹时间的力量之余更期待跟着历史的脚步回到建校之初时的西电，了解当时学校的风采。本文主要介绍两位英国学者林迈可、班威廉与西安电子科技大学的故事。

关键词： 林迈可；班威廉；西安电子科技大学

一、来华工作，同情革命

林迈可，出身于英国一个世代书香的家庭。他的祖父是一位历史学家，在苏格兰格拉斯哥的神学院任院长多年。他的父亲是一位哲学家，在牛津大学贝里奥学院担任长达 25 年的院长，直到退休为止；1945 年被封为男爵既而成为了英国上议院议员。

林迈可大学就读于牛津大学，起先学习自然科学，后又学经济学、哲学及政治学。大学毕业后，他从事成人教育，担任南威尔士州工业调查所的所长助理；1938 年 1 月，林迈可应司徒雷登之邀前往中国担任燕京大学经济学导师。有趣的是，林迈可来中国时与伟大的国际主义战士白求恩同乘一艘船。来华的三年之后，于 1941 年 6 月林迈可与他的中国学生李效黎在北平结为伉俪。

1938 年 4 月的一天，林迈可到北平城外的山上旅行度假时，生平第一次见到了打游击的八路军队伍。在此之后，他利用数次假期之便，到华北的抗日游击区，目睹根据地中国人民的抗日斗争。其中他作为观察员甚至参加了一次袭击日本军的行动。

1938 年的暑假他去了一趟抗日根据地五台山，喜出望外地见到了与他同船到达中国的白求恩医生，并从那里得知八路军非常缺乏医疗用品。回到学校之后，林迈可在北平更深入地卷入了抗日的地下工作。在林迈可看来，任何有思想有血性的人都会有义务反对日本军队。[①]

1939 年暑假，林迈可走了 3000 里路到达晋东南抗日根据地，再由延安到重庆，最后绕道香港从海上回到北平。这次旅行使他非常感动的是八路军这支抗日力量：虽然长期供给不足，却得到人民群众全力支持，擅长利用熟悉的地形打击敌人。在全面地了解之后，他决定放弃中立的观察员立场，积极地参与到八路军抗日事业中来。林迈可在 1939 年给

　＊　王欣，西安电子科技大学马克思主义学院研究生，现为武汉大学马克思主义学院博士生。

①参看林迈可：《八路军抗日根据地见闻录——一个英国人不平凡经历的记述》，北京：国际文化出版社 1987 年版"燕京大学，1938 年"这一章第一段。

母亲的信中写道：共产党人要求我负责的工作是为北平城外共产党领导的军队组织大规模的药品和外科器械供应，因此我将会非常忙。在日本还没有与美国开战前，林迈可利用外国教师这一特殊的身份，在北平购买一般中国人买不到的敏感物资。他刚开始是帮助购买一些通信器材，如收音机及发报机的零件等，到后来已经发展到为八路军购买最紧缺的药品和其他稀有物资。他骑着自己的摩托车一次又一次地通过日本人的检查口。他与共产党的特工人员一起成功地为八路军运送了大量的稀有物资，使晋察冀根据地的电台、临时武器库和战地医院保持了正常运转。李效黎还是林迈可的学生时就参与了此项工作，有时物品多了他们就借用校长司徒雷登的汽车。其中有一次他们从天津租界拉出八大箱的军用物资，用汽车分三次送到根据地。

在当时的北平，西药和无线电器材都是敌人控制下的军用物资。如治疗疟疾的"奎宁"，在药店里是以克为单位出售的，而林迈可为八路军购买的数量一次就是两三桶（每桶30 斤），这个没有特殊的关系是绝对买不到的。即使买到，由于日军层层设卡，戒备森严，要万无一失地运出城外也十分困难。林迈可是冒着生命危险运送物资的。他们还参加了传递情报、掩护地下党员进出北平城的任务。聂荣臻将军领导下的敌占区情报部部长王友（即解放后任煤炭部副部长的钟子云），于1941 年秋到北平工作时，就是被林迈可亲自用摩托车送进城的。他们还多次捐资救助被捕的地下党员。

1941 年12 月8 日那天，李效黎照例起床收听设在上海的英国电台的华语广播，但却怎么也收不到台，无奈之下找来林迈可帮忙，林迈可在调台的过程中扭到了德国电台的广播，该台正在报道美日两国已经交战。林迈可立刻意识到情况危急，并且猜想日军会马上包围燕京大学。于是，他们带了一些简单的行李和无线电零件、所有的枪支匆匆离开燕大。走出学校后的十多分钟，日本宪兵就赶来搜查他们住的房子，但早已人去房空。[①]

班威廉，1906 年8 月27 日出生于英国柴郡，1922 年，在利斯卡德中学毕业，后进入利物浦大学学习物理，1926 年大学毕业，并获得奥利弗·J·洛奇奖。1929 年班威廉来到中国，任教于燕京大学物理系。1931 年在回英国期间，与克莱尔·梅·爱德华兹结婚。同年8 月，班威廉夫妇一起回到燕京大学。1932 年至1941 年，班威廉接替谢玉铭担任燕京大学物理系主任，为燕大物理系任职时间最长的系主任，在这十年间燕大物理系有了非常大的发展。

班威廉是一位十分勤奋、深受师生们爱戴的学者。他主持系务非常精心，授课很受学生欢迎，在科研上他也作了大量的工作，研究方向涉及统计力学、热磁学和电磁学、相对论、现代物理学中的哲学问题等众多领域。他在20 世纪40 年代初期即已开始了低温超导现象和表面现象的研究。据不完全的记录，他在燕大期间单独署名发表的论文有十余篇，与别人联名发表的论文数量就更多。班威廉是当时硕士研究生的主要导师，此时期的硕士论文大多都是在他的指导下完成的。班威廉还是一位富有同情心与正义感的人士，曾与他人一起秘密组装无线电收发报机，打算偷运往中共领导的平西抗日游击根据地以改善那里的通信状况，后因中共地下组织遭到敌人破坏而未成。1941 年12 月8 日与夫人和林迈可

---

①1941 年12 月7 日晨，日本未经宣战，以海军突然空袭美国在太平洋的主要海空军基地珍珠港，美国太平洋舰队遭受惨重损失。次日美国向日本宣战，太平洋战争从此开始。《八路军抗日根据地见闻录》译注。

夫妇紧急出逃，仅 10 分钟后日军便封锁了燕园，他们幸免于难。

二、奔赴前线，教书育人

（一）因材施教，传播先进的无线电基础知识

林迈可、班威廉夫妇在地下工作者的帮助下，避开敌人的封锁线，经过两昼夜跋涉，见到了在敌占区活动的游击队，在第六天安全地到达靠近根据地的村子。休整几天之后，越过一道道封锁线，穿越了永定河，最终抵达八路军平西司令部，在这里他们见到了老朋友肖克，肖克将军提出，希望林迈可他们帮助修理收发报机。林迈可、班威廉二人非常仗义地答应了，并在没怎么休息的情况下就在电台热火朝天地忙开了。

这一年农历春节后，他们离开平西，沿着秘密通道开始前往聂荣臻将军的总部。总部为他们的到来开了欢迎大会。"说到我们隆重的行程，在走进聂将军的餐室里时，才达到最高峰。的确，我们连擦了几下眼睛，疑惑我们看错了？因为，在一张大餐桌上，雪白的台布上面，安设了 16 个座位，完全是西式大菜的格局，不缺一件刀叉，有许多花样的冷盘让我们垂涎欲滴，真是久违了。再有牛奶、牛油、面包土司，加上方糖牛奶的上好咖啡，各色的鱼，煎的煮的，还有苹果、梨、橘子，还有好大好梦幻的冰镇蛋糕。我们是在做梦吗？这里真的是游击队军营吗？这种种使我们回想到过去在北京时候快乐野餐时的光景；而眼前这位长官也很像我们当时学校里的许多同事，绝不是日本人口中的一群'土匪'。聂将军本人给我们的印象，也是近乎大学校长那种儒雅态度，不是我们想象中的一位游击战术大战略家的模样。"①

"讨论到我们将来的计划时，聂将军建议我们等候几个礼拜，因为当时日本军队正在这一带活动，几个礼拜之后他就可以做好充足准备把我们安全送离，且这些天有一个无线电培训班的工作是值得我们参加的。"②这样，班、林夫妇就在这里住了下来。

当时军区把具有大学和高中毕业生水平的人员集中起来，举办了无线电研究班，由通信科长钟夫翔领导（在班威廉的《新西行漫记》中说钟夫翔领导，但在《红军的耳目与神经——土地革命战争时期通信兵回忆录》一书中，钟夫翔称"王仕光负责组织教学工作"），学员有韩克树、林爽、郭超凡、吕进等人。班威廉、林迈可采用美国大学的正规教学方式，严格而有耐心。学员因到校时间不一，水平不同，所以编为甲、乙班，甲班由班、林两人直接用英语讲课，参加学习的同学有王仕光、韩克树、林爽、金鑫、张中甫、张宾、刘坚、常家明 8 人。潘家晋、刘兆生、赵干青、吴立中 4 人有时参加甲班学习有时参加乙班学习。参加乙班学习的还有韩黎、刘一青、吴本毅、孙芝荪、史铁夫、崔清吉等。研究班课程安排是：甲乙班共同必修课为高等数学、高等物理、电工物理（交流及高频）和无线电工程学 4 门课；选修课有高等微积分（即数学分析）、高等电磁学、光学、天线理论、量子论、相对论，每人选学 1～2 门。所用的课本有斯坦福大学等编著的，也有自己编著的。《高频电子线路》《光学》等都是班威廉编写的教材，用他自己所带的英文打字机打出，供同学使用。

---

① ［英］林迈可：《八路军抗日根据地见闻录——一个英国人不平凡经历的记述》，北京：国际文化出版社 1987 年版。

② ［英］林迈可：《八路军抗日根据地见闻录——一个英国人不平凡经历的记述》，北京：国际文化出版社 1987 年版。

乙班的同志不能直接听英语课程，一般由王仕光整理出笔记并译成中文，由张中甫、史铁夫译成讲义，并由甲班学员给乙班学员讲课及辅导。张中甫、史铁夫写一笔好字，油印出的书如同铅印教材。韩克树、林爽等同志，虽然自己要听课，但仍然抽出时间辅助乙班学生，受到乙班学员欢迎。学员几乎全天学习，没有节假日，生活十分艰苦，吃黑豆、玉米和高粱，8人一盆盐水煮萝卜丝，到几十里外的粮库背粮，背木柴到煤矿换煤烧饭。

班威廉回国之后撰写了《新西行漫记》，书中写道："上课的房子是被敌人烧过的，经过他们自己动手修筑起来。教室屋顶是用木板搭成的，涂上一层泥巴，遇到下雨，至少有20处漏水。没有课桌，就坐在凳子上或树根上。墙上只要有个洞，就可以算窗子。他们每人自己背着被服、牙刷、饭碗、一套换洗的衣服和一双布鞋。另外有一匹骡子，负责背负全部校具：一部油印机，一些白纸，锅子、铲子等。他们用的纸是从日本人那里缴来的新闻纸。所有粉笔、铅笔、墨水、钢笔等都是战争中的战利品。""教育这些青年是愉快的事情，进步速度可以与任何第一流大学相比毫不逊色。""完全达到最高级大学水准"。

班威廉教授为了更深入了解抗日民主根据地，经常在晚饭后约同学们一起去散步，一方面锻炼同学们的英语水平，另一方面方便他们走进群众、到农民家中去做调查研究。通过这样的活动，彼此了解得更多了，在根据地，班夫妇还和一个放羊娃家庭认了干亲，经常去拜访。班威廉说，在他的童年时期，英国农民的生活也很艰苦，耕种的方式也非常落后。谈到自己的身世，班威廉先生表示他的家庭在英国算是比较苦的家庭，而在英国，等级观念是很强的，只有贵族才有地位。他虽然通过自己的努力获得了学位并已经成为教授，但在英国仍然受到排挤。他的论文在英国不被发表而是在美国发表。英国的各名牌大学不聘请他当教授。这样经常性的谈心使他和同学们的关系更加融洽了。"在圣诞节时他会请我们去他家做客，他对我们感到很满意，把我们当作得意门生，尽一切力量把知识传授给我们。"①

班威廉夫妇在晋察冀根据地生活了两年多，根据班威廉的《新西行漫记》中所述，在1943年8月的时候，由于离家太久，且最初答应的两年教授课程的时间已到，所有课程也已教授完毕，再加上此时中国内战危机已经开始显现出来，班威廉夫妇向聂荣臻将军正式请求庇护穿过日军阵线，转道经延安然后去重庆的英国使馆再回国。8月10日他们正式开始了行程，强行通过了日军的阵地，于10月11日到达延安，在延安，受到了朱德、毛泽东、林伯渠等热情欢迎并参观了延安自然科学研究院、鲁迅艺术学院等地。在周恩来和聂荣臻的帮助下，班威廉夫妇最终于1944年1月11日离开延安，几经辗转回到了英国。

（二）学以致用，亲自维修改装无线电设备

与班威廉夫妇不同的是，林迈可夫妇在晋察冀根据地生活的时间稍长并于1944年春天跟随一个军事训练学校400人的队伍和一些带孩子的家庭，还有30多头骡子前往延安。他们从晋察冀边区出发，经代县，过雁门关，穿宁武，越五寨，到达晋绥边区。一路上都是晚上行军、秘密地经过敌占区，遇到村子才休息吃饭。沿途数次突破敌人的封锁线，两次翻过积雪厚厚的大山。值得一提的是，在经过黄土岭时，一队日军设下埋伏，带队的李营长看穿了日本人的诡计，选择了靠近日军据点的五寨县城潜伏，非常巧妙地避开敌人的伏

---

① 引用自《西北电讯工程学院校史》(1947—1987)学员回忆录。

击圈。在晋绥军区，他们暂时地停下了脚步，在这里林迈可用了短短三星期的时间就把司令部的电台设备仪器全部重新调整好，更让人惊喜的是，他还训练了一批能操作电台的技术人员。一个月后也就是4月份，他们重新从兴县出发，过黄河，经绥德，最终于5月份到达延安。

刚到延安不久，中共中央委员会邀请他们到杨家岭做客。在杨家岭大礼堂后的土窑洞前，毛泽东、周恩来、邓颖超来迎接他们。毛主席详细询问了林迈可来中国以前的情况，对他说："不管你是什么原因来中国的，你能帮助我们打日本人。我们很高兴的。"林迈可回忆："我告诉他，能和八路军一起打日本是我的光荣，当我问起我应该在延安做些什么工作时，他告诉我再多休息些日子，以后再谈工作问题。"①几天后，感到无所事事的林迈可开始着急了，他找到金处长，提出想要讨论工作事宜的意见，金处长转达了林迈可的想法，于是他被邀请和朱德将军共进午餐，在那里他还见到了朱德夫人康克清女士、叶剑英参谋长、林彪师长及其夫人叶群。当时的延安正在展开大生产运动，每个人都试图让自己可以更加自给自足。在赴宴之前，林迈可已经听闻毛泽东同志学会了纺线，而朱德同志则是一位优秀的蔬菜种植者。叶剑英笑着告诉他们："朱总菜地的菜比延安实验农场的还好。"这一次，朱、叶两位将军和林迈可详细地讨论了他的工作问题。朱德在详谈中提出了想请他完成的两项任务：一是改善八路军的通信器材和技术；二是研究一下延安的银行和财经制度。林迈可答应努力完成朱总所托重任。他首先建议建立一部收发报机，以便和美国或印度取得联系，让国外得到抗日根据地的消息。朱总司令和叶参谋长非常同意这个设想，因为延安早就想让外部世界知道这里的情况，但却一直遭到国民党政府千方百计的阻挠，而当时八路军的无线电人员又没有好的办法。不久朱德总司令就正式任命林迈可为第十八集团军通信部的无线电通讯顾问（林迈可后来一直保留着当时的聘书）。

5月底，林迈可就去了通信局。经过一段时间的考察后。他认为按已有的材料完全可以建立一台1000瓦的发报机，利用旧卡车的发动机来发电。到8月份，大型发报机就建起来了，但在安装天线时遇到困难。天线要求有一块大的空地，还要测算出指向旧金山的角度。林迈可借到一本《球面三角学》认真钻研，测算出准确的方向，确定了天线位置。他把经纬仪对准北极星方向，算出角度。然后，把标杆固定好，建造了一个"V"型方向天线。这样，新华社便能向国际广播了。美国政府在旧金山收到了来自延安的英文广播，并将这些消息编在来自前线电台的每日新闻通报中，转发给800位官员参阅。

（三）身体力行，无私支持中国红色政权

英国和美国当时向中国政府提供了大量援助，但大多送给了国民党政府，共产党在抗日的最前线，却得不到非常急需的军用物资。林迈可想通过对外广播让英美知道八路军的真实情况，让他们明白向共产党军队提供武器是明智的。所以他经常自己编写修改英文广播稿件，以便更能适合英美人的口味。

1944年6月初，中外记者组成的记者团到达延安，林迈可临时被抽调到朱德总司令部参与接待工作。他为记者们准备了一些有关军事形势的报道，并绘制了一张反映战局的军

---

①［英］林迈可：《八路军抗日根据地见闻录——一个英国人不平凡经历的记述》，北京：国际文化出版社1987年版。

事形势图。在外国记者中，有林迈可认识的斯坦因和爱泼斯坦。林迈可和李效黎做起了临时翻译和向导，陪同记者们参观了许多单位。在参观了通信局后，国民党政府立法院的谢保樵曾建议林迈可夫妇去重庆工作，说在那里能赚到很多的钱。但李效黎认为去重庆他们的人身安全都难以保障，没有采纳他的建议。阎锡山政府的财政局长徐士珙也来到延安，他对林迈可为前方设计最新式的便携式收发报机印象极深，对李效黎说："这里的无线电设备比中国其他地方的都先进，比我们先进，比国民党政府地区的也先进，这都是林迈可的功劳。阎锡山将军有更好的物质条件，可是找不到像林先生这么能干的人，能装配起那么好的通信设备。"他也邀请林迈可夫妇到山西去工作，但同样被谢绝了。7月中旬，李效黎夫妇被延安外语研究中心邀请去讨论如何建立英语学校的问题，那时延安只有俄语和法语学校。一星期后，英语学校开学了。学校设在王家坪的山沟里，有三位英文老师：薄焕人、李效黎和朱仲芷。第一个班招了40个学生，他们来自各个部门。李效黎每周上三个下午的课。她的工资是每月两斗小米。美军观察组到延安后，她又教美国人学习中文。在美军观察组与中共领导人的交往中，李效黎担任临时翻译，她多次帮助美国人向毛泽东反映他们的想法和意见。抗战胜利后，美国大使赫尔利邀请毛泽东去重庆商谈避免内战的问题，叶剑英和杨尚昆来找林迈可，征求他的意见。林迈可认为如果毛主席不去参加会谈，会引起外国舆论的不良反应。要去就必须要求国民政府保证他在重庆的安全，保证他能平安地回到延安。

1945 年 8 月底，赫尔利来到延安后，林迈可又专门同他交谈了一个多小时。他告诉赫尔利共产党在八年抗战中是真正在抗日的，并且阻止了日军的进攻，具有很强的实力。但赫尔利固执己见，认为共产党是苏联的追随者，没有苏联的支持在内战中是不可能会取胜的。最后林迈可感觉到这位罗斯福的特使不像一位外交家，只会讲一些生硬的语言把事情办砸。

9月份的时候，聂荣臻在杨家岭同林迈可进行了一次详谈，对他在战争时期的工作给予了高度评价，并说在以后的复兴工作中更需要他的帮助。他希望林迈可和他一道去建设一个繁荣的张家口，帮助解决一些经济和技术上的问题（张家口是当时共产党已解除日军武装并管辖着的为数不多的几个大城市之一）。

内战的阴云逐渐地笼罩在了延安上空，林迈可的工作也更加地忙碌了，他每天去新华社英文部工作。他还给英国大使馆写了一份报告，内容为：如果真正打起内战，共产党一定会赢得胜利，除非国民党也能像共产党那样实行土地改革争取农民的支持。到了10月底，蒋介石派三个师进入共产党根据地挑衅，形势急转直下，内战将一触即发。当时的林迈可想，作为一个带着两个孩子的外国人，卷入中国内战是不合适的。在他看来，他绝不会与他所敬爱的中国人民为敌（无论哪一方）。另一方面，他要回国工作，让中国以外的广大世界了解到在中国华北，有一支共产党领导的军队及边区政府的存在，要让他们知道共产党已经控制了华北的大片地区，并在尽最大努力同广大人民一道建设战后新中国。周恩来副主席非常赞同他的想法。因此，他们决定回英国。离开延安的前两天，毛泽东夫妇设宴为他们饯行。林迈可关心中国的未来，与毛主席谈了许多问题。

回到英国之后，林迈可积极奔走，在伦敦《泰晤士报》上刊登他关于中国局势见解的文章，但英国外交部听信了国民党政府的荒谬指责，认定林迈可为亲共分子、李效黎是一位中国共产党员，对他的分析不屑一顾。

三、功绩卓著，彪炳史册

林迈可和班威廉在延安通校（也称无线电培训班）为我军培养了一批无线电人才，在当今老一辈无线电技术人员、专家、领导骨干中，就有不少是当年这所训练班培养出来的。

回国后林迈可依旧关注着新华社的发展。1946 年他从美国麻省写信给新华社，提出了一些个人意见，他说：新华社的军事报道往往是一些不连贯的战事，不能给人一个完整清晰的印象，只报自己的胜利，不报失利，"结果是人们不相信，即使报道的事实是很正确的，但看上去仍使人觉得这不过是宣传家特别挑选的有利于自己的事实。"新华社总社很快将林迈可的意见通报各分社，并加注："林的意见堪称中肯，甚多切中我们工作中的若干弊病，足资我们改进工作的借鉴。"

外国专家、国际友人作为一个特殊的群体，在中国人民对反法西斯斗争时给予了很大的直接支持。当日本帝国主义大举侵略中国，中国人民遭受屠杀凌辱之时，他们把中国人民的解放事业当作自己的事业，从舆论上、军事上、医疗上、经济上等多方面支持中国，这不仅增加了抗战实力，也鼓舞了中国人民的战斗意志。对世界人民的反法西斯战争也是有力的推动。从一个西电人的角度来说，林迈可、班威廉他们两位对于西安电子科技大学做出的贡献值得每一个西电人永远记住他们。

注：本文还参考了《中国革命战争时期军队通信教育史》（朱仕朴主编，2012）、《"洋八路"林迈可和他的中国妻子》（林卫国，1998）、《班威廉在中国》（孙洪庆，2008）、《国际友人在抗日战争中的贡献和作用》（张注洪，1998）、《让世界听到延安的声音——访国际友人林迈可》（李安定，1986）等论著，一并感谢。

西电红色文化资源与大学生价值观的构建

胡德鑫

摘　要：红色文化是当代大学生社会主义核心价值观构建的有效载体，能保证社会主义文化建设的正确方向，增强当代大学生对社会核心价值观的政治认同。伴随当代世界多元价值文化的冲击，以及我国社会主义建设面临的多种问题与挑战，依托西电红色文化资源推进当代大学生核心价值观构建具有重要的意义。红色文化资源在社会主义核心价值观构建中发挥着价值认同、导向、激励、民族自信等作用，通过文献计量分析探讨我国红色文化资源与大学生社会主义核心价值观构建的研究现状、存在问题及发展趋势。同时从党团建设、学风建设、课堂教学、社会实践、校园文化五个方面对西电开展红色育人模式做详细介绍，并提出西电红色文化资源在社会主义核心价值观构建中的实践路径优化。

关键词：红色文化；大学生；社会主义核心价值观；实践路径优化；文献计量分析

一、依托西电红色文化资源推进当代大学生核心价值观构建的背景

进入 21 世纪以来，我国大学生价值观教育取得长足发展，但伴随当代世界多元价值文化的冲击，以及我国社会主义建设面临的多种问题与挑战，当代大学生的价值观念也不可避免地受到多重影响。在新的时代背景下，大学生的价值观念迫切需要科学思想的引领。如何推动当代大学生认同并践行社会主义核心价值观，如何促进当代大学生德、智、体、美、劳的全面发展，如何建立长效机制，探索出大学生价值观念的有效实践路径等成为我国大学生价值教育的重点、难点。

改革开放以来，中国共产党高度重视社会意义意识形态建设，不断探索社会主义核心价值观的有效实践路径。2006 年 3 月，党提出"八荣八耻"的社会主义荣辱观，赋予其新的时代内涵，使全党和全国人民深化了对我国社会主义价值观建设的认识。2006 年 10 月，党的十六届六全会明确提出并系统论述社会主义核心价值观的时代命题和重大战略任务。2010 年 7 月，《国家中长期教育改革和发展规划纲要（2010－2020 年）》正式发布，其中提到："立德树人，把社会主义核心价值观建设，融入国民教育的全过程。"2011 年 10 月，党的十七届六中全会强调，社会主义核心价值观体系是"兴国之魂"，推动文化大发展大繁荣的根本任务就是社会主义核心价值观建设。2012 年 11 月，中共十八大报告明确提出社会主义核心价值观的二十四字方针，即"三个倡导"，倡导富强、民主、文明、和谐，倡导自由、平等、公正、法治，倡导爱国、敬业、诚信、友善。这二十四个字是对社会核心价值观念的深刻概括。2013 年 12 月，中共中央办公厅印发《关于培育和践行社会主义核心价值观的意见》，指出以"三个倡导"为基本内容的社会主义核心价值观与中国特色社会建设相结

合，必须积极推动社会主义核心价值观融入社会主义现代化建设的全过程。

二、红色文化资源在构建当代大学生社会主义核心价值观中的价值与意义

当代中国的社会主义核心价值体系是我国思想文化建设中的主流价值，体现着我国以爱国主义为核心的民族精神和以改革创新为核心的时代精神。[①] 当代大学生正处于世界观、人生观和价值观形成的关键时期，易受多元文化的冲击，同时由于大学生肩负着社会主义现代化建设的重要历史使命，其健康成长关系着党和国家的前途与命运。因此，必须重视当代大学生社会主义核心价值观的建设，而红色文化资源在构建当代大学生社会主义核心价值观中具有重要的价值与意义。主要体现在以下几个方面。

（1）价值认同作用。当今世界经济的全球化、政治的民主化、文化的多样化导致人们的思想观念发生巨大改变，呈现出文化价值观念的多元化倾向。对大学生进行红色教育，可以帮助其逐步认识社会主义意识形态的重要性，把握社会主义文化建设的主旋律，深刻体会社会核心价值观的重要价值，不断提高自身政治素养。"人民有信仰，国家才有力量。"红色文化能够增进大学生的价值认同，引导他们树立社会主义的共同理想，为早日实现社会主义现代化和中华民族的伟大复兴奋斗终身。

（2）导向作用。红色文化教育对大学生的价值观念起着潜移默化的价值引领作用。从党的建立到井冈山革命根据地的建立，从漫漫长征之路到艰苦卓绝的抗战，从推翻国民党的反动统治到新中国的建立，从文革十年到改革开放四十年，我国拥有丰富的红色文化资源，通过红色文化教育，能使大学生把个人利益与国家利益、民族利益紧密地结合在一起，辩证看待理想与现实的关系，树立以社会主义核心价值观为核心的人生目标与方向。

（3）激励作用。当今社会，价值观教育面临诸多挑战。在中国似乎繁荣、崛起、歌舞升平的背后，许多尖锐、普遍的问题不得不引起我们的深思：党内的腐败现象与政府威信降低；巨大的城乡、地区差距，贫富分化严重；道德严重滑坡和信仰缺失；崇洋媚外和全盘西化倾向；教育公平与大学生就业难等。在这种情况下，大学生的价值觉醒，激励大学生树立正确的价值观念，就有赖于红色文化资源。[②] 红色文化中蕴含着爱国精神、自强不息、艰苦奋斗等优秀品质，对形成良好的社会风气和道德风尚起着巨大的推动作用。

（4）民族自信。实现中华民族伟大复兴，就是中华民族近代以来最伟大梦想，社会主义核心价值观的建设对推动中国梦的实现具有重要的作用。梦想源于现实，又高于现实，红色文化资源对推动社会主义核心价值观建设，进而实现中国梦，增强民族自信有重要的意义。

三、红色文化资源与大学生社会主义核心价值观构建的文献计量研究

以中国学术期刊网络出版总库（CNKI）的 1451 篇论文为研究对象（其中共检索到 1546 篇论文，有效论文为 1451 篇），旨在探讨我国红色文化资源与大学生社会主义核心价值观构建的研究现状、存在问题及发展趋势。

---

①何其鑫，等：《红色文化资源在培育社会主义核心价值观中的应用》，载《江西社会科学》2013 年第 10 期。

②于安龙，刘文佳：《谈红色文化与大学生社会主义核心价值观教育》，载《教育评论》2014 年第 10 期。

由表1可以看出，我国红色文化资源与大学生社会主义核心价值观构建研究在高校的分布。本文仅列举前10位的高校，分别为西南大学、中山大学、山东大学、南昌大学、东北师范大学、河北师范大学、山东师范大学、苏州大学、华中师范大学和湖南师范大学。

表 1 红色文化资源与大学生社会主义核心价值观构建研究的高校分布

序 号	学 校	篇 数
1	西南大学	51
2	中南大学	26
3	山东大学	26
4	南昌大学	25
5	东北师范大学	25
6	河北师范大学	20
7	山东师范大学	19
8	苏州大学	16
9	华中师范大学	16
10	湖南师范大学	16

利用文献题录统计分析工具(SATI)对关键词进行合并，同时剔除无意义词，获得关键词频次数据，结果如表2所示，同时进行数据预处理，形成我国红色文化资源与大学生社会主义核心价值观构建研究领域的高频关键词矩阵(限于篇幅，本文未列出)。①

表 2 高频关键词

关键词	频次	关键词	频次
大学生	528	培育	47
社会主义核心价值观	229	当代大学生	39
红色文化	197	构建	35
思想政治教育	176	认同	30
社会主义核心价值观体系	170	路径	29
核心价值观	96	红色旅游	28
价值观	71	途径	28
红色资源	67	社会主义核心价值观体系教育	26
教育	4	校园文化	25
高校	58	价值观教育	23
对策	56	高校思想政治教育	23
红色文化资源	53	价值	23

---

① 李正元，胡德鑫：《我国高等教育管理研究态势探析——基于社会网络分析的视角》，载《国家教育行政学院学报》2014 年第 10 期。

关键词	频次	关键词	频次
多元文化	21	社会主义核心价值观教育	14
建设	20	文化产业	13
民族精神	20	引领	13
影响	20	理想信念教育	13
研究	18	爱国主义教育	13
创新	17	思想政治理论课	13
社会主义	16	作用	12
开发	16	核心价值体系	12
网络文化	16	时代精神	12
实效性	16	德育	12
大学生思想政治教育	16	社会责任感	12
文化	14	政治理论课	12

利用 UCINET 的绘图功能，生成高频关键词的网络图。[①] 通过网络密度（Density）分析可知其网络密度为 1.5372，说明红色文化资源与大学生社会主义核心价值观构建研究中的交流比较频繁，但可能导致交流流于泛化，深入的研究难以展开；通过网络平局路径和聚集度（Distance）分析，可知网络平均路径长度为 1.644，说明高频关键词的网络存在小世界效应；网络聚集度为 0.678，说明红色文化资源与大学生社会主义核心价值观构建研究的聚集度相对集中。

四、西电开展红色文化资源与大学生社会主义核心价值观构建的思路与实践

西安电子科技大学于 1931 年创办于江西瑞金，经历土地革命、抗日战争和解放战争的洗礼，在发展进程中积累了丰富厚重的红色资源。特别是学校地处陕西，又具有得天独厚的红色资源优势。

为深入推进西安电子科技大学本科教育质量提升工程，弘扬西电精神，凝聚西电力量，打造具有西电特色育人品牌，西安电子科技大学遵循"坚持立德树人，传承红色文化，提升西电精神，创新育人模式"的原则，深入挖掘学校红色资源并创造性地融入到社会主义核心价值观建设之中，实施西电红色文化传承与当代大学生社会主义核心价值观构建相结合的红色育人模式。西安电子科技大学主要从党团建设、学风建设、课堂教学、社会实践、校园文化五个方面开展红色育人工程[②]，具体情况如图 1 所示。

---

①刘亚荣，李文长：《高校组织运行模式的分析——基于高校预算案例》，载《国家教育行政学院学报》2013 年第 1 期。

②《西安电子科技大学挖掘红色教育资源，加强和改进大学生思想政治教育》，教育部网站：http://www.moe.edu.cn/publicfiles/business/htmlfiles/moe/moe_2154/201009/108751.html.

```
                    ┌──────────────┐
                    │   红色育人模式  │
                    └──────┬───────┘
        ┌────────┬─────────┼─────────┬─────────┐
        ▼        ▼         ▼         ▼         ▼
    ┌──────┐ ┌──────┐ ┌──────┐ ┌──────┐ ┌──────┐
    │ 党团 │ │ 学风 │ │ 课堂 │ │ 社会 │ │ 校园 │
    │ 建设 │ │ 建设 │ │ 教学 │ │ 实践 │ │ 文化 │
    └──────┘ └──────┘ └──────┘ └──────┘ └──────┘
```

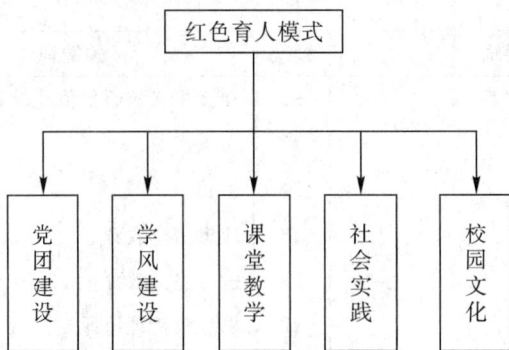

图 1　西电红色育人模式示意图

（1）红色资源教育进党、团建设。红色资源是党、团史教育和革命理想信念教育的直接源泉，对不断丰富党团建设和发挥党员、团员的先锋模范作用，巩固党团组织的战斗堡垒地位具有重要意义。西安电子科技大学在实践中不断完善，逐步建立起三级"大学生马列自学小组"和三级"大学生业余党校"两个教育体系，培育和建立专职辅导员、学生骨干两支教育力量，探索出了党、团组织进公寓、进社团、进社区等教育新模式，不断扩大红色教育覆盖面。每年邀请校内外专家学者在学校高级党校做革命传统教育，组织入党积极分子和预备党员先进分子前往八路军办事处、革命圣地延安参观学习，"枣园、王家岭"齐唱国歌、"四、八烈士墓"扫墓等活动形式，让大学生实地缅怀革命先烈的丰功伟绩，亲身感受辉煌的革命历史，接受革命传统教育和理想信念教育，提升自身的思想政治素质，取得了良好的效果。

（2）红色资源进学风建设。西安电子科技大学五迁校址、十一易校名，经历了军校向地方院校的转变，但是学校始终致力于对红色资源的挖掘和对优良学风传统的继承，不断赋予学风建设新的内涵。形成了"一日生活制度""周点名制度""辅导员入住学生公寓制度""学风监督岗"等加强学风建设的重要抓手，同时，针对新时期高等教育和大学生的身心特点，学校还相继出台了"做西电优良校风学风传承者，做新校区优良校风学风建设者、发展者""我与西电共成长——优良学风建设专家领航报告会""瑞金之星"评选等学风建设新举措，使得"艰苦奋斗，自强不息"的办学传统和"严谨、勤奋、求实、创新"的优良学风得以星火相继，传承如一，形成了"学在西电"的品牌效应。

（3）红色资源教育进教材、进课堂。西安电子科技大学长期坚持将红色资源的有关内容贯穿于思想政治理论课各课程的教育教学。定期安排校史、校情展览，将学校发展史制作成展板，在新生入学时，设立专门课时，进行参观，并培训一大批学生义务讲解员进行讲解。开设"西电精神大讲堂"，组织人员编写了《光辉岁月》《两种前途的斗争》等具有学校特色的红色资源辅导读物，录制了《永远的西军电》，利用周日晚点名的时间进行播放。在入党积极分子培训课堂上开设"经典红歌赏析"。让学生在课堂学习、书本学习的同时，直观、形象、生动地接受红色资源的感染和熏陶。

（4）红色资源教育进社会实践。西安电子科技大学坚持"贴近生活、贴近实际"的原则，按照实践育人的要求，以体验教育为基本途径，精心设计和组织开发内容鲜活、形式新颖、吸引力强的社会实践活动。把社会实践的思想内涵与丰富多彩的活动结合起来，寓教于乐，使大学生自觉参与其中，思想感情得到熏陶，精神生活得到充实，道德境界得到升华。学校积极联系全国红色教育基地，将其作为学校学生社会实践基地，建立了长期稳定的合作关系，多次利用暑假组织"重上井冈山""重走长征路""延安交通校故地游"等实践体验活动，坚持开展"实践归来话感受"等总结活动，分享感悟，交流经验，巩固实践成果。

(5) 红色资源进校园文化。西安电子科技大学在校园文化建设中紧密依托红色资源，一方面着力打造红色校园环境，树立"全心全意为人民服务""半部电台起家，一生征战为民"雕塑、王诤校长塑像、以"井冈山""瑞金""延安""张家口"等命名的校园道路无不彰显着学校的光辉历史和红色底蕴。另一方面，长期坚持以红色资源为主线，开展丰富多彩的学术、艺术、娱乐活动。每年针对新生开展"光辉岁月校史展"活动，在全校范围内开展以弘扬"西电精神"为核心的主题创建活动和"爱国、责任、进取、荣誉"主题教育活动，利用学校的展板、宣传橱窗、校报、广播加强对红色资源教育的广泛宣传，利用校园网开设"瑞金之星"红色网站，构建红色资源教育的网络阵地，定期举办红色文化讲坛、红歌会、红色演讲等活动，极力营造红色校园文化氛围，使红色文化在西电校园中处处可见、可感、可学，从而使大学生在潜移默化中接受熏陶，在寓教于乐中接受教育。

五、西电红色文化资源在社会主义核心价值观构建中的实践路径优化

(1) 注重地方红色资源的利用。陕西省是全国红色文化资源最丰富的地区之一，涵盖了中国革命的各个时期，数量多、分布广、影响大。据陕西党史部门革命遗址普查工作统计显示，自 2010 年 1 月至 2010 年 12 月，陕西省 11 个市(区)，107 个县、市(区)党史部门共普查遗址 2155 个(革命遗址 2051 个，其他遗址 104 个)。其中已确定为国家级爱国主义教育基地 19 个，省级爱国主义教育基地 30 个，市级爱国主义教育基地 49 个，县级爱国主义教育基地 128 个。陕西省注意将红色资源转化为"红色财富"，并运用现代化传媒手段，将大量红色文化资源搬上银幕。电视连续剧《渭华起义》、电视文献片《人民英雄刘志丹》、十集文献片《新中国的雏型》、三集政论片《小平在陕西》、四集专题片《浴血中条山》等的播出，不但拓宽了中共党史宣传渠道，也盘活了红色文化资源。西电可以充分利用陕西的红色文化资源，创新大学生社会主义核心价值观教育的形式，丰富大学生社会主义核心价值观教育的载体。

(2) 发挥学校的主渠道功能。学校应以校园文化为主题，着力打造形式多样的红色教育模式，将社会主义核心价值观构建融入到当代大学生红色教育中，使其树立正确人生目标与价值追求。[①] 西电经济与管理学院坚持以社会主义核心价值体系为引领，以开放式党建活动为统领，依托党支部、团支部载体，提升思想政治教育工作质量，逐渐探索出一条有效的红色文化传承与当代大学生社会主义核心价值观构建相结合的有效红色育人模式。2013 年下学期经济与管理学院提出了"开放式党建"的新思路，在本科生中以专业为依托，设置了从大一到大四纵向贯通的党支部，有效发挥高低年级协同进步、经验分享的优势，为学院党建工作注入了新的活力。2014 年 9 月，"开放式党建"之"图书漂流"活动正式启动，在启动仪式上，学院党委书记白旭东老师和大家分享了自己的读书经验，还向各个支部逐一进行了赠书，勉励党员认真读书，开拓视野。随后工业工程党支部先后举办了"优

---

① 吕涛：《红色文化与当代大学生社会主义核心价值观建构》，载《教育与职业》2011 年第 26 期。

秀党员"以及"最美在路上"等主题交流活动。10月，经济与管理学院的部分教职工和学生党员赴延安，开展了学院"开放式党建"之"红色足迹"学习教育活动。这些形式多样的红色教育模式的开展，将有力地发挥学校的主渠道，将红色文化融入到社会主义核心价值观教育之中。

（3）提高大学生自身修养。西电深入实施"青年马克思主义者"培养工程，持续开办"瑞金之星"大学生骨干培训班，培养一批学生骨干与青年马克思主义者。开展开放式的师生对话，就"爱国、敬业、诚信、友善"等社会主义核心价值观的个人层面要求展开情境式、切己式、明辨式对话。围绕"梦想·励志·成才"主题，举办"博雅讲坛""华山学者论坛""学业导航""青年先锋论坛"等系列报告会。成立家电维修服务队、青年志愿者服务队、爱心社、信息技术120、同一首歌文艺广场等100多个大学生社会实践服务队，利用节假日深入城市乡村，开展形式多样的科技文化服务活动。① 在实践的过程中，大学生逐步将红色文化融入到中国特色社会主义建设之中，增加社会阅历，坚定理想信念，树立正确的世界观、人生观与价值观。

---

①《西安电子科技大学开展红色文化传承与核心价值观教育工程》，陕西省教育厅网站：http://www.snedu.gov.cn/jynews/rdjj/201412/10/45473.html.

红色文化是西电的乡愁和软力量

唐建旺[*]

摘　要： 界定了红色文化的内涵，分析了红色校史在西安电子科技大学办学中的地位和功能，提出了将红色校史融入教育教学、创新人才培养模式的对策建议。

关键词： 红色文化；西电；软力量

党的十八大报告上对社会主义核心价值观作出了全面和深刻的阐述，并在十六届六中全会提出的社会主义核心价值观的基础上，2013 年 12 月 23 日中央办公厅印发的《关于培育和践行社会主义核心价值观的意见》中，将其精确地概括为国家层面的"富强、民主、文明、和谐"，社会层面的"自由、平等、法治、公正"和个人层面的"爱国、敬业、诚信、友善"等核心内容。随之《人民日报》编发《人民有信仰，国家才有力量》的评论员文章。

一、什么是红色文化？

什么是红色文化？正如国内权威学者所指出的那样，所谓的"红色文化，是指以毛泽东同志为代表的中国共产党在领导全国各族人民走农村包围城市、武装夺取政权并最终取得胜利的过程当中创造的历史遗迹和精神瑰宝"[①]一般意义上，红色文化既包括物质文化和精神文化，物质文化它主要通过蕴含红色传统的具体物质形态予以体现，它主要通过物质化、图像化等手段来展示红色文化和历史。比如我们常见的革命遗址、历史博物馆、军事展览馆、纪念馆、英雄纪念碑等形式来展示。而它的另外一个方面则主要体现在精神文化方面，主要通过文化、艺术和声乐、革命视频、革命事迹等手段来展示和阐释红色精神。红色文化是超越历史时空的，以其延绵不绝的内在精神诉说着共产党人一致的理想、信念和追求，也是中华民族最为深刻的历史记忆。而西电的红色文化传统是与中国的革命史一起成长的。艰苦奋斗、自强不息、求真务实、爱国为民的西电精神是对西电红色文化的最好的继承和现代阐释。从 1931 年诞生至今，伴随着西电人成长的西电已经走过了 83 度春秋，西电人 80 多年来始终秉承全心全意为人们服务的宗旨，一代又一代的西电人坚持和发扬艰苦奋斗、自强不息的优良传统，在历史中奋力前行！

二、红色传统文化是西电人的乡愁

红色传统文化是西电人的乡愁。在党的十八大倡导的"积极培育和践行社会主义核心

---

* 唐建旺，西安电子科技大学外国语学院副教授。

① 刘志山：《红色资源的真善美意蕴及其德育价值探讨》，载《思想教育研究》2011 年第 9 期。

价值观"这一时代背景下，西电人应该充分发挥和挖掘、开发西电宝贵的红色传统文化和资源，它们是西电人的乡愁，也是西电人的信仰，它将使西电人在时代的潮流中成为弄潮儿，奋力前行！随着现代社会的日益发展，现代人已经日益发现乡愁离自己越来越远了，自己成了一个无家可归的孤儿。回不去的故乡和故乡在家乡人的心目中日益"沦陷"，已经成为新时代的一个文化课题。这让人想起德国哲学家海德格尔一句看似矛盾的语句：返乡者到达了，却尚未抵达。不过，换个角度看，西电人对西电红色传统文化的高度重视，正是西电人在奋斗中前行的精神寄托，也是西电人的精神家园，更是西电人的"乡愁"。到了这里，西电人能够看到自己永葆红色光荣传统的家在时代的潮流中更加熠熠生辉，也是西电人的乡愁得以安放的地方，更是西电人以民族电子信息事业为重，筚路蓝缕，弦歌不辍，勇于开拓，锐意进取，敢为天下先的西电风貌的全面展现。

三、红色传统文化是西电的软力量

随着新一代大学生成长的外部环境发生的巨大变化，要求大学生的教育管理工作的方式也随之发生相应的变化，要探索更多的适应新的条件和环境下的管理方式，积极创建和培育新的大学文化。大学阶段是大学生性格发展的成熟阶段，在大学生活中，对学生影响最大的、最深刻的，当属以大学精神为核心的大学校园文化的建设。

顾名思义，"软力量"是相对于"硬力量"而言的，最早明确地提出"软力量"（Soft Power）的是曾任克林顿政府国家情报委员会主席和国防部长助理，现为哈佛大学肯尼迪政府学院院长、国家关系教授的约瑟夫·奈。他在 2004 年 3 月出版的著作《软力量——世界政治中的成功手段》《SoftPower ——The Means to Success in World Politics》对此作了详细的解释。按照他的说法，"硬力量"（Hard Power）是指军事、经济等物质性力量；"软力量"则指文化、道德等精神性力量。具体地说，软力量是指依靠某种思想、文化、道德、法律、教育、价值观念、政治制度及生活方式的先进性和吸引力，去影响别人或他国的能力。[1] 许多软力量因素既看不见也摸不着，其发挥作用的方式往往是无形的、缓慢的、潜移默化的，正是这一特性影响了人们对软力量的体认与感受，进而导致了人们对软力量的漠视。那么，按照约瑟夫·奈的理解，我们也可以提出大学教育管理中的"硬力量"和"软力量"的概念。笔者认为，高等教育管理中的"硬力量"主要是指在高等教育管理尤其是学生管理中利用行政的、管理的和处分的等强制性的力量来达到管理学生的目的，即运用行政的、强制的和处分的力量来让学生"干他们不想干的事情"；高等教育管理中的"软力量"则指主要利用某种思想文化、道德精神、法律、价值观念以及在生活方式上的吸引力，去影响大学生的能力。它主要采用一种说服、引导、同化和吸引等非强制性的方式来让学生"去干老师希望他们干的事情"，从而达到预期的目的。而软力量在以往的高等教育管理中往往被人们忽视。而西电的红色传统文化所蕴含的思想文化、革命精神、道德精神、价值观念等无疑是西电"软力量"的几种体现。在现代社会，特别是新媒体时代和移动互联网时代的到来，西电人一定要高度重视软力量的建设，而这则是西电在新时期的竞争力的重要体现之一。

---

① [美]约瑟夫·奈：《软力量——世界政治成功之道》，北京：东方出版社 2005 年版，第 7 页。

四、红色传统文化是西电的核心价值观

那么，我们在新时期该如何弘扬和传承西电的乡愁？如何壮大西电的"软力量"？如何深化新时代西电的核心价值观呢？

第一就是通过各种方式不断加强我校青年大学生红色传统文化的教育。法国思想政治家让·博丹认为，国家有躯体也有灵魂，而且灵魂是更高级的；如果说一个国家的财富、国力、法律、制度、人口、疆域是国家的躯壳，那么支撑这个躯壳的灵魂就是这个国家的文化、教育、道德、激情、希望、理想等。毫无疑问，西电的灵魂就是西电的红色文化传统、西电精神、西电校训等蕴含的道德观念、激情、希望等，而承载并释放这种价值观念和红色传统文化的则是千千万万的西电人，尤其是西电的当代青年大学生。我们必须通过各种方式比如通过课堂教学等，把我校的红色历史知识传授给青年大学生，让他们有机会近距离接触并加以学习。

第二就是做好西电红色文化的叙事教育，讲好西电红色故事。西电红色传统文化的叙事教育则主要是指通过革命故事、视频、影片、纪录片、口述历史、回忆录、日记书信、自传等集中反映革命场景的具体场所、时间、地点、事件和过程等诸多要素的，并能够真实地反映和展现西电具体的红色历史和红色文化的载体，引导当代青年大学生了解历史英雄的价值抉择、理想信念和革命激情、理想等，从而从正面对当代青年大学生进行价值观的教育和引导。比如反映西电革命历史的著名电影《永不消逝的电波》等电影中的原型，就是对西电的叙事的一个经典。另外，中央电视台纪录片频道播放的反映我校校长铮铮铁骨的纪录片《走近王铮》等都是西电红色叙事的经典视频，这也是讲好西电红色故事的基础。

第三就是做好西电红色传统文化的情境教育和体验教育。所谓的红色情境教育主要是指通过革命遗址、遗迹、纪念馆、博物馆、校史馆、革命展览馆、军事博物馆等实物和场景资源来展示革命烈士当年的战斗精神和革命追求，在特定的情境和环境中引发青年大学生的内心震撼。让红色历史定格在这一个个具体的实物上面。我们可以引导和带领学生参观访问革命遗址、历史博物馆、军事历史纪念馆、革命烈士陵园等。比如外国语学院曾经开展"追寻革命足迹，传承西电精神"主题教育活动，组织学生参观西安烈士陵园、校史馆，邀请我校董建中教授来学院和学生干部进行交流，在学生中引起了强烈的反响。

除此之外，还可以利用文化艺术节、志愿者服务活动、红色文化节、青年马克思主义者工程等各种丰富多样的载体，对青年大学生进行教育。可以采取红色辩论赛、演讲赛、红色论坛等形式，将社会主义核心价值观与西电的红色文化传统有机地结合起来，不断激发当代青年大学生的积极情绪，使他们能够在亲身实践中得以判断、感悟、体悟和反思，从而形成正确的价值观念。

总之，西电的红色传统文化是西电的乡愁和软力量，也是西电人的核心价值观，它值得我们所有西电人珍惜、拥有和弘扬、传承并使之发扬光大！

从红色文化中汲取中国梦的养料

冷 静*

摘 要：从学生记者的角度阐述了红色西电历史对自己的影响，为我们今天珍爱西电红色传统、传承西电故事提供了素材。

关键词：西电；历史；崇高；使命

历史可以积淀成传统，苦难可以凝练为精神，理念可以传承作文化。西安电子科技大学，这所在炮火与革命中成长发展起来的学校，似一位长者，波澜不惊。时间成就了它的沉稳，经历沉淀为它的底蕴。舍弃历史长河的走马观花，岁月的累积更值得我们尊敬。

西电、西军电、西北电讯工程学院、通讯兵学院、军委通校，这些都是我们的名字，这些名字也见证着我们一步步走来的路途。"长征路上办学，半部电台起家"就是我们故事的开始。2011年，我还在为高考奋战，西电已迎来了80周年校庆。虽没有亲临，却也想象得到那场面的隆重与盛大。初到老校区，深灰的色调，庄重的建筑严肃而朴实；绕过大楼来到操场，明亮的颜色，朝气的同学，又在诉说着这里的蓬勃与活力。新校区则又是另外一番景象——宽阔的马路、平整的广场、耸立的钟楼、满眼的翠绿。这样的西电又是那样现代，那样充满魅力。初来乍到，还只是单纯的感觉和体验。当真正在这所学校学习和生活的时候，我才逐渐了解了西电的故事，品味到西电的内在精髓。

西电是一所以工科为主的院校，通院、电院是学校的大院，男生人数众多。我经常听见社团里的小伙伴谈论说"我们大物要考试啦""我的电路、数模还有作业没做那"……在这里，你看不到多少所谓的"新潮"，没有人奇装异服，最常见的就是双肩书包，男生的往往是黑色，爱美的女生会选择鲜艳些的颜色。不管是刚开学、双休日甚至考试后，教室里、图书馆里总有安心看书的同学，有些在看专业课本，有些在读历史哲学。我不否认我们学校同样有不按时上课的同学存在，但是整体的氛围展现给我的是一份勤奋和扎实。同样在这种环境的熏陶下，我也在不断严格要求自己，因为这才是西电学子原本的形象。

文化源于积淀，源于传统，源于时间。华夏中国泱泱五千年历史，从盘古开天辟地的神话到秦统一六国的豪迈，从先秦诸子百家争鸣到唐诗宋词双星璀璨，从开国大典的庄严喜悦到改革开放的壮丽诗篇，中华民族经历了太多太多。在生存时、在苦难中、在幸福里，炎黄子孙已经形成了自己的品格。80年，在人类的历史上也许只是白驹过隙，但对于一所学校而言，已经足以沉淀为一种风貌，一种气魄。和平鸽环绕的我，未曾见证过战争的炮火，更无法懂得那时学校的老前辈们是一种怎样的生活。直到我真正见到他们的时候——

---

* 冷静，西安电子科技大学经济与管理学院本科生，学生记者团团长。

岁月已经化为他们的满头华发，刻成了脸上深深的皱纹，却是怎样也带不走他们的记忆，带不走他们对那个年代的赞歌。

王铭慈老人90高龄，讲起当年的故事时，她却一下子年轻了好几岁，神采飞扬。尤其是她骄傲地告诉我她在延安和毛主席吃饭，和周副主席跳舞，他们是那样平易近人。为了照顾来看戏的同志，他们还主动把高凳子搬到人群后方去，这些让老人深受感动，至今记忆犹新。她还特意告诉我说："我们都很尊敬他们啊，怎么能直接称呼姓名哪？一定是毛主席、周副主席、王部长（王诤），写文章也是。"老人说起1943年春天，那时她跟着抗大总校到陕北，正赶上国民党调三万多兵力包围封锁延安，停止给八路军的一切供应。同志们困难到没有被子盖，没有衣服穿，没有吃的，没有医疗。于是在朱德总司令和贺龙司令员的号召下，大家自己动手、丰衣足食。开垦荒地、纺布做衣，一年时间就做到了自给自足。那段艰难的岁月在老人看来并没有多么难熬，反而值得不断回味和追忆。蒋炳煌老人也已经86岁，他是45年的老八路，如今精神健硕，谈起往事也是感慨不已。1946年中原突围的时候，他就在359旅。走山路、穿山沟的转移，子弹打在身边，不断有人倒下去。现在老人释怀地说："那时只能靠运气，子弹不长眼，碰着谁就是谁了。"但是放在那情那景中，不知是不是还有离别的悲痛、生死的不舍，不然又怎会觉得那段经历刻骨铭心。蒋老说，那几个月，每天都在行军，没洗过澡、没换过衣服，坐下来就能打瞌睡。终于到了和平年代，蒋老也开始在学校教书育人。他们那一代人和他们的学生秉承的思想一直都是学习好是为了国家，这是国家赋予我们的光荣任务。也许在新闻中你会觉得这是故作姿态，但是当你看着一位白发苍苍的老人带有使命感真诚地告诉你的时候，你就会读出他们眼中的真诚，知道那真的是一种精神、一种鼓舞人前进的力量。

谈及此，我又觉得分外可惜。因为真正能听老人讲故事的机会并不多。我甚至有些担忧，有些惶恐，我们还能听到多少这样的故事？还能听多久这样的故事？在一所大学里学习四年，我始终坚信，我们学到的不仅仅是知识、是经验，更重要的是品质、是人格。在2015年的研究生毕业典礼上，校党委书记陈治亚对毕业学子的第一条嘱托就是"德才兼备，方得其所"。每个学校都有不同的文化底蕴，从不同的学校耳濡目染四年，不知不觉间就会带上这个学校的色彩。我很庆幸西电为我打上的标签是吃苦耐劳、勤奋扎实。西电的红色传统就是毛主席的题词："艰苦奋斗"，他教育着我们一代又一代西电人刻苦钻研、求真务实。但是从本质讲，我更觉得我们励学做人的根本在于爱国，以国家为己任。

老一辈革命家为了新中国的建立抛头颅、洒热血，甚至为此付出生命的代价。王老战略转移离开延安时，坚信部队一定会再回来的；蒋老说起自己的一生，"对得起国家、对得起父母、对得起自己"。他们都走过硝烟、走过战争，革命经历不仅仅让他们学会了艰苦奋斗、自强不息，更重要的是给了他们一个人生的目标和坚定的信仰，那就是时时刻刻为了国家。他们已经不局限在小我中，相反，他们把自身命运、自身作为和国家紧密结合在了一起。有了这种信念的支持，他们自觉自愿做好每一件事，时刻注意自己的言行，修正自身的品格。有了爱国主义信念的支撑，我们就更能理解当下中国梦的具体内涵了。

中国梦就是为了实现中华民族的伟大复兴。中华民族为什么要复兴？因为我们仍记得我们的荣耀，也铭记着我们的耻辱。古老的华夏之乡，富饶的长安古都，都彰显着这个国家昔日的辉煌。然而，夜郎自大的天朝上国，沉睡的东亚之狮，也带来了近百年的战乱纷争、颠沛流离。如今，新世纪的中国开始迎着世界新的发展浪潮朝着更高水平迈进。中国不再是昔日的中国，它变得自信，变得强大；中国还是昔日的中国，带着坚韧，带着奋进。中国梦是炎黄子孙共同的梦想，我们希望我们的国家更加强大，更加富饶；同时华夏儿女的万千梦想才构成了我们的中国梦，只有我们为了自身梦想不断努力，才能推动这个国家的向前发展。所以从个人来讲，中国梦就寄托在我们每个人的身上。在市场经济的条件下，我们过多得看重物质利益，总是把无限的物质追求和个人利益作为人生的意义所在，拜金主义、炫富心理悄然滋生。社会中的诸多问题令我们扼腕叹息，冷漠、虚伪正在破坏着人与人之间最起码的信任。面对着这些，我不禁又想起了老人们讲故事时那双明亮的眼睛，那里面是历经沧桑后仍未磨灭的热爱和希望。热爱着我们的国家，更对它的未来满怀愿景。回想起革命时代鲜血和激情写下的故事，对于热衷的金钱和权力也许就会看淡许多。因为革命经历着生死，那样艰苦的环境反而给了人最本真的快乐。在那样的岁月里，人们更懂得生命的意义和价值，更懂得国家是一种怎样无尚崇高的存在，所以他们有着用不完的精力，做不完的工作，只为了一个信念般的名词：国家。当我们也有着这种坚定信念支撑的时候，我就能自豪地说出这是我的祖国，它的一点一滴都牵动着亿万中华儿女的心，我为它感到由衷的骄傲！

　　红是鲜血的颜色，更是热烈的颜色。红色不仅仅是革命的代名词，象征牺牲、无畏，它更是热爱的同义语，是对这个国家永不间断的奉献和支持。中国梦同样是一种文化，是人们精神的催化剂，而我相信，红色文化传统则是其永不干涸的源泉。

西电红色文化助力校园文化建设

——记"西电1931"大学生邮局

覃梦坚*

摘 要：从大学生创业角度论述了传承红色校史的途径和方式，对于今天大学生如何找寻比较优势创新创业具有启示意义。

关键词：邮局；校园文化；红色

一

2014年11月10日，"西电1931"大学生邮局诞生于古城西安，西电南校区 E 楼一层、学校的地标观光塔之下。对每一位西电人而言，"西电"一词有着难以言表的亲切感，从1931年开始她已经走过了八十三年的峥嵘岁月。这是一所理工科大学，我们发现数字也同样很文艺，所以希望能做点浪漫的事情，同时又能借助这个平台来表达对母校的无限热爱，秉着这个初衷，我们给小店取名"西电1931"。

开业两个月的时间，我们慢慢地被老师同学们所熟悉。浓浓的西电风格，文艺范的装修基调，贴心的特色服务，让每个进店的人都感到了一股清新之风。曾经有同学说，西电是理工高校，如果人文气息再多一些就好了。2011年入校以来，我明显感到了学校在这方面的进步，比如大学生艺术团、终南文化书院，做得都很有特色。在学校的支持下，我们希望能打造又一个传播西电文化的舞台，为校园文化的多元化发展也出一份力。

二

"校企合作搭建平台·暑期实践启发灵感·国创立项助力发展·勤工助学实践基地"，32个字就能概括"西电1931"的第一阶段成长史。依靠一家文艺小店，打造一个西电校园文化品牌，成为一张西电文化名片，这是我们第一代"西电1931"人的梦想。我们对每个产品都倾注心血，我们渴望分享与交流，我们希望每一位来到店里的人都能感受到温暖。也许这很不容易，但我们一直在路上，看着点滴的进步，心里充满了希望。

2014年12月9日，"西电1931"官方发行的第一套校园明信片"邮走西电"上架，一个月时间售出超过4000张；12月20日，《中国邮政报》和《陕西邮政报》分别对"西电1931"的

---

* 覃梦坚，西安电子科技大学经济与管理学院本科生。

双十二活动进行报道；12月24日，《中国邮政报》记者胡小娟老师来"西电1931"采访，给予了肯定；12月29日，微信平台"陕西学生圈"发布1931故事，阅读量超过1600；12月30日，大学生邮局暑期实践队获得西电2014暑期实践"优秀实践队"荣誉称号。

三

我们是第一家西电纪念品商店，我们创造了很多个西电第一款。第一款毛主席题词纪念章，勉励西电人不忘历史，再创辉煌；第一款木质明信片，镌刻"在你西电的记忆"，木的质感如同你的回忆一般耐人寻味；第一款陶瓷纪念章，镌刻"我在西安，你在哪儿"，将两个地方连成相思的一线；同样，我们的成长也需要大家共同见证，第一款小店logo同款纪念章就是我们追梦历程开始的见证，所有的纪念品无不体现着西电校园文化的蓬勃发展。

2014年11月27日，学校召开纪念毛泽东主席为西电题词"全心全意为人民服务"65周年暨弘扬西电红色教育传统专题研讨会。校长郑晓静院士提出，要充分发扬西电红色传统，把党史、校史、学科发展史有机融合起来，讲好中国故事、西电故事，将丰富的红色历史资源转化为社会主义核心价值观教育的素材。为响应学校的号召，我们专门打造了两款毛主席题词纪念章，通过这种特别的方式向广大师生讲述西电的红色文化，受到了广泛好评。

四

我们有一面校园文化墙，定期更换主题，每一个主题都精心策划，突出西电文化元素。时光在流逝，墙上的风景在变换，唯一不变的，是这份青春的记忆，那么美，定格在这一次次的感动中。我们有大小不一的"格子铺"，以很便宜的价格出租，你可以出售物品，或者，只是简单的展示和分享。一格一世界，并非所有格子都能打动你，但至少有一个可以让你驻足去用心与它们交流，聆听"同类"的故事。

为增进学生对学校历史的了解，培养"今天我以母校为荣，明天母校以我为荣"的情怀，我们考虑在主题墙上将西电的文化用一种全新的方式表达出来，比如照片和漫画的形式，让老师同学能够产生更直观的感受，有所感，有所悟。格子铺也成了展示学院、社团以及优秀个人的平台，在这里可以看到手机摄影作品集，专门供分享交流的私人藏书，还有手工制作的各类工艺品，大家都不禁为西电学生的多才多艺而点赞。

五

我们有很多小盒子，装满了回忆，这是"时光慢递"的专属空间。去不了猫空，但可以在"西电1931""寄给未来"。你可以给将来的自己或亲朋好友写一封信，寄一张明信片，做一个心情漂流瓶，甚至存下一个"时间胶囊"。也许我们会被别人取代，无法保证以后还能牵着ta的手，我们能做的就是尽心尽力把握当下，简简单单牵着ta的手走下去，给将来的ta一声衷心的问候，寄出你对爱的期许。

"西电1931"提供学校范围内的免费快递服务，很多人会选择以这样的方式来给老师、同学、朋友送上一份节日或者生日的祝福。一个可爱的女生认认真真地写着一张又一张明信片，只为了在新年第一天能让舍友读到自己亲笔写下的祝福；一个文静的男生拿过来一个精美的信封，让我们等着四年以后成功实现梦想的他。在"西电1931"工作，不仅能够锻炼能力，还能不时感受到西电学子积极向上的精神风貌，真是倍受鼓舞！

六

我们是一家校园主题邮局，有着种类最丰富的明信片。12 枚不同的西电特色纪念戳，让你的每一张明信片都独一无二。当然，你还可以选择私人订制的个性明信片，寄出你的笑脸，是一件特别幸福的事情吧。午后，坐在书桌前，听着舒缓的轻音乐，也许你会有拿起笔写下这一刻心情的冲动。手机里冰冷的短信，总感觉不如笔尖流露出的字迹来得鲜活、有灵气。多年以后，翻出箱底泛黄的明信片，会不会被自己感动得热泪盈眶？

提供周到细致的服务是我们的基本目标，最高兴的事情是有同学跟我们说："每一次过来都能看到"西电 1931"的改变，非常惊喜！"纪念戳上的编号和箭头给同学带来了方便，用棉签和水代替固体胶节俭又环保，常用邮资小贴士提醒同学们邮寄注意事项……"西电 1931"的工作人员大多是家庭贫困的优秀学生，他们在实践中努力地提高自身能力，用自己的双手勤工助学，减轻家庭负担，展现了西电学子良好的品质。

七

这里有一群怀旧的人，门口停着的那辆二八自行车是我们的镇店之宝。二十世纪六七十年代流行的交通工具，曾经穿梭在大街小巷、乡间土道。二八是很多人生命中的第一辆车，我们长大的时候它却老了，慢慢远离了人们的视线。在那纯真的年代，有一个邮差，有一辆自行车，还有一只绿色的邮包，曾经为千家万户捎去问候，替远方的游子报声平安。西电的历史比这辆自行车要长得多，母校的故事也一定在静悄悄地躺着，等着我们去读。

一间小屋、两张桌子、八张椅子，似乎我们拥有的并不多。每天，靠着"西电 1931"的吧台，看着一本本从未注意过的书籍；有时，也会呆呆盯着来来往往的行人，不知不觉竟对自己的生活有了新的理解；然后，收拾心情，整装待发。感谢每一个和我们分享故事的人，也感谢每一个听我们分享故事的人。这一刻，又感觉我们拥有的并不少。交流方知天地之大，方知母校人才辈出，顿时有了前行的动力，鞭策自己要珍惜时间，不负这美丽的青春。

八

在"西电 1931"大学生邮局的筹建和运营过程中，校学生工作处、陕西邮政西安分公司以及西电校友均给予大力支持，让"西电 1931"的发展如火如荼，渐渐成为宣扬西电红色文化、校园文化的新阵地，各类文体活动在一定程度上也丰富了同学们的课余生活。与此同时，这也是一个为学生提供实战机会的平台，在这里能够将课堂上学到的知识学以致用，甚至能够成为部分经管类教师授课的第二课堂，设想一下，如果上《推销学》的老师把课堂搬到这儿，这门课会不会瞬间成为热门课程？如果这儿成为一些相关经管竞赛的实战场所，那这样的比赛会不会更具有含金量？

我们热爱母校，热爱母校八十三年的深厚文化，"厚德 求真 砺学 笃行"，八字校训将影响到每一个西电人的一生。"西电 1931"要走的路还很长，我们希望在不久的将来能做到"一家小店，温暖西电"，让越来越多的人通过"西电 1931"能更好地认识西电，了解西电。世界不大，只是缺少了沟通，和我们有着共同梦想的你在哪里？如果你也喜欢分享，喜欢听故事；如果你也同样深爱着西电，那我们一定是相见恨晚的老朋友。我在"西电 1931"，你在哪里？

待到山花烂漫时

李　欢*

摘　要：从西电校史馆讲解员的角度论述了红色校史对自己的影响，并言说了自己的体会和感悟。

关键词：校史馆；讲解员；西电人；责任

弘扬西电精神，凝聚西电力量，传承红色文化，创新育人模式。

大四保研事情一毕，我即进入西电校史馆做讲解员。自己喜欢历史，爱讲历史，这便圆了自己当初的心愿。应建伟老师邀请，根据自己做校史讲解员的经历以及自身所受的教育写下这篇文章。回想自己四年来和西电结下的情缘，满怀激情，提笔欲书，浮想联翩，心里自然吟诵出毛主席《咏梅》下阙几句词："俏也不争春，只把春来报。待到山花烂漫时，她在丛中笑。"我想此时此刻，再没有比这更合适的文字来表达出我对于西电精神的认知了。

一、美景满园全不见

2011 年 7 月底，我收到西电的录取通知书，8 月底正式入校。

西电其实并不是我最初心仪的大学。那时，我整日在偌大的校园里游荡徘徊，全不见美丽的景色，心里满是对于西电的抵触和对于梦想的遗憾。我拒绝接纳这所学校。对于她的了解，无非是录取通知书扉页上那寥寥几句的简介。我不关心她红色的历史，不关心她电子科技的辉煌，甚至觉得这南校区满园景色虽好，但我不属于这里。

可以说，那时候我在潜意识里，并没有把西电当作我的大学。

二、战地黄花分外香

不久军训结束，开始上课。教思政课的是尚志明老师，他年龄已经比较大了，为人诙谐风趣。在几节"中规中矩"的政治课后，他开始给我们讲西电的非官方校史，以故事角度从 1931 年讲起，那是我第一次听到西电的往事。原来，这所学校的历史真的不一般，她原来有着这样传奇的红色经历，她的身上蕴藏着难得的红色基因，流淌着的是中国革命的红色源流。

我开始为当初对于校史的无知而感到自己的肤浅。适逢金秋九月，满园金菊傲放，争相吐蕊，置身其中，真是"战地黄花分外香"！

---

* 李欢，西安电子科技大学计算机学院研究生。

三、我是西电人

2011 年 10 月，西电迎来了建校八十周年校庆。

秋高气爽，丹桂飘香，整个学校弥漫着欢庆的气氛。学校专门出了红色标题的校报专刊，详细记载了西电建校八十年来的峥嵘岁月。那份报纸我现在还珍藏着。置身于这喜庆的时代，任何一个人不能不为之感染。见证了学校的八十华诞，聆听了杰出校友们的话语，校庆晚会上群情振奋，可谓火树银花不夜天，歌声响彻月儿圆！一直持续到子夜。呼喊振奋的我回到宿舍，那一刻心里由衷地自豪：我为西电骄傲！我是西电人！

现在看来，正是经历了西电八十周年校庆，让我真正地认识了西电，并且深深地融入到了西电之中。

四、在校史馆工作的日子

从那时起，把西电当作自己的家，在这所学校里生活学习都很快乐。

一转眼到了大四，可支配时间多了些，我就萌生出去西电校史馆做志愿讲解员的想法。

一直以来，我都对西电的红色文化很感兴趣。大三暑假的时候，我就根据手头一些资料，在校园睿思论坛上发表了一系列帖子，题目定为《西电往事系列》。包含的几篇帖子分别讲的是《盘点历届中央领导人来西电》《盘点西电历年校徽》《毛主席的题词去哪儿了》。

后来，了解到今年学校非常重视挖掘红色文化，提倡红色育人模式，专门成立了西电往事编写组，面向全校征文，我由衷感到高兴。

通过微信平台联系上校史馆负责组织"西电之窗"的老师后，就被告知我去见面交流沟通。经负责人同意，我先是自己参观了校史馆。校史馆共分三层，从 1931 年肇起红都一直到 21 世纪信息大潮。参观过程中见到了丰富的史料照片，我感到这里的平台很好，于是更加坚定了自己加入讲解队伍中的志愿者念头，为弘扬校史做贡献。我根据自己的平时积累，即兴为负责人讲述了一段，算是面试吧。大家一致同意我加入组织。回来的路上心里很激动。

过了两天，接到物光院新生前来参观的通知。前一天晚上我大致阅读了负责人交给我的讲解材料，自信可以拿下来第一层革命年代的讲解任务，便毛遂自荐，请求负责人让我尝试第一次讲解。要知道别的同学可都是经过了好几次帮传带，才可以带人讲解的。我的理由是自己基础不错，大方面都是熟悉的，来的也是新生不会刻意强调历史严谨性，就可以给我一定的自由空间。负责人也很爽快，同意我讲解。于是这个早上我开始了第一次的校史讲解。

心里当然既激动又紧张兴奋，虽然平日积累得不少，但是和同学私下侃大山容易，真正讲解还是需要思维连贯缜密。开讲时面对几十号人，确实有点语无伦次，好不容易引导进了话题，于是慢慢地进入了角色。渐渐的，对着一幅幅图片，一件件文物，我完全抛开了讲稿，内心里的积累喷涌而出，按照中国革命发展的历程进行，其中穿插着我们西电的历史，带领新生们从江西瑞金走到长征，从陕北延安走到晋察冀边区，从河北获鹿进入张家口。第一层的历史就到此结束。讲完后，内心真是"四海翻腾云水怒，五洲震荡风雷激"。

从 1931 年建校到 1957 年的张家口，这是中国革命大潮涌动的二十年，也是西电风云变换的二十年！

讲完后，新生学弟学妹们纷纷表示感谢，自己即兴发言，表示这是自己的第一次"过关讲解"，献给了大家，感谢大家的支持。校史馆的同事们都是大一大二的同学，他们都表示讲得生动有趣，印象颇佳。我知道，这都是大家的关心支持，一定要继续提高自己，争取更大的胜利！

结束回去以后，我根据负责人的建议，对于讲解中的一些历史小错误以及过程中的礼仪姿势等细细琢磨改正，把思路尽量顺得合情合理。在接下来的几次新生接待讲解里，越来越发挥得自如了。

讲了几次后，我自己也总结了一些要点。

我认为，讲解校史一定要结合听者的特点来指导自己的讲解过程。譬如接待新生，就要注意兼顾历史的庄严性和穿插的趣味性。如果一味规范地按照文稿上的内容来背，那么新生一定会感到厌烦晦涩，难以提起兴趣。这就需要在场景变换时加一些幽默诙谐的段子，我自己在"中央军委无线电通信班"一节结束时，根据反映当时第一期 12 名学员上课情景的油画作品，就加了一个小段子：我们西电的第一期学员只有 12 人，都是各个部队抽调的年轻骨干，其中 9 名男学员，3 名女学员。有人说，现在我们西电的男女比例这么紧张，原来是第一届就确定下来了。讲完这段话，新生们都是哄然大笑，无形中拉近了大家对于学校的亲切感。而这个段子是我在睿思的西电往事系列文章里讲到第一届学员情况时，一位同学的回帖评论，我留心记了下来，并加在此处。

这是针对新生的特点采取的办法。而对于校友就要注重严谨性了。很多校史，都是来访校友亲历过的，这种情况下，就要尊重历史，不能为了幽默而幽默。

以上说的这些，我认为归根结底都是"术"，那么与之对应的"道"是什么呢，我认为还是对于校史的热爱，对于西电的文化归属感。校史讲解员在一遍遍的校史讲解中，寻到这所学校的根，从而找到自己的文化认同感，才是关键。校史馆里无非就是那些文物照片，历史本身是客观真实的，但是它们背后，讲述的是故事，代表的是文化，传承的是精神。

五、待到山花烂漫时

现在学校提出红色文化育人的理念。通过在校史馆工作的经历和听众的反映来看，校史讲解确实是弘扬文化、塑造西电精神的好途径。新生入校，第一步需要建立的就是对于西电的文化认同感，就像我刚入校时那样，很多新生入校时也会遇到同样的抵触。通过参观校史馆，聆听红色历史，确实可以帮助大家重新快速地认识这所八十余载的大学。参观结束时，很多同学纷纷在留言簿上写下诸如我为西电骄傲自豪，母校加油的话语。

历史需要传诵，精神需要传承。每一个进入西电的学子，每一在这里工作学习的西电人，都需要了解我们自己的校史。八十余载，对于一个人来讲，会发生很多事情，留下很多记忆；更何况一所大学？那更是留下了无数校友的故事，继承着一种精神。组织新生参观校史馆，有利于增强学生对于母校的认同感和凝聚力。我校 78 级校友，中国科学院院士武向平说，记得在工作中，他每次填写学习工作经历时，一定会填写'西北电讯工程学院'"。这就是校友的认同感，所以学校现在提倡校史育人工程，从事口述历史工作，这些都是薪火相传的举措。

　　现在，西电精神已经有了官方表述。作为一名普通学子，经过在校史馆的历练，我自己也有对于西电精神的表述，那就是文头提到的毛主席《咏梅》的下阙：

　　"俏也不争春，只把春来报。待到山花烂漫时，她在丛中笑。"

　　我们的西电从硝烟战火中走来，为新中国立下汗马功劳，与共和国同行，历经八十余载，薪火相传至今。一代代西电人从八十年前起就为了新中国的革命事业和社会主义建设付出了艰辛的努力，英雄无名，这正是"俏也不争春"；我们面对取得的成绩，不骄不躁，继续立足西部，扎根西北，勇于面向国家新时期重大需求，奋力追赶，这就是"只把春来报"。

　　现在正逢国家改革之契机，西电又有如此之重视。不由得感叹：西电将兴，必为国之重器，要靠吾辈之自强不息。西电之奋起，岌岌在望；伟业之将兴，遥遥可期。翘首期盼着西电百年华诞，尔时"待到山花烂漫时，她在丛中笑"。

后　记

　　这本书是近几年西安电子科技大学在红色文化涵养社会主义核心价值观教育理论和实践探索方面的结晶，凝结着学校领导、部门管理者、思政教育者和学生的智慧，是学校传承红色基因、办好人民满意大学的重要体现。

　　管理综述篇部分的文章篇幅都比较短，文字比较精练，论述的角度也有差异。2014年11月27日是毛主席为学校题词"全心全意为人民服务"65周年纪念日，学校在南校区举办了纪念毛主席为学校题词"全心全意为人民服务"65周年座谈会暨弘扬西电红色教育传统、践行社会主义核心价值观专题研讨会。学校领导、职能部门领导、专家学者和教师、学生代表在会上都有发言，该部分的文章就是发言的汇总。

　　理论研究篇、教育教学篇是西安电子科技大学从事思想政治教育的教师、辅导员的研究论文汇编，涉及到红色文化传承、红色文化涵养社会主义核心价值观教育、"红色经典"的文学性解读等方面。精神传承篇则既有老教授对传承红色基因、贯穿于教育教学的总结和认识，也有学校教师、学生对新时代传承西电精神、立德树人的思考和探索。编者对部分稿件进行了修改。

　　书稿能够完成，要感谢不吝赐稿的各位专家、学者，也要感谢给予支持的马克思主义学院、宣传部、教务处、学生处、离退休处、档案馆等部门。